德育研究

DEYU YANJIU

（第三辑）

王仕民 ◎ 主编

·广州·

版权所有　翻印必究

图书在版编目（CIP）数据

德育研究. 第3辑/王仕民主编. —广州：中山大学出版社，2015.8
ISBN 978-7-306-05466-1

Ⅰ. ①德… Ⅱ. ①王… Ⅲ. ①德育—中国—文集 Ⅳ. ①G41-53

中国版本图书馆 CIP 数据核字（2015）第 236774 号

出 版 人：	徐　劲
策划编辑：	李海东
责任编辑：	李海东
封面设计：	曾　斌
责任校对：	何　凡
责任技编：	何雅涛
出版发行：	中山大学出版社
电　　话：	编辑部 020-84111996，84113349，84111997，84110779
	发行部 020-84111998，84111981，84111160
地　　址：	广州市新港西路 135 号
邮　　编：	510275　　　　　传　真：020-84036565
网　　址：	http://www.zsup.com.cn　E-mail:zdcbs@mail.sysu.edu.cn
印 刷 者：	虎彩印艺股份有限公司
规　　格：	787mm×1092mm　1/16　15.5 印张　360 千字
版次印次：	2015 年 8 月第 1 版　2015 年 8 月第 1 次印刷
定　　价：	38.00 元

如发现本书因印装质量影响阅读，请与出版社发行部联系调换

编辑委员会

顾问：郑永廷
委员：骆郁廷　杨晓光　朱孔军　刘志山　李　辉　徐继超
　　　郝登峰　贺才乐　马建国　韦吉锋　石书臣　万美容
　　　邓泽球　詹小美　王仕民　张治库　申群喜　张雅琴
　　　张国启　刘社欣　程京武　曾令辉　聂立清　柳恩铭
　　　袁本新　孟源北
主编：王仕民

《德育研究》编辑部
地址：广州市新港西路 135 号中山大学文科楼 315 室
电话：(020) 84114322
传真：(020) 84114819
电子信箱：Wangshm@ mail. sysu. edu. cn
邮政编码：510275

坚持依法治国和以德治国相结合
（卷首语）

中国共产党第十八届中央委员会第四次全体会议审议通过了《中共中央关于全面推进依法治国若干重大问题的决定》（下称《决定》）。全会提出，全面推进依法治国，总目标是建设中国特色社会主义法治体系，建设社会主义法治国家。实现这个总目标，必须坚持中国共产党的领导，坚持人民主体地位，坚持法律面前人人平等，坚持依法治国和以德治国相结合，坚持从中国实际出发。

这就是在中国共产党领导下，坚持中国特色社会主义制度，贯彻中国特色社会主义法治理论，形成完备的法律规范体系、高效的法治实施体系、严密的法治监督体系、有力的法治保障体系，形成完善的党内法规体系，坚持依法治国、依法执政、依法行政共同推进，坚持法治国家、法治政府、法治社会一体建设，实现科学立法、严格执法、公正司法、全民守法，促进国家治理体系和治理能力现代化。

当人们在街头巷尾谈论党的十八届四中全会时，都不约而同地会说到"法治"这个词。而全会通过的《决定》将"依法治国和以德治国相结合"作为实现建设中国特色社会主义法治体系，建设社会主义法治国家总目标所要坚持的五项原则之一，显得格外醒目。当前，在中国提倡"依法治国"，人们容易理解，也容易接受；但提倡"以德治国"，在一些人那里还有这样那样的疑虑。疑虑之一：既然要"依法治国"，那就坚持"依法治国"，怎样又要"以德治国"，还要坚持"依法治国和以德治国相结合"，无法理解？疑虑之二：现实提倡"以德治国"会不会回到传统的"德治"上去，最终导致"人治"？中国有"德治"、"人治"的传统，今天应该怎样对待这些传统，会不会回到老路上去？疑虑之三：提倡"以德治国"会不会冲淡、干扰"依法治国"？在国家治理体系上，采用"依法治国"和"以德治国"相互结合，会不会产生矛盾，彼此制衡，最后二者都不能发挥好作用？为什么全面推进依法治国必须坚持"依法治国和以德治国相结合"，必要性又是什么？为什么在当代社会要凸显它们之间的结合，那么，怎样才能贯彻好"依法治国"和"以德治国"相结合的治国方略呢？即在当代社会怎样结合，怎样结合得好，实现法律和道德相辅相成、法治和德治相得益彰？等等。不解决这些问题，就无法理解《决定》。

其实，依法治国和以德治国相结合是一个完整的国家治理体系，这里的"结合"是一个完整的治国方略，不是把"以德治国"变成"依法治国"之外的另一个基本方略；也不是"依法治国"为主，"以德治国"为辅，而是同时突出强调"依法治国"和"以德治国"，相辅相成，密不可分，互为补充，共同构成了一个完整一体的治国方略。不解决这些问题，就根本无法理解"依法治国"必须"坚持从中国实际出发"等重大问题。

现在，有些人议论这个法治道路、那个法治道路，有的甚至想照搬照抄西方模式。我们一定要警惕这些错误想法、认识。在走什么样的法治道路这一重大问题上，向全社会释放出一个明确的信号，坚定中国特色社会主义法治方向，既不走封闭僵化的老路，也不走改旗易帜的邪路。有人以为西方发达国家只讲"法治"，不讲"德治"，这其实是一种误解。美国就曾制定《政府道德法》；德国则开展"政治养成教育"；法国也开展"公民道德教育"；日本则把教育目标由过去的"智、德、体"改为"德、智、体"，把"德育"提到首位。

《决定》做出"坚持依法治国和以德治国相结合"的重大论断，是对我们党"两手抓，两手都要硬"战略思想的运用和发展，是对建设中国特色社会主义规律性认识的升华，是对我们党领导人民治理国家基本方略的完善和创新，也是对法治和德治关系的深刻把握。

目　录

特　稿
思想政治教育学科建设的前沿课题 …………………………… 郑永廷（1）

一、价值观·社会主义核心价值观
社会主义核心价值观研究综述 …………………………… 王仕民　丁存霞（13）
论中华优秀传统文化价值观的现代转换 ………………… 骆郁廷　王　瑞（23）
社会主义核心价值观的价值之维 ………………………… 刘志山　王　杰（33）
论影响个体价值观形成的因素 …………………………………… 江传月（40）

二、思想政治教育理论研究
马克思主义理论学科建设的发展与启示
　　——以中南大学为例 …………………………………………… 贺才乐（47）
论中国特色社会主义理论自信的三个逻辑视角 ………………… 张国启（59）
从文化认同到文化自觉
　　——对习总书记四个讲清楚的思考 …………………………… 程京武（65）

三、思想政治教育前沿问题研究
大学生主流意识形态教育的新媒体作用机制 …………………… 聂立清（71）
略论公民观与人的发展 …………………………………………… 申群喜（78）
论现代人与社会及其关系 ……………………… 邓泽球　王　敏　应　欢（85）
少数民族地区未成年人思想道德建设的原则、方法和途径 …… 韦吉锋（97）
道德关系的发展及其对道德建构的意义 ……………………… 张治库（103）

四、网络思想政治教育研究
虚拟社会的形成发展及其本质的探究 ………………………… 曾令辉（118）
网络生活的虚拟实践指导
　　——兼论虚拟实践与现实实践的关系辩证 ………………… 孟源北（125）

五、就业理论与指导
"五业一体"：我国高校就业指导与职业规划教育的
　　显著特征及其优势 …………………………………………… 郝登峰（133）

六、探索与争鸣

孔子是个什么"家"？
　　——关于对孔子评价与《论语》定位的学术辨析 ………… 刘社欣（142）

七、青年论坛

传统医药文化的精神价值及现代启示 ………………………… 朱白薇（148）
多元文化对当代青年社会适应与超越的影响初探 …………… 胡梅花（154）

八、研究综述

中华优秀传统文化与中国梦关系研究综述 …………………… 詹小美（162）
习近平意识形态工作思想研究综述 ……………… 李　辉　任美慧（171）
依法治国与以德治国关系研究综述 ……………… 王仕民　丁存霞（178）
高等教育与国家文化安全研究综述 …………………………… 罗希明（186）

九、道德·诚信·实证研究

广东省高校大学生诚信状况调查报告 ………………………… 袁本新（196）
珠海市青少年思想道德发展现状及对策研究
　　——以珠海市四所中学的调查为例 ………………………… 许文贤（231）

特　稿

思想政治教育学科建设的前沿课题

郑永廷

（中山大学马克思主义学院，广东广州，510275）

摘　要：随着我国改革开放的深化和社会主义现代化建设的发展，随着人的全面发展水平的提高，思想政治教育学科建设任务艰巨，需要思想政治教育工作者攻坚克难。当前思想政治教育学科建设的前沿课题，有党的十八大提出的思想政治教育学科建设的前沿课题、思想政治教育学科建设的变更性前沿课题、思想政治教育学科建设的立论性前沿课题。

关键词：思想政治教育；学科建设；课题

作者简介：郑永廷，男，湖北仙桃人，中山大学马克思主义学院教授，博士生导师，全国高等学校思想政治教育研究会学术委员会主任，全国著名思想政治教育专家、原二级学科马克思主义理论与思想政治教育学科（今升级为马克思主义理论一级学科）创始人之一。复旦大学、西南交通大学特聘教授，清华大学、西安交通大学、上海交通大学、武汉大学、华中师范大学、解放军第四军医大学、中南民族大学等30余所院校兼职教授，享受政府特殊津贴。

思想政治教育学科是在改革开放进程中创办的一个富有中国特色的新型学科。30多年来，它伴随我国经济社会的快速、持续发展，经历了跨越式发展，取得了丰硕成果。学科发展到现在，不仅面临着不少新问题需要解决，而且有些学科的基本问题也需要深化与突破。为此，为进一步增强学科建设的自信，对学科的前沿问题做一个梳理，推进学科建设攻坚克难，很有必要。

一、思想政治教育学科建设的前沿课题

思想政治教育学科建设的前沿课题，既有发展过程中的新课题，也有尚未解决的重要问题；既有理论性前沿课题，也有实践性前沿课题。下面把前沿课题分为几个方面简要阐述。

1. 党的十八大提出的思想政治教育学科建设的前沿课题

党的十八大不仅提出了思想政治教育学科建设新的指导思想，而且提出了多方面

需要深入学习、研究的前沿课题。

第一，新的历史条件下的理想信念教育。党的十八大提出的大会主题，中心是要坚定不移沿着中国特色社会主义道路前进。中国特色社会主义道路和中国特色社会主义共同理想是两个有内在联系的概念，即道路为理想实现开辟途径，理想为坚持道路提供动力。因而，坚持中国特色社会主义道路教育，同坚持中国特色社会主义共同理想教育，在目标、内容上是一致的。

党的十八大报告绘制了我国实现共同理想的宏伟蓝图："只要我们胸怀理想、坚定信念，不动摇、不懈怠、不折腾，顽强奋斗、艰苦奋斗、不懈奋斗，就一定能在中国共产党成立一百年时全面建成小康社会，就一定能在新中国成立一百年时建成富强民主文明和谐的社会主义现代化国家。"[1]16 报告不仅提出了到2020年实现全面建成小康社会的各项目标与举措，而且强调，在新的历史条件下夺取中国特色社会主义新胜利，必须牢牢把握以下基本要求：必须坚持人民主体地位，必须坚持解放和发展社会生产力，必须坚持推进改革开放，必须坚持维护社会公平正义，必须坚持走共同富裕道路，必须坚持促进社会和谐，必须坚持和平发展，必须坚持党的领导。报告还提出要使这些基本要求"成为全党全国各族人民的共同信念"[1]13-15。显然，全面建成小康社会的各项目标，在实践中凝练的以上基本要求，既是中国特色社会主义的基本内涵，又是中国特色社会主义共同理想教育的丰富内容。我们要研究这些基本要求的要义、作用与逻辑关系，进一步丰富、深化理想信念教育。

2012年11月29日，中共中央总书记习近平带领新一届中央领导集体参观了国家博物馆"复兴之路"展览现场，他说："现在，大家都在讨论中国梦，我以为，实现中华民族伟大复兴，就是中华民族近代以来最伟大的梦想。"把实现中华民族伟大复兴概括为"中国梦"，深刻道出了中国近代以来历史发展的主题，深情描绘了近代以来中华民族生生不息、不懈奋斗的历史，充分彰显了全国各族人民的共同愿望。"中国梦"所蕴涵的国家富强、民族复兴、人民幸福、社会和谐的深刻内涵，为新的历史阶段开展理想信念教育，提供了生动、丰富的内容，赋予了鲜明的时代特征，为我国全面深化改革、攻坚克难、振作精神、克服懈怠，指出了明确的方向，提供了强大的动力。

第二，积极培育和践行社会主义核心价值观。党的十八大首次提出"倡导富强、民主、文明、和谐，倡导自由、平等、公正、法治，倡导爱国、敬业、诚信、友善，积极培育和践行社会主义核心价值观"[1]31-32。"三个倡导"的价值观，是反映现阶段全国各族人民"最大公约数"的价值观，是社会主义核心价值体系建设的新成果；"三个倡导"的价值观，既借鉴了人类历史进步的价值思想，又是社会主义价值的展现与超越；"三个倡导"的价值观，在国家、社会、个体三个层面既各有侧重，又相互联系与贯通。"三个倡导"的价值观，为思想政治教育提供了新内容，向思想政治教育学科建设提出了新要求。

所谓核心价值观，是社会群体判断社会事物所依据的根本是非标准和遵循的行为准则。社会主义核心价值观，则是指对社会主义价值的性质、构成、标准和评价的根本看法和态度，是社会主义核心价值体系内核的最高抽象。社会主义核心价值观是社会主义意识形态的本质体现，是巩固全党全国各族人民团结奋斗的共同思想基础，是思想政治教育的核心内容。因此，以"三个倡导"的价值观为基础，进一步提炼社会主义核心价值观，是思想政治教育学科建设的前沿理论课题；面向思想政治教育实际，探索培育和践行社会主义核心价值观教育的新途径、新方法，则是思想政治教育学科建设的前沿实践课题。

第三，强调人民地位和加强社会责任感教育。党的十八大报告有100多处提到"人民"，强调"必须增强宗旨意识，相信群众，依靠群众，始终把人民放在心中最高位置"[1]56，并分别阐述了要增强全党责任感、教师教书育人责任感，培养学生社会责任感。

人民是历史的创造者，人民当家作主，党的群众路线是根本的工作路线，这些都是历史唯物主义的基本观点。党的十八大强调人民的地位与作用，要求牢固树立责任意识，牢记对民族、对人民、对党的责任，是对历史唯物主义的发展，是解决改革开放过程中现实问题的法宝，是坚持和发展中国特色社会主义的根本条件与根本目的。人民的地位、作用和需要，同增强责任感具有内在联系。所谓责任感，是指主体对于责任所产生的主观意识，既包括对自己负责的意识，更包括对他人和社会负责的意识。这种责任意识，是决定一个人能否健康发展的核心品质之一，并由这一品质派生出诸如担当、自律、守信用、忠于信念和感情等健康人格特点。最重要的责任感是服务人民、服务国家的责任感。服务人民的责任感，就是和广大的人民群众保持密切联系，全心全意为人民服务，一刻也不能脱离群众；服务国家的责任感，就是具有鲜明国家意识，对国家有高度认知和情感，愿为国家强大做贡献。

当前，强调人民地位和加强责任感教育，是消除腐败和社会丑恶现象的治本途径，是增强个体与社会活力与动力的源泉，是感受和实现自身存在与价值之所在，是得到人们和社会信赖和尊重的真谛，其意义既现实又深远。为此，思想政治教育学科建设要紧扣这一既现实又前沿的课题开展研究，为推进党的宗旨教育、服务人民和服务国家的责任感教育，提供理论与方法支持。

2. 思想政治教育学科建设的变更性前沿课题

所谓变更性前沿课题，是指在社会发展、形势变化过程中，出现的对思想政治教育及其学科建设产生重要影响并不断变动的课题。这里所说的重要影响，主要指社会思潮的影响。

所谓社会思潮，是指在特定的社会历史背景下，以一定的社会心理为基础，具备某种相应的理论形态，在一定范围具有影响力并带有某种倾向性的思想趋势。社会思潮一般都会反映一定阶段、一定阶层的利益和要求，具有历史性、区域性、群体性、变更性等特点。在我国，除马列主义、毛泽东思想和中国特色社会主义理论体系以外的思潮，都属于非主流社会思潮、错误思潮，诸如宪政民主思潮、新自由主义思潮、普世价值思潮、历史虚无主义思潮、后现代思潮、新儒家思潮等。这些思潮有的来自国外，有的滋生于国内，是一定范围人群的社会心理和社会情感的表征，是社会政治、经济矛盾运动的反映，是某种理论形态的现实表达。当这些思潮产生、郁积甚至蔓延的时候，就会直接冲击我国社会主义意识形态，冲击马克思主义的指导地位，影响和冲击思想政治教育的效果和思想政治教育学科建设的进程。因此，思想政治教育者必须敢于面对不良社会思潮，及时进行辨析，列举其具体表现，分析其社会危害，追溯其来龙去脉，剖析其理论基础，揭示其政治目的，引导人们抵制、批判错误思潮，更好地接受思想政治教育，推进学科建设。

由于非主流社会思潮、错误社会思潮是在不同时间、不同地域产生并形成影响，思想政治教育者要敏感地察觉错误社会思潮的发展动向，并针对其影响开展必要的研究，进行正确的引导，防止错误社会思潮危害人们的思想和冲击思想政治教育学科建设。

3. 思想政治教育学科建设的立论性前沿课题

学科理论是一门学科能够成立并持续坚持的根本问题。当学科中的有些理论问题尚未深化研究或研究不彻底时，这些问题也是学科的前沿课题，深入研究这些问题是寻求学科安身立命的根本。学科的立论性问题，关系到其他问题的认识与解决。

第一，思想政治教育的本源研究。思想政治教育的本源探讨，从古到今都没有停止过。中外古代先哲都提出过人性预设论、社会聚集论，尽管人性论观点各异甚至相反，但都论述了思想、政治、道德教育的必要性与根源性。这些观点及其论述，虽然有其合理成分，但由于陷于主观，难以科学阐述思想政治教育的本源。目前，思想政治教育学科已有的本源性研究成果，比较突出的有骆郁廷、杨威关于思想政治教育根源的研究，他们对思想政治教育的根源做了有益的探索，并取得了有影响的成果。开展思想政治教育的本源研究，要以马克思主义关于人与社会的实践本质、社会本质、需要本质理论为指导，坚持认识与实践、人的思想关系与物质关系、人的精神需要与物质需要的辩证，才能科学分析人的认识、人的思想关系、人的精神需要的根源。马克思主义对人的本质的科学揭示，结束了以往关于人性、人的本质的主观预设与判断，使人性、人的本质建立在历史唯物主义基础之上，得到了科学的揭示与论证，因而既是我们研究思想政治教育本源的指导理论，也是我们研究思想政治教育本源的方法论。

第二，思想政治教育的规律研究。思想政治教育规律的研究，自学科创办以来就开始了，到目前为止，研究还在拓展与深化。一是由于研究者对思想政治教育规律的范围界定不同，研究成果具有多样性，诸如基本规律与具体规律分层的多样性，基本规律表述的多样性，内部规律与外部规律划分的交叉性。二是研究思想政治教育规律的观点不同，也导致研究成果具有多样性：观点之一是把思想政治教育过程规律界定为思想政治教育规律，观点之二是思想政治教育规律有广义和狭义之分，观点之三是从思想政治教育矛盾出发界定规律等。

思想政治教育的规律研究，具有代表性的表述主要有：教育要求与受教育者思想品德发展之间保持适度张力的规律；教育与自我教育相统一的规律；协调与控制各种影响因素，使之同向发挥作用的规律；思想政治教育过程的基本规律是教育者的教育活动一定要适合受教育者的思想政治品德状况的规律；思想品德形成发展的规律和服从与服务于社会发展的规律是思想政治教育的两条基本规律；思想政治教育的基本规律是社会适应规律、要素协同规律、过程充足规律、人格分析规律、自我同一规律。这些规律都见诸研究者的专著与教材，又各自被不同的读者、引用者、研究者所认同。

思想政治教育规律表述的多样性说明我们对思想政治教育规律的研究还不够深化与统一，说明思想政治教育规律的研究还要继续进行。如果思想政治教育的规律，特别是基本规律，还处在各自表达的状态，则难以使思想政治教育学科的地位稳固而持久。因而，加强思想政治教育的规律研究，仍然是思想政治教育学科建设的重要前沿课题。研究思想政治教育的基本规律，首先要对思想政治教育基本规律这一概念统一认识，既不可将基本规律泛化为思想政治教育某一方面、某一环节的具体规律，也不可将基本规律多样化为多个规律，揭示决定思想政治教育发展方向的规律，就是基本规律。其次，思想政治教育是一个影响因素复杂、目标层次和教育环节多样的过程，要根据马克思主义的辩证唯物论、实践论、社会发展规律性，分别研究一般思想、正确思想、社会思想形成与发展的规律和思想政治教育的规律，进而再揭示思想政治教育的基本规律。

二、思想政治教育学科建设的艰巨任务

思想政治教育学科虽然实现了持续、快速发展，但毕竟是一门新型学科，不仅有许多问题需要深化研究，而且社会的快速发展和人的全面发展不断提出新问题。因而要把握发展趋势，推进思想政治教育及其学科向前发展。

1. 进一步转变教育观念与研究范式

在改革开放进程中，思想政治教育工作者不断转变思想政治教育观念与研究范式，以适应新形势与新发展的客观要求。进入新世纪新阶段后，不仅我国改革开放步入关键时期，许多深层次矛盾显露出来，而且社会的客观条件表现出新的状态：不断扩大的开放环境、迅速发展的信息社会、频繁发生的各种风险相互交错不断扩展的竞争领域、网络开辟的虚拟领域、多元文化激荡形成的思想领域相互交叉，社会竞争机制所产生的竞争压力、科技创新与发展所形成的信息或知识压力、多元文化条件下的选择压力相互交汇，使得当代社会呈现出模糊、交互与多变状态。所谓模糊，是指社会新的要素与领域形成时间短，人们对其性质、功能、规范的认识及心理适应尚处在探索之中；所谓交互，是指社会新的要素与领域相互交叉与渗透，在发展变化过程中的不确定因素多；所谓多变，是指社会新的要素与领域还在不断扩展、延伸，衍生新的因素与问题。在这样的社会背景下，人们的主体性、选择性进一步增强，社会环境

影响不断加大，多样化发展更加突出，流变与风险冲击还会增多。

当代社会的客观存在既对人们的观念、行为起决定作用，又需要人们对客观条件进行符合发展趋势的改造。正如马克思和列宁所说的，"人的思维是否具有客观的真理性，这不是一个理论的问题，而是一个实践的问题。人应该在实践中证明自己思维的真理性"[2]55；"人的意识不仅反映客观世界，并且创造客观世界"[3]182。思维的真理性就是思想观念符合规律性，意识反映、创造客观世界就是运用正确理论指导实践。为此，思想政治教育学科必须根据社会发展提出的客观要求，进一步审视传统教育观念与研究范式，诸如理论思维的线性式、教育内容的平面式、教育关系的单向式、研究范式的阐述性等。需要研究和确立富有时代特征的教育观念与研究范式，主要有开放环境条件下的广阔视野与全局观念，竞争压力下的内在动力与理想信念，复杂多变情况下的辩证思维与价值选择，信息获取、更新过程中的理性思维，创新进程中的价值取向等，从而确立现代教育观念。一是体现时代性，即以适应开放、多样、多变的立体、互动、渗透观念，改变传统平面思维模式；二是力求综合性，将时代内容、理论内容、实际内容等有机整合，改变传统单一内容的传授；三是适应多样性，即以富有层次性的目标、内容、方法体系满足个体多样性需要，改变传统简单说教；四是增强互动性，即备课、教育、研究按照真理、事理、情理协调、互动的要求，突破传统个体思维与行为局限，增强群体互动与组织聚集能力，改变传统线性过程；五是强化探索性，即按照科学理论研究从累进范式归纳—演绎模式向问题范式科学进化模式的发展，加强现实理论问题、实际问题研究，兼顾常规问题研究与模糊问题研究，推进思想政治教育及学科发展。

深化思想政治教育学科立论基础研究。思想政治教育学科经过多年的建设，虽然已经确立了概念体系、研究对象，开展了对学科的理论基础、基本规律、结构功能、价值体系、目标内容、原则方法等主要问题的研究，形成了相应的研究成果，在思想政治教育实践中得到了推广应用，收到了明显的效果。但是，除了这些研究成果还要在思想政治教育学科建设过程中进一步准确、充实和完善外，学科的立论基础，即思想政治教育哲学理论还有待深化与系统化。学科立论需要在理论上回答这样几个问题：

一是为什么各个社会、各种人群都有思想政治教育和都需要思想政治教育，这是思想政治教育的本源性问题。如果这个问题不从理论上彻底解决，就会产生思想政治教育只在我国存在、思想政治教育是外在施加的误解，甚至把思想政治教育看成多余的、逐步消亡的活动。其实，对思想政治教育的本源探讨从古到今都没有停止过，中外古代先哲们的人性预设论、社会聚集论，尽管具有假设、猜想的局限，尽管人性论观点各有差异甚至观点相反，但都论述了思想、政治、道德教育的必要性与根源性。马克思主义关于人与社会实践本质、社会本质、需要本质的理论，科学解决了人的认识、人的思想关系、人的精神需要产生的根源，从而对思想政治教育的本源进行了科学论证。思想政治教育学科要以马克思主义关于人与社会本质理论为指导，从本源上认识思想政治教育的重要性是社会与人的需要。

二是不同社会、不同国家、不同人群为什么有不同的思想政治教育，这是思想政治教育的普遍性与特殊性问题。人类社会的漫长历史，经历了不同历史阶段的更替，思想政治教育也经历了全域性与历时性演进。尽管各个历史阶段与各个国家思想政治教育的理论、概念、目标、内容、方法等各有不同，表现出思想政治教育的阶段性、特殊性、相对性，诸如中国古代的德治德教、西方古代的博雅教育与宗教教育、资本主义社会的人文教育、社会主义社会的思想政治教育。正是这些不同社会、不同国家的阶段性的、特殊的思想政治教育，形成了人类社会思想政治教育的连续性、普遍性。梳理古今中外思想政治教育的历史演进，分析思想政治教育时段性、区域性与国度性特征，揭示思想政治教育连续性与阶段性的辩证发展规律，把历史逻辑上升到理论逻辑高度，是思想政治教育学科研究的任务。

三是思想政治教育的本质与规律是什么，这是思想政治教育的根本问题。马克思主义的社会存在与社会意识关系理论、能动性理论、实践论与灌输论，都为研究思想政治教育的本质与规律提供了理论指导。但这些理论具有普遍指导意义，思想政治教育只是社会实践活动的一个方面，需要思想政治教育工作者以马克思主义理论为指导，根据思想政治教育实际，研究、概括其本质与规律，而不是对马克思主义理论进行阐述，这更是思想政治教育学科建设的艰巨的任务。还有如思想政治教育的结构与功能、价值及实现等，也需要深化研究。

总之，从思想政治教育产生的必然性，到思想政治教育发展的普遍性，再到思想政治教育遵循的规律性和思想政治教育功能与价值的实现，是思想政治教育学科的逻辑理论与立论基础，需要从哲学的高度进行研究和提炼。只有把思想政治教育的立论做扎实，思想政治教育学科才有牢固的根基。

2. 追踪思想政治教育前沿课题研究

马克思指出："一切划时代的体系的真正的内容都是由于产生这些体系的那个时期的需要而形成起来的。"[4]思想政治教育学科的建设和发展必须立足于中国特色社会主义现代化建设与人的全面发展的实际，既要为推进我国社会科学发展服务，又要为人的全面发展提供目标导向和精神动力。

一是坚持主导性与多样性的辩证统一，研究发展主导性思想政治教育。主导性思想政治教育，是根据社会与人的发展的多样性提出的。坚持主导性与多样性的辩证统一，既是思想政治教育面临的前沿课题，也是思想政治教育所要坚持的原则。主导性与多样性是社会与人发展的基本样态，其关系实际上是普遍性与特殊性、一致性与差异性的辩证。现代社会是一个多元文化交汇、价值观念多样、发展方式不同的社会，尊重、促进多样性发展是现代社会的特征。同时，在信息社会化和文化多元化条件下，仅仅强调多样性而忽视主导性，则容易迷失主导方向。一些人不同程度地存在理想信念模糊、价值取向扭曲、诚信意识淡薄等问题，很大程度上是主旋律教育跟不上时代发展的需要造成的。因此，思想政治教育学科既要研究坚持思想政治教育主导性的内容与方式，即研究坚持市场体制和经济全球化发展的国家政治主导，对外开放和多元文化激荡中的民族文化主导，科技发展和社会信息化条件下的人本主导，社会多样化和个体特色化发展的社会主义核心价值主导，又要研究促进社会与人的多样化发展。既要吸取过去只讲主导性、排斥多样性的教训，也要防止只讲多样性、忽视主导性的倾向。坚持在社会主义意识形态一元主导的前提下发展多样性，在发展多样性的基础上坚持主导性。

二是坚持以人为本思想，研究发展人本思想政治教育。我们党提出的以人为本，坚持全面、协调、可持续发展的科学发展观，其内涵是极其丰富的，其中以人为本则是科学发展观的核心，更是思想政治教育的根本宗旨。坚持思想政治教育以人为本，就是既要把人作为教育的对象，又要把人作为教育的主体；既要把人的全面发展作为社会和人的根本目标与根本利益，又要把人的全面发展作为社会发展的基础；既要尊重人、关心人，又要培养人、教育人。思想政治教育学科围绕人的全面发展，有一系列前沿课题值得深入研究。

三是坚持现实性与虚拟性的辩证，研究发展网络思想政治教育。网络社会的到来和虚拟空间的发展，把网络思想政治教育的探索与建设提上了日程。在网络这个新空间，虚拟实践是现实实践的延伸、优化和发展，人们在虚拟实践活动中形成的各种关系称为虚拟关系。虚拟实践和虚拟关系构成了人们在虚拟领域的学习、工作、生活和交往方式。因此，网络领域的出现和发展，不仅为人们开辟了一个新的生存与发展空间，而且对人们现实的学习、工作、生活和思维方式产生了广泛而深刻的影响。这种新的空间与新的影响成为思想政治教育学科必须面对和研究的新课题。同时，网络作为信息传播、交流的集散地，作为信息选择、整合的优化场，作为关系调节、时空运筹的新领域，不仅可以提供丰富的信息资源，扩大人们的知识视野和交往空间，而且可以通过比较和借鉴，优化发展方式和培养能力。网络的这些特性与功能也为思想政治教育创设了一个新领域。思想政治教育如何根据网络的特点，研究虚拟空间思想政治教育的新理论、新形式、新方法，发展网络思想政治教育功能，把现实性教育与虚拟性教育结合起来，是思想政治教育学科亟待研究的课题。

还有坚持面向世界与立足民族发展的辩证、精神文化彰显与人文精神缺失的失衡、人的发展便捷与人的发展阻抗的矛盾、社会环境影响与思想教育作用的互动、教育隐性功效与教育显性释放的关联等问题，都需要深化和系统研究。

三、思想政治教育学科的规范

规范这一概念，由规与范合成，规即尺规，范即模具。规范是指按确定的要求进行操作，使某一行为或活动符合一定的标准。所谓思想政治教育的规范，就是思想政治教育必须遵循的规则和标准。明确并遵循思想政治教育的规范，是有效开展思想政治教育的前提。思想政治教育的规范主要有以下几个方面。

1. 性质规范

思想政治教育的性质，是指思想政治教育的固有属性，也可称之为思想政治教育质的规定性。思想政治教育包括思想、政治、道德方面的教育，是各个社会、各个国家在事实上都要开展的教育活动，只不过性质、目标、内容不同而已。因而，思想政治教育的性质，既有一般性质，也有不同社会、不同阶级的特殊性质。思想政治教育的性质规范，是思想政治教育最重要的规范。思想政治教育的一般性质，主要是意识形态性，也可称之为阶级性或政治性，这是各个社会、各个国家思想政治教育都具有的特性。马克思、恩格斯在《德意志意识形态》一文中，阐述阶级社会中思想统治时提出了一个著名论断："占统治地位的思想不过是占统治地位的物质关系在观念上的表现，不过是以思想的形式表现出来的占统治地位的物质关系"[2]98。统治阶级占统治地位的思想，主要是由政治思想、法律思想、哲学思想、道德思想构成的"思想体系"或意识形态。统治阶级为了维护思想上的统治地位，必定要进行"思想的生产和分配"[2]99，思想政治教育则是进行"思想的生产和分配"的重要途径与方式。也就是说，只要不同性质的统治阶级、不同性质的国家存在，反映、维护统治阶级的意识形态，就一定要发挥思想教育、政治教育、道德教育的作用，不管这种教育运用什么样的概念，采取什么样的方式，其实质是为统治阶级占统治地位的思想服务的。在我国，思想教育、政治教育、道德教育综合为思想政治教育，因而思想政治教育是我国社会的特定概念，是发挥社会主义意识形态主导作用的重要方式。坚持思想政治教育的社会主义意识形态性，就是要坚持马克思主义指导，运用社会主义意识形式开展思想政治教育，并继承、借鉴人类创造的优秀文化成果，丰富思想政治教育的内容。

我国思想政治教育具有社会主义性质，由我国社会主义制度所决定。这一性质，要求思想政治教育者及学科建设者必须运用马克思主义的立场、观点、方法，研究和解决人们面临的思想问题与实际问题，推进改革开放和中国特色社会主义现代化建设向前发展。正如邓小平在总结我国社会主义建设历史经验时所指出的，我们"主要的是要用马克思主义的立场、观点、方法来分析问题，解决问题。马克思主义的活的灵魂，就是具体地分析具体情况。马列主义、毛泽东思想如果不同实际情况相结合，就没有生命力了"[5]。邓小平把运用马克思主义的立场、观点、方法分析和解决实际问题，提到了生命力的高度。

所谓立场，就是人们观察、认识和解决问题的立足点。马克思、恩格斯以毕生的经历，号召全世界无产者和共产党人联合起来，反抗资产阶级的压迫与剥削，为无产阶级和劳动人民求解放。列宁的立场充分体现在以他为代表创立的列宁主义之中，集中表现就是坚决维护无产阶级和人民大众的根本利益。毛泽东强调人民的立场是每一个共产党员的政治立场，政治立场坚定不坚定，取决于是否站在人民立场上，共产党人必须坚持全心全意为人民服务的思想。邓小平时刻关注最广大人民群众的利益、愿望和要求，把人民"拥护不拥护"、"赞成不赞成"、"高兴不高兴"、"答应不答应"作为考虑一切问题的出发点和归宿。[6]

江泽民在三个代表重要思想中，强调中国共产党必须始终代表最广大人民的根本利益。胡锦涛在党的十八大报告中指出："为人民服务是党的根本宗旨，以人为本、执政为民是检验党一切执政活动的最高标准。任何时候都要把人民利益放在第一位，始终与人民心连心、同呼吸、共命运,始终依靠人民推动历史前进。"[1]50-51这些关于立场的观点,是一条既一脉相承又与时俱进的思想主线,其实质就是要把人民放在心中的最高位置,切实做到一切为了人民、一切相信人民、一切依靠人民,这既是马克思主义的根本出发点和落脚点,也是思想政治教育必须坚持的根本立场。

所谓观点,就是对人和事物的看法。坚持马克思主义观点,就是要坚持马克思列宁主义、毛泽东思想和中国特色社会主义理论体系的指导。马克思主义关于辩证唯物主义和历史唯物主义的基本观点,关于认识与实践的基本观点,关于社会主义必然代替资本主义的基本观点,关于社会主义本质和中国特色社会主义的基本观点,关于人的全面发展的基本观点等,都是思想政治教育必须坚持的基本观点。

所谓方法,是指为达到某种目的而采取的手段与行为方式。马克思主义方法是指导我们正确认识和改造世界的根本思想方法和工作方法。我们是马克思主义世界观与方法论的统一论者,运用马克思主义理论,分析和解决实际问题,马克思主义理论就成为方法。所以恩格斯说:"马克思的整个世界观不是教义,而是方法。它提供的不是现成的教条,而是进一步研究的出发点和供这种研究使用的方法。"[7]

总之,马克思主义的立场、观点、方法,是马克思主义思想体系的精髓所在。思想政治教育遵循性质规范,其集中体现就是坚持马克思主义的立场、观点、方法。此外,思想政治教育的人本性、目的性、实践性,也是社会主义意识形态的特性,因而思想政治教育也应当遵循这些规范。

2. 范围规范

范围是指一定的时空限定。思想政治教育的范围,亦可称之为思想政治教育的边界限制。上面分析的思想政治教育的性质规范,是由思想政治教育的内涵决定的,而这里所说的思想政治教育范围规范,则由思想政治教育的外延限定。

思想政治教育及其学科建设的范围,要根据思想政治教育的性质、目标、内容等综合确定,也就是要由思想政治教育的内涵决定。任何思想政治教育,都是以人为主体的活动,教育者与受教育者是构成思想政治教育的两个基本要素,教育者与受教育者的关系也是思想政治教育的主要关系,两者运用一定的思想政治教育内容与方法,为实现一定的思想政治教育目标而互动,就是思想政治教育活动。显然,思想政治教育活动是有特定主体、目标、内容和方法的活动。既不能把人与人之间的关系、活动,都视为思想政治教育关系和思想政治教育活动;也不能认为思想政治教育可以解决人的一切问题,诸如人的生理问题、业务问题、心理问题等。思想政治教育要结合业务工作来做,并要渗透到业务工作中去;但思想政治教育不能代替业务工作,更不能冲击业务活动。思想政治教育的目标、内容、任务,都是特定的、明确的,不能用思想政治教育去完成其他实践活动的任务,实现其他实践活动的目标。在是否遵循思想政治教育范围规范上,存在着这样那样的问题。其中主要的问题是:某些思想政治教育工作者或研究者,身在思想政治教育学科范围,从事的却不是思想政治教育工作,研究的也不是思想政治教育问题,有的做与思想政治教育无关的事情,有的进入其他学科领域进行研究，用形象的话说，就是"荒自己的地，耕别人的田"。还有些思想政治教育工作者或研究者，以思想政治教育具有综合性、交叉性特点为借口，超出思想政治教育的范围进行活动与研究，他们或避开我国思想政治教育的主要概念和内容，运用西方国家，特别是美国的思想、政治、道德教育的主要概念和内容，进行教育与研究，存在照搬、复制他国教育主要概念和内容的倾向；或回避思想政治教育的主要任务，诸如忽视理想信念教育、爱国主义教育、道德法制教育等，而以所谓"中性"、"边缘性"内容，作为教育的主要任务和研究方向。应当承认，思想政治教育与其他活动和某些学科，的确有一定程度的交叉，可以进行交叉领域的研究，也需要借鉴、吸收其他学科和国外的成果与经验，但思想政治教育工作者、研究者必须依托思想政治教育学科，自觉遵循思想政治教育学科的规范，才具有交叉学科研究的基础，才能"坚持以我为主、为我所用的原则"[8]，否则，交叉学科研究就是一句空话。突破思想政治教育及其学科的范围，进入其他学科范围并依托其他学科，既损害思想政治教育学科的形象与声誉，又不利于个人专长的提高和研究方向的凝练，长此下去，"既会受到同行的非议，也会受到其他学科研究者的质疑。所以，思想政治教育学科的建设者一定要本着自尊、自重和珍惜思想政治教育学科的态度，对待思想政治教育学科的范围规范"[9]。

3. 学科规范

所谓学科，是按知识性质或学术领域的分类。学科理论或知识的性质，是学科内涵与外延的统一。在英文中，学科是用"subject"、"discipline"来表达的，具有主题、纪律的含义，并蕴含着规范。学科规范的标志，是学科的范畴体系或话语体系。

所谓范畴，列宁说，是"认识世界的过程中的梯级，是帮助我们认识和掌握自然现象之网的网上纽结"[3]178。范畴是涉及主观与客观的辩证统一概念，即作为思维形式是主观的，其内容则是客观的。范畴是对事物现象的本质概括，是主体和客体联系的纽结。

任何范畴都包含着诸种要素的概念系统。概念是事物本质特征的概括，正如毛泽东所说："社会实践的继续，使人们在实践中引起感觉和印象的东西反复了多次，于是在人们的脑子里生起了一个认识过程中的突变（即飞跃），产生了概念。"[10]范畴往往比概念更高，所涵盖的对象范围更大，其本质体现在构成它的各个要素之间的关系结构中。思想政治教育学科的范畴，反映和概括思想政治教育学科所研究领域中的各种现象之间最本质、最稳定、最普遍的特性和关系，提供思想政治教育学科的样式，为思想政治教育及学科研究限定框架和主题。思想政治教育学科范畴体系的形成，标志着思想政治教育学科的创立；思想政治教育学科范畴体系的系统性与科学性，体现思想政治教育学科的发展与成熟程度。

思想政治教育学科规范是思想政治教育的综合性规范，即这一规范既有质的规定性，也有量的规定性，其中按照思想政治教育学科的范畴体系和主要概念，来表达思想政治教育和研究的目标、内容和价值，则是最基本的要求。突破思想政治教育学科的范畴体系、主要概念进行教育和研究，要么用其他学科的范畴体系和主要概念，要么范畴体系和主要概念混杂，那就不是真正开展思想政治教育和进行思想政治教育研究，因而难以获得思想政治教育的实际效果与研究成果。应当肯定，其他学科也可以运用学科知识，开展育人活动，但其他学科都各有自己的目标、内容与任务，因而也有相应的范畴体系和主要概念，来表达、实现该学科的目标、内容与任务。思想政治教育的主要任务是培养、提高人们的思想道德素质，如果思想政治教育工作者、研究者不以育人为主，就是丧失职责。同时，还应当强调的是，思想政治教育学科的范畴体系与主要概念，是具有中国特色学科的特定体系与主要概念，体现着社会主义意识形态的性质。资本主义国家也有自己的思想教育、政治教育、道德教育的范畴体系与主要概念，这些范畴体系与主要概念是为推行资本主义意识形态服务的。有些教育者、研究者避开思想政治教育学的范畴体系与主要概念，盲目搬用资本主义国家思想教育、政治教育、道德教育的范畴体系与主要概念，以为这样做可以吸引受教育者。殊不知，任何范畴体系与主要概念的提出、运用，都要受社会政治制度、经济制度的制约，都是有文化背景和现实价值的，用资本主义国家的范畴体系与主要概念来进行我国的思想政治教育与研究，势必改变我国思想政治教育的性质，引起人们对我国思想政治教育的冷漠与质疑，冲击思想政治教育的地位与作用。我们应当坚持"洋为中用"的原则，遵循思想政治教育的学科规范，借鉴、吸收国外思想政治教育的有益经验与成果，推进我国思想政治教育的改进与发展。

参考文献：
[1] 胡锦涛. 坚定不移沿着中国特色社会主义道路前进为全面建成小康社会而奋斗 [M]. 北京：人民出版社，2012.
[2] 马克思恩格斯选集：第1卷 [M]. 北京：人民出版社，1995.
[3] 列宁全集：第55卷 [M]. 北京：人民出版社，1990.
[4] 马克思恩格斯全集：第3卷 [M]. 北京：人民出版社，1960：544.
[5] 邓小平文选：第2卷 [M]. 北京：人民出版社，1994：118.
[6] 杨春贵. 学习邓小平的马克思主义立场、观点、方法 [J]. 前线，1995（1）.
[7] 马克思恩格斯选集：第4卷 [M]. 北京：人民出版社，1995：742-743.
[8] 江泽民文选：第2卷 [M]. 北京：人民出版社，2006：35.
[9] 郑永廷. 思想政治教育学科的特点、规范与建设任务 [J]. 思想理论教育，2013（7）.
[10] 毛泽东选集：第1卷 [M]. 北京：人民出版社，1991：285.

一、价值观·社会主义核心价值观

编者按：从党的十六届六中全会首次提出"建设社会主义核心价值体系"，到党的十八大报告第一次明确提出了"倡导富强、民主、文明、和谐，倡导自由、平等、公正、法治，倡导爱国、敬业、诚信、友善，积极培育和践行社会主义核心价值观"。"三个倡导"是社会主义核心价值观的基本内容，反映了社会主义核心价值体系中的不同层面的价值定位。国家层面的价值目标是：富强、民主、文明、和谐；社会层面的价值取向是：自由、平等、公正、法治；个人层面的价值准则是：爱国、敬业、诚信、友善。这个概括，实际上回答了我们要建设什么样的国家、建设什么样的社会、培育什么样的公民的重大问题。从社会主义核心价值体系的提出，到社会主义核心价值观的凝炼，这是中国共产党在坚定不移沿着中国特色社会主义道路奋勇前进的伟大历程中，做出的划时代意义的战略布署。它有利于深化对社会主义价值及其本质的认识，有利于建构中国特色社会主义价值之魂，有助于凝魂聚气、凝聚共识促改革，有利于增强民族文化自信。因此，对社会主义核心价值观问题的研究，具有重大的理论意义、现实意义和深远的历史意义。（专题主持：骆郁廷）

社会主义核心价值观研究综述

王仕民　丁存霞

（中山大学马克思主义学院，广东广州，510275）

摘　要：全国学术界围绕社会主义核心价值观这个主题进行了系统研究，其研究成果非常丰富。对社会主义核心价值观的深化研究有必要对前期研究成果进行综述。本综述力图通过梳理现有文献，归纳和总结国内外学者在社会主义核心价值观研究方面的成果，探讨目前社会主义核心价值观研究的具体情况及其面临的重大而又亟待解决的理论问题和现实问题，从而为进一步研究寻找突破口。因此，对社会主义核心价值观进行研究综述是一项基础性工作，具有重要理论意义和实践价值。

关键词：社会主义；核心价值观；研究综述

作者简介：王仕民，男，中山大学马克思主义学院教授，博士，博士生导师，主要研究思想政治教育理论与方法、文化与心理健康问题。丁存霞，中山大学马克思主义学院博士研究生，主要研究思想政治教育理论与方法。

基金项目：国家社会科学基金项目"社会主义核心价值体系认同的文化回归研究"（12BKS096）和2015年广东省德育创新项目（高校）重点课题、广东省教育科学"十二五"规划2015年度研究项目（德育专项）"大中小学德育一体化建构"（2015DYZZ001）阶段性成果。

从党的十六届六中全会首次提出"建设社会主义核心价值体系",到党的十八大报告第一次明确提出了"倡导富强、民主、文明、和谐,倡导自由、平等、公正、法治,倡导爱国、敬业、诚信、友善,积极培育和践行社会主义核心价值观"的战略任务,从2013年中央办公厅印发《关于培育和践行社会主义核心价值观的意见》,到2015年中央宣传部、中央文明办印发《培育和践行社会主义核心价值观行动方案》,提出了培育和践行社会主义核心价值观的重大意义、指导思想、基本原则、主要任务和具体方法,为全党全社会培育和践行社会主义核心价值观提供了基本遵循和具体路径。

一、国内关于社会主义核心价值观研究综述

1. 社会主义核心价值观解读

关于价值观的内涵,国内学术界已基本取得共识,一般都认为价值观是人们对价值问题的根本观点和根本看法。但对核心价值观研究则视角不同,解读也有所不同。

孙伟平(2015)从价值观的基础性、支配性地位来理解核心价值观;公方彬(2008)、戴木才(2011)、韩振峰(2011)等基于地位、功能和特征的视角理解核心价值观;侯惠勤(2010)则认为核心价值观可概括为"制度精神"。对社会主义核心价值观的概念界定是建立在已有的对价值、价值观和核心价值观的一般性共识基础上,从来源、构成、特征、作用等方面进行界定。基于来源、构成、特征的视角,陈秉公(2011)认为,社会主义核心价值观是在中国特色社会主义实践的基础上,由国家凝练和建构并由国家公共权力普及推行的价值观念系统。它集中体现了中华民族和当代中国人的价值追求、价值理想和价值规范,具有科学性、民族性、时代性、包容性、开放性,体现社会主义意识形态的本质。基于来源、构成的视角,徐根初(2010)认为社会主义核心价值观是在社会主义实践中形成的关于社会主义价值问题的根本问题和观点,是社会主义倡导的最基本的、最主要的价值目标、价值取向、价值信念和价值标准的总和。基于作用、构成的视角,孙其昂(2011)认为社会主义核心价值观是在整个社会价值观系统中起主导作用,由具有鲜明社会主义特色的价值信念、价值信仰、价值目标、价值观念、价值规范等维度组成并发挥正向性行为导向的多维度、多层次的心理倾向系统。从不同的定义中我们不难看出,学者们都认可社会主义核心价值观在整个社会价值体系中具有导向作用,它不仅具有理论特征,而且还具有实践特征,是在中国特色社会主义实践中不断形成和发展的。孙伟平(2015)对社会主义核心价值观进行了系统思考。社会主义核心价值观是立足于社会主义经济基础之上的价值系统,集中反映了社会主义意识形态的本质属性,反映了社会主义经济、政治和文化制度的质的规定性。它包括国家、社会和个人三个层面,回答我们要"建设一个什么样的国家"、希望"生活在一个什么样的社会"以及"应该做什么样的公民"的问题。社会主义核心价值观并不能在真空中凭空构造,而必须植根于中

华优秀传统文化，借鉴和消化人类取得的一切优秀的文化成果。确立和践行社会主义核心价值观是一个复杂而庞大的社会系统工程，必须紧紧依靠当代中国人民，立足时代和实践，借鉴中外历史上确立核心价值观的经验，有针对性、注重实效地开展工作。这必将经历一个比较漫长的历史过程。杨业华、符俊（2015）对社会主义核心价值观的界定进行分析。科学界定社会主义核心价值观是社会主义核心价值观研究的基础和前提。对社会主义核心价值观中的"社会主义"的理解，不宜泛化，应从中国特色社会主义的视角进行解读，它所指称的是中国的社会主义，不是其他国家的社会主义，也不是其他社会主义流派。社会主义核心价值观中的"核心价值观"，是指人们在长期的价值生活实践中积淀和形成的有关客体对主体效应的根本看法，是人们在处理各种价值问题时所持的根本立场、观点和态度，它在整个价值观体系中处于中心地位，起着主导作用，代表着价值观的根本特征，体现着价值观的根本倾向，统率并约束其他处于非核心地位的价值观。社会主义核心价值观的主体是全体中国人民。杨耕（2015）从价值、价值观与核心价值观出发，来研究社会主义核心价值观。价值是一种关系，是主体与客体之间的一种特殊关系，即意义关系。价值关系本质上是利益关系。价值观念则是人们对客观的价值关系的观念把握。价值观与价值评价密切相关。价值评价必须考虑主体的需要和利益，必须把主体的需要和利益作为内在尺度运用于评价的客体。价值观是价值关系应然状态的期盼与展示。社会主义核心价值观应当也必须反映社会主义的本质特征，应当也必须是社会主义社会价值关系应然状态的期盼与展示。任何社会大变动时期都会发生价值重估的问题，主要表现为对传统价值观念的重估。当代中国正处在一个大变革时期，这一变革最突出的特征和最重要的意义就在于，它把现代化、市场化和社会主义改革这三个重大的社会变革浓缩在同一个时空中进行，构成了一场前无古人、艰难复杂的伟大的社会变迁，它必然引发价值重估的问题，也必然为重建社会主义价值观开辟广阔的思维空间和社会空间。吴向东（2015）对社会主义核心价值观的若干重大问题进行了分析。社会主义核心价值观是中国特色社会主义的自我理解与自我建构，引领和建构着当代中国社会价值秩序，是中国文化软实力的核心。社会主义核心价值观的现有表述包含着国家、社会和个人三个层面价值取向的统一，其社会主义性质就体现在这些价值的具体内涵，以及它们所蕴涵的价值基础、价值立场之中。培育和践行社会主义核心价值观，最重要的是将核心价值观融入国家治理体系和治理能力的建设。而正确处理社会主义核心价值观与中国传统文化的关系，则同样至关重要。曹学娜（2015）就"三个倡导"与传统价值观的文化渊源进行了探析。"三个倡导"的价值观导向，有着深厚的传统价值观渊源。如"和谐"与传统的"和"、"公正"与传统的"义"、"诚信"与传统的"信"等，存在不可分割的关联，同时又被赋予新的时代内涵。探析"三个倡导"的文化渊源，有助于社会主义核心价值观的建设。江畅、张景（2015）探讨了当代中国价值观源流问题。从思想源流看，当代中国价值观建构涉及与马克思主义、中国文化传统及传统文化、西方近现代价值文化的关系。马克思、恩格斯创立的科学社会主义是当代中国价值观的真正源头。坚持和发展马克思主义，这是当代中国价值观建构任何时候都不可动摇的基础。当代中国价值观建构要利用中国传统文化的历史资源，也要将当代中国价值观融入中国文化传统之中，但这种融入是一种开新，而不是一种复兴。对于西方近现代价值文化，我们的态度应从侧重学习吸收转向侧重借鉴比照，并在此基础上致力于超越，努力使社会主义价值观成为当代人类最先进的价值观。

2. 社会主义核心价值体系与社会主义核心价值观的关系

2012年11月，党的十八大报告提炼了社会主义核心价值观的基本内容："倡导富强、民主、文明、和谐，倡导自由、平等、公正、法治，倡导爱国、敬业、诚信、友善，积极培育社会主义核心价值观。"这分别从国家、社会、公民三个层面阐述了社会主义核心价值观的内涵、层次，是社会主义核心价值体系的高度凝练和集中表达。正确地把握社会主义核心价值观与社会主义核心价值体系的关系，有助于我们理解把握社会主义核心价值体系的内涵，区分其外延。关于社会主义核心价值观与社会主义核心价值体系的关系，目前主要有：内核说，如戴木才（2007）、张利华（2007）等；一致且区别说，如陈静（2007）、方爱东（2010）、韩振峰（2011）等；概括说，如王孝哲（2011）。内核说和一致且区别说是绝大多数学者所持观点。内核说中，公方彬、崔春来、张明仓（2008）认为核心价值观是核心价值体系的内核，是整个价值体系居于主导地位、起支配作用的核心理念，是价值体系最基础、最核心、最稳定的部分。任建东、贡涛等（2010）认为社会主义核心价值观是社会主义核心价值体系的集中体现，它浓缩了社会主义核心价值体系的内核。孙其昂、侯勇（2011）认为社会主义核心价值观是社会主义核心价值体系的本质和内核，处于硬核部分，体现社会主义的价值本质，统率着其他处于从属地位的价值观念。一致且区别说中，学者认为两者具有一致性和同质性。陈静和方爱东都认为，从广义上说，两者是同一的，都属于社会主义主流意识形态的范畴，受社会主义经济基础决定，服务于社会主义经济基础；从狭义上说，两者在切入点、目标和内容方面有区别。韩振峰则指出，二者都是社会主义的核心价值追求，是建设中国特色社会主义不可或缺的重要组成部分。2014年，清华大学高校德育研究中心副主任吴潜涛教授在接受《思想理论教育导刊》记者采访时指出，凝练社会主义核心价值观是社会主义核心价值体系建设深入发展的产物，是社会主义核心价值体系研究过程中凸显的重大理论问题和实践问题。社会主义核心价值观是社会主义核心价值体系的高度凝练和集中表达，是社会主义核心价值体系的"理论大厦"的奠基石，是社会主义核心价值体系的落脚点和归宿。

3. 社会主义核心价值观的提炼原则、路径及其表述

社会主义核心价值观的提炼并不是随心所欲的，它需要遵循一定的原则。学术界提出的提炼原则主要有性质判定原则（韩震，2010）、双重认同原则（李建华，2014）、共识导向原则和辩证统一原则。韩震认为，必须从社会主义核心价值观的性质判定入手，从六个方面提出了提炼社会主义核心价值观应遵循的基本原则要求，建构了性质判定性原则体系，其中他提到核心价值观必须具有一定的超越性理念，可以

凝聚人心、振作精神、引领方向，具有强大的精神感召力。核心价值观必须代表历史前进方向和具有世界意义，可以吸引全人类的认同和向往。与韩震所不同，李建华认为社会主义核心价值观的提炼必须体现国家认同和公民认同。社会主义核心价值观是当代中国社会文化和基本价值观念的集中体现和全面反映，必须体现国家认同。公民认同是提炼社会主义核心价值观的基础。与李建华关于提炼社会主义核心价值观应遵循的国家认同和公民认同这一原则遥相呼应，杨明（2012）提出国家和公民是社会主义核心价值观概括的基本路径。他认为既要从"安邦定国"的角度展示对国家发展理念、目标、路径的基本选择，又要从"安身立命"的角度展示全体公民的精神追求、价值取向和行为方式。侯惠勤（2010）则认为缺乏共识是提炼社会主义核心价值观的最大困境。因此，社会主义核心价值观的提炼需要以共识为导向去确立和提炼。关于提炼路径主要有：沈壮海（2011）的破"结"式提炼路径，李亚彬（2012）的文化引领式提炼路径，杨明（2012）的国家与公民相结合式提炼路径。

4. 社会主义核心价值观的认同、培育和实现路径

积极培育和践行社会主义核心价值观，对于巩固马克思主义在意识形态领域的指导地位、巩固全党全国人民团结奋斗的共同思想基础，对于促进人的全面发展、引领社会全面进步，对于集聚全面建成小康社会、实现中华民族伟大复兴中国梦的强大正能量，具有重要的现实意义和深远的历史意义。实现中华民族伟大复兴的中国梦，不仅在于经济的迅猛发展及中国硬实力的崛起，而且需要思想观念的突破和价值理念的升华。作为建设社会主义文化强国的关键环节和基础工程，弘扬社会主义核心价值观，是坚持中国道路、弘扬中国精神、凝聚中国力量、实现中国梦的内在要求和重要保证。社会主义核心价值观是社会主义社会的主导价值，是兴国之魂。社会主义核心价值观的培育是一个逐步积累、形成共识的过程。它的培育路径是多元的。不同的学者从不同角度分析探索了社会主义核心价值观培育的路径。孙其昂、侯勇（2011）从社会主义核心价值观所遭遇的现代性困境入手，提出五个向度建构与超越的现代性救赎良方。他们认为随着现代化进程的不断深入，社会主义核心价值观遭遇传统价值观的解构与断裂、多元化社会思潮的挑战与挤压、信任危机的滋生与扩散、价值规约和行为践履的错位与偏差等多种现代困境。面对着种种现代困境，他们提出从本体超越向度（合理价值观的积极继承与超越）、物质力量的刚性支持向度（社会主义市场经济的纵深发展与推动）、制度的"硬实力"保障向度（社会主义民主政治制度的不断完善与创新）、软实力提升的内核向度（社会主义核心价值体系的建设与引领）、主体性发展的动力向度（社会多元主体的广泛参与与践履）五个向度建设社会主义核心价值观。冯留建（2013）则认为理论认知是思想基础。增强理论认知有助于理解社会主义核心价值观的凝练过程，把握社会主义的理论逻辑和历史方位。通过建立接受内化机制、实践强化机制、灌输引导机制来实现自觉的价值认同，通过道德规范机制为社会主义核心价值观提供保障。朱哲、薛焱（2014）提出践行社会主义核心价值观的三个纬度：价值自觉、价值自信、价值实践。他们认为价值自觉是根本前

提，价值自信是重要保障，价值实践是根本路径。但是对于怎样形成价值自觉、树立价值自信、推进价值实践欠缺详细论述。吴潜涛（2014）指出，把培育和践行社会主义核心价值观融入国民教育的全过程是培育和践行社会主义核心价值观的根本路径之一。这需要在教育教学和管理服务方面以立德树人为根本任务。申群喜（2015）从文化认同的视域来研究培育和践行社会主义核心价值观问题。文化认同是凝聚民族共同体的精神纽带，是生命延续的精神价值基础，文化认同的实质是对该民族的价值认同和价值观认同，核心是一个国家主导意识形态的认同。社会主义核心价值观是我国的主导意识形态，理解社会主义核心价值观的真正内涵，在理解的基础上从思想上达成共识，是产生认同的基础和前提。离开文化认同，社会主义核心价值观犹如没有根基的浮萍。只有把社会主义核心价值观融入文化的"血液"中，在文化认同的视域下引导正确的文化观念，培育理性的文化思维方式，营造和谐的文化生态环境，通过文化的基本价值、文化符号、文化符号的意义促使人们消除差异和隔阂，能够共享文化和有效沟通，进而促成合作，逐步产生价值认同和价值观认同，才能真正从行动上培育和践行社会主义核心价值观。陈桂蓉（2015）对社会主义核心价值观落细、落小、落实谈了几点认识。培育和践行社会主义核心价值观，当前应在落细、落小、落实上下功夫。落细、落小、落实社会主义核心价值观，不仅是工作方法，而且是思想方法，其立足点是坚持走群众路线，理论联系实际，防止和避免形式主义；其着力点在于解决人们精神层面的问题，突出道德价值的作用，提升国民素质；其切入点应放在弘扬中华传统美德上，以传统美德为导引，树立人们的价值信仰。高雯婷（2015）对社会主义核心价值观落细、落小、落实进行了若干思考。习近平在中共中央政治局第十三次集体学习时提到社会主义核心价值观的培育和践行要在落细、落小、落实上下功夫。学习习近平关于社会主义核心价值观的一系列重要讲话，能够提高对社会主义核心价值观落细、落小、落实的理性认知，把握落细、落小、落实在当今中国文化发展过程中的现实意义。社会主义核心价值观要落细、落小、落实，需要植根于优秀传统文化，融入国民教育过程。张晓明（2015）对社会主义核心价值观"内化于心外化于行"的具体过程进行了理性思考。社会主义核心价值观作为凝魂聚气、强基固本的价值共识，其生命力在于实践。社会主义核心价值观"内化于心外化于行"的具体过程，是着眼于实际问题的理论提升过程，是着眼于现实多元主体的价值共识过程，是着眼于理论智慧走向实践智慧从而向世界说明中国的过程，是一个消除误解增进了解聚同化异的过程。这一过程并不是自然而然的，需要每一个社会成员的身体力行，在此过程中，每个人都是当事人，没有旁观者。詹小美（2014）提出了价值观的强化认同问题，所谓价值观的强化认同，无非是民族国家在特定的场阈中对个体成员所进行的教育引导和强制推崇。

二、国外关于核心价值观相关研究综述

目前，国外学者对社会主义中国的核心价值观研究鲜有成果发表，但关于学生价

值观的培养教育的研究成果则较为普遍。保罗·里维斯（2007）在建立孩子正确价值观的研究中，提出在真正重要的事情上帮助孩子，用爱的思考和爱的行动来与儿女进行心灵的沟通，去关注儿女的情感需求。琳达·艾尔、理查德·艾尔（2009）在其塑造孩子的价值观研究中，展示了已被证明非常实用的行动计划，包括游戏、家庭活动以及适用于各年龄段孩子的构筑价值观的练习。罗伯特·里森纳、玛里琳·莱恩（2011）在培养孩子价值观的研究中，提出从培养孩子的安全感着手，增强孩子的自我认同感、归属感、使命感等问题，并对如何开发孩子的自我效能感提出了切实可行的方法。塞缪尔·亨廷顿、劳伦斯·哈里森（2010）等从文化的角度来研究价值观影响人类的进步问题。特别是从文化与经济发展、文化与政治发展、文化与性别、文化与美国少数民族、亚洲危机和促进变革等几个方面入手探讨文化通过价值观来影响人类进步的问题。

中国学者对西方核心价值观的研究，往往是一种总结归纳性研究，目的就是为了学习借鉴。田玉敏（2008）研究了美国中小学核心价值观教育对我国核心价值观教育的启示。美国为解决日益突出的青少年社会问题，十分重视青少年价值观教育，使社会主导价值观念在青少年中形成认同和内化，强调本民族的社会传统和国家认同。借鉴美国中小学价值观教育的经验，结合我国实际，加强青少年的社会主义核心价值观教育，应提高认识，加强领导，系统规划，创新教育方式，注重双向互动，强化社会实践，充分利用各种有效载体，抓好环境育人。周利方、沈全（2011）则从国外核心价值观建设的实践类型，来研究对我国核心价值观教育的启示。梳理归纳了国外核心价值观建设力量和建设方式、类型；认为核心价值观建设力量方面，执政党是社会核心价值观建设的主要推动者和引导者，政府组织是核心价值观建设的主导力量；企业组织是社会核心价值观建设的重要辅助力量，民间组织是社会核心价值观建设的重要承担者；在核心价值观建设方式方面，充分利用学校公共教育、与宗教的链接、大众传媒等多重手段以及对核心价值观本身凝练柔性的表述等等。国外核心价值观建设的经验对于我国社会主义核心价值观建设具有借鉴意义。张伟（2011）从国外加强社会核心价值观建设的做法来研究对我国的启示。国外加强社会核心价值观建设的主要做法有：立足本国传统，吸收时代精华；注重宗教、法治、教育、舆论等手段；政府主导与民间组织参与相结合；政党成为各国倡导和建设社会核心价值观的发起者与统领者。借鉴国外经验，社会主义核心价值观建设必须立足中国文化传统，坚持党的领导，拓展核心价值体系建设的平台。陈延斌、牛绍娜（2013）从欧美核心价值观的传播路径来研究对我国的启示。欧美国家推进核心价值观的传播之所以卓有成效，主要得益于执政党的鼎力倡行和非政府组织的助推，宗教教化和大众媒体传播，国民教育主渠道的教育渗透及法治的保障。这启示我们推进社会主义核心价值观的传播，要注重发挥党的倡行力，强化各级政府的文化主导力，加大对非政府组织的扶持力度，引导和规范大众传媒，全方位、全过程融入国民教育等。孙建青、赵春娟（2014）对美国大学生核心价值观教育特点分析。美国大学生核心价值观教育的主要特点：政府高度重视下的全员育人环境建设；加强通识教育，重视学科教学中贯穿的核心价值观教育；重视传统价值观的继承和发展，加强世界共融性；完善实践途径，重视家庭、社会教育合力；重视学生主体性发挥，提高学生的价值自觉和自我建构等。周文华（2014）具体研究了美国核心价值观建设问题。美国核心价值观是在实用主义哲学的基础上，激进主义、保守主义与自由主义之间积极互动的结果，它既关注国家政治生活又贴近民众的社会生活，具有深厚的社会土壤。受价值澄清、认知发展模式、体谅模式、社会行动模式等理论的影响，美国在建构方式上注重国家政策层面的一致性与一贯性，并以潜移默化的方式渗透到公民日常生活中。强调隐性课程、公共环境、情境熏染等方式；强调学校与家庭、社区协作，以及课堂教学、社会活动、学科渗透、建立学生组织等方式；正面教育、启发诱导、讨论辨析、现场教学等相结合。易莉（2011）研究了美国道德教育的转向。从20世纪60年代开始，美国道德教育以价值澄清理论为主导，主张价值中立，让学生在教师非评判的诱导下寻求个体的道德选择。但是，价值澄清理论在理论假设、道德评价标准、教育方式上存在致命弱点。80年代末至今，美国的道德教育发生重大转向，追求美德的品格教育重又占据主流。美国当代的品格教育无理论假设、无"派性"之别，注重学校、家庭、社区三者共同协作的教育实践，重新确立以尊重与责任为主要内容的核心价值观。当代品格教育采用"社群化"学校道德教育方式，积极探索课程认知、隐性渗透、网络互动等多种模式，传导以尊重与责任为主要内容的核心价值观。徐望、徐辉（2014）从文化的视角来解读美军价值观。价值观是文化的核心体现，美军价值观形成具有文化根源、文化模式、文化品格。侯惠勤（2010）从"普世价值"的角度，提出防止西方核心价值观的渗透问题。关于"普世价值"问题的争论，要害不在人类有无某些共同的价值追求，而在能否以其作为我国深化改革实践的行动指南；其实质是我国的改革开放乃至当代人类的实践，是趋同、止步于现今的欧美文明，还是必然超越这一文明而迈向共产主义。这是当代中国几乎所有思想、国策争论的源头，也是重大的道路之争。"普世价值"以当下大多数人的认同为其存在和力量的前提，因而必定是时下西方强势话语的渗透方式，不能将其与普遍真理相混淆。

三、基本文献资料的总体分析与评述

从搜集和整理的相关研究成果来看，学界对价值观、核心价值观、社会主义核心价值观、社会主义核心价值体系，以及培育和践行社会主义核心价值观等方面的研究取得了非常丰富的成果；同时，中央宣传部、中央党校等单位对社会主义核心价值观的学习辅导资料也非常丰富。所有这些为本文研究提供了研究素材。自提出"培育和践行社会主义核心价值观"以来，学界发表了关于社会主义核心价值观的系列论文和著作。这些论文和著作围绕社会主义核心价值观的理论阐释、历史溯源、实现方式等方面开展了比较系统的探讨。但是，关于社会主义核心价值观本身的基本理念问题的研究仍然不够深入，对社会主义核心价值观的基础性研究不足，整体上呈现研究的外围性、表层性特征。

社会主义核心价值观是最广大人民所追求的价值理想、价值取向，人民大众是社会主义核心价值观建设的主体。但是关于这些方面的研究相对比较少，有的也仅仅限于大学生或高校社会主义核心价值观的培育，对人民大众社会主义核心价值观的培育研究得比较少。培育和弘扬社会主义核心价值观是一项长期的艰巨的系统工程，在这项伟大工程建设的过程中，仍然存在许多的问题需要去研究探讨，特别是关于社会主义核心价值观的基本理念问题需要理清，只有知道、熟悉、理解、认同核心价值观，才能使社会主义核心价值观深入人心，内化于心，外化于行，成为人民群众日用而不觉的价值观。培育和弘扬社会主义核心价值观的过程中，需要马克思主义理论指导，需要学习党的十八大以来的重要文件精神，以及习近平同志系列讲话的重要精神；在培育和弘扬社会主义核心价值观的过程中，需要组织领导、制度设置、体系建设、机制建设、方法路径等，这些方面都需要探索，还有许多问题没有搞清楚，还有许多的探讨空间，还有许多的发展余地，还有许多问题需要突破，这就是研究需要完成的任务。

社会主义核心价值观的生成具有历史的逻辑、理论的逻辑和现实的逻辑，这是社会主义核心价值观的基本理念，这是研究的起点和前提；脱离历史、忽视传统来谈论核心价值观，这是历史虚无主义的观点，在理论上和实践中都是有害的。对传统价值观的历史流变也关注不够。历史维度是价值观研究的重要进路。只有了解传统价值观的"前世今生"，才可以正确认识传统价值观与社会主义核心价值观的内在关联与发展线索。对传统价值观的共时性比较不多。比如，在先秦时期，世界上其他国家、地区的价值观发展得如何？它们与中国的传统价值观相比，有哪些显著特点？这些都应该认真加以研究。

参考文献：

[1] 习近平谈治国理政 [M]．北京：外文出版社，2014．
[2] 中共中央办公厅．关于培育和践行社会主义核心价值观的意见 [M]．北京：人民出版社，2013．
[3] 王月红．社会主义核心价值观与中国软实力 [M]．北京：中国经济出版社，2014．
[4]《月读》编辑部．社会主义核心价值观经典名句手册 [M]．北京：中华书局，2015．
[5] 本书编写组．社会主义核心价值观：培训教材 [M]．北京：新华出版社，2014．
[6] 本书编委会．培育和践行社会主义核心价值观 [M]．北京：人民出版社，2014．
[7] 张学森．核心价值观的历史演进与当代建构 [M]．北京：人民出版社，2014．
[8] 石芳．多元文化背景下的核心价值观教育 [M]．北京：人民出版社，2014．
[9] 韩丽颖．当代大学生核心价值观研究 [M]．北京：人民出版社，2014．
[10] 薛海鸣．新时期大学生核心价值观教育研究 [M]．北京：中国书籍出版社，2014．
[11] 曲风．社会主义核心价值观学习读本 [M]．北京：国家行政学院出版社，2014．
[12] 钟永圣．传承与复兴——社会主义核心价值观的传统文化解读 [M]．北京：中国青年出版社，2014．
[13] 周文华．美国核心价值观建设及启示 [M]．北京：知识产权出版社，2014．
[14] 孙林．培育和践行社会主义核心价值观案例解析 [M]．北京：中共中央党校出版社，2014．

［15］季明. 核心价值观概论［M］. 北京：人民日报出版社，2013.
［16］人民出版社. 培育和践行社会主义核心价值观［M］. 北京：人民出版社，2013.
［17］朱颖原. 社会主义核心价值观多维研究［M］. 北京：人民出版社，2013.
［18］韩震. 社会主义核心价值观凝练研究［M］. 北京：北京师范大学出版社，2012.
［19］宣兆凯. 中国社会价值观现状及演变趋势［M］. 北京：人民出版社，2011.
［20］陈静. 社会主义核心价值体系的大众化［M］. 北京：学习出版社，2014.
［21］黄凯锋. 价值观研究：国际视野与地方探索［M］. 上海：学林出版社，2013.
［22］韩震. 社会主义核心价值观新论［M］. 北京：中国人民大学出版社，2014.

论中华优秀传统文化价值观的现代转换

骆郁廷　王　瑞

（武汉大学党委，湖北武汉，430070）

摘　要：中华优秀传统文化价值观的现代转换是增强中华优秀传统文化生命力、培育和弘扬社会主义核心价值观、提高中华文化软实力的需要。要重点转换那些反映人际关系一般规律、彰显伟大中华民族精神、契合社会主义市场经济的价值观念，转换的关键在于对中华优秀传统文化价值观进行创造性转化与创新性发展，丰富中华优秀传统文化价值观的时代内涵，创新中华优秀传统文化价值观的表达方式，促进中华优秀传统文化价值观与当代中国文化价值观的融合发展。

关键词：文化；价值观；现代转换

作者简介：骆郁廷，武汉大学党委副书记，教授，博士生导师，马克思主义学院教授委员会主任，主要从事马克思主义理论、思想政治教育和文化软实力研究。王瑞，武汉大学马克思主义学院博士研究生，主要从事思想政治教育理论与方法研究。

党的十八大以来，习近平总书记围绕"中华优秀传统文化"这一主题发表了一系列重要讲话，强调要传承和弘扬中华优秀传统文化。中华优秀传统文化的传承和弘扬，重点是要促进中华优秀传统文化价值观的现代转换。而中华优秀传统文化价值观的现代转换，关键是要促进中华优秀传统文化价值观的创造性转化和创新性发展，深入发掘、整理、凝练、阐发中华优秀传统文化中的价值观念，赋予中华优秀传统文化价值观以新的时代内涵，使它成为社会主义核心价值观的重要思想资源，在新的历史条件下，使中华优秀传统文化蕴含的价值观念更好地得到创新、发展和弘扬。

一、中华优秀传统文化价值观现代转换的意义

传统文化包含着优秀传统文化和传统文化糟粕。所谓中华优秀传统文化，主要是指那些在其所产生的时代具有进步意义、推动社会发展和人类进步，并且在现时代仍具有重要意义的文化精华。然而，即使是中华优秀传统文化，也是一定历史时代的产物，到了现时代，有些内容和形式也需要对其进行现代转换，使之适应新的时代要求。文化的核心是价值观，中华优秀传统文化现代转换的核心，在于其所蕴含的价值观的现代转换。中华优秀传统文化价值观的现代转换具有以下意义。

1. 增强中华优秀传统文化生命力的需要

优秀的中华传统文化是流淌在中华民族炎黄子孙身上的文化血脉，蕴含在中华优秀传统文化中的价值观则是维系中华民族强大生命力的精神命脉。这一文化血脉、精神命脉不断滋养着、凝聚着世世代代的华夏子孙，激励和推动着中华民族自强不息的历史发展，创造了一个又一个历史辉煌。2014年3月27日，习近平在联合国教科文组织总部的演讲中提到："中华文明经历了5000多年的历史变迁，但始终一脉相承，积淀着中华民族最深层的精神追求，代表着中华民族独特的精神标识，为中华民族生生不息、发展壮大提供了丰厚滋养。"[1]中华优秀传统文化之所以能绵延数千年不绝，正因为其反映了中华民族历史发展的需要，凝聚了数千年来中华文化发展的精华，形成了中华民族一脉相承的文化血脉和精神命脉，也因其适应了数千年来中华民族伟大社会实践和不同时代发展的需要，价值观念与时俱进，不断更新、充实和发展。中华优秀传统文化始终一脉相承，才成为维系中华民族团结统一的精神纽带；中华优秀传统文化不断创新发展，才成为推动中华民族奋发向前的力量源泉。因此，在新的历史时代，只有在自觉传承中华民族优秀传统文化的基础上，主动推进中华民族优秀传统文化价值观的现代转换，促进中华优秀传统文化的创造性转化和创新性发展，才能使中华优秀传统文化焕发出新的生机活力，不断增强中华优秀传统文化的生命力，绵绵不绝地延续中华民族的文化血脉和精神命脉，始终保持和不断增强中华民族强大的凝聚力、生命力和创造力，提升我国的综合国力和国际竞争力，实现中华民族的伟大复兴。

2. 培育和弘扬社会主义核心价值观的需要

中华优秀传统文化中的价值观是涵养社会主义核心价值观的思想资源，培育和弘扬社会主义核心价值观，必须发掘中华优秀传统文化的时代价值，实现中华优秀传统文化价值观的现代转换。2014年2月24日，习近平主持中共中央政治局第十三次集体学习时强调："培育和弘扬社会主义核心价值观必须立足中华优秀传统文化。牢固的核心价值观，都有其固有的根本。抛弃传统、丢掉根本，就等于割断了自己的精神命脉。"[2]2014年5月4日，习近平在北京大学师生座谈会上讲到："中华文明绵延数千年，有其独特的价值体系。中华优秀传统文化已经成为中华民族的基因，植根在中国人内心，潜移默化影响着中国人的思想方式和行为方式。今天，我们提倡和弘扬社会主义核心价值观，必须从中汲取丰富营养，否则就不会有生命力和影响力。""一个民族、一个国家的核心价值观必须同这个民族、这个国家的历史文化相契合"[3]。中华优秀传统文化及其价值观是社会主义核心价值观的重要来源和深厚根源。"富强、民主、文明、和谐，自由、平等、公正、法治，爱国、敬业、诚信、友善"的社会主义核心价值观，充分体现了对中华优秀传统文化及其价值观的传承与升华。培育和弘扬社会主义核心价值观，就要深入分析和把握社会主义核心价值观与中华优秀传统文化及其价值观的内在联系，既要深入发掘社会主义核心价值观的历史文化渊源，发挥中华优秀传统文化对社会主义核心价值观的深厚文化滋养，又要自觉实现中华优秀传统文化价值观的现代转换，推进中华优秀传统文化价值观的创造性转化和创新性发展，赋予中华优秀传统文化价值观以新的时代内涵，有机融入社会主义核心价值观，使社会主义核心价值观同中华民族的历史文化更加契合，更能体现和彰显社会主义核心价值观的民族特质和精神基因，进而在实践中得到更好的领悟、培育和弘扬。

3. 提高中华文化软实力的需要

文化软实力的核心是价值软实力，核心价值观是文化软实力的力量之源。提高中华文化软实力，必须大力推进中华优秀传统文化价值观的现代转换。2014年2月24日，习近平在中共中央政治局第十三次集体学习时讲到："核心价值观是文化软实力的灵魂、文化软实力建设的重点。这是决定文化性质和方向的最深层次要素。一个国家的文化软实力，从根本上说，取决于其核心价值观的生命力、凝聚力、感召力。培育和弘扬核心价值观，有效整合社会意识，是社会系统得以正常运转、社会秩序得以有效维护的重要途径，也是国家治理体系和治理能力的重要方面。历史和现实都表明，构建具有强大感召力的核心价值观，关系社会和谐稳定，关系国家长治久安。"[2]建构具有强大感召力的我国当代社会的核心价值观，离不开中华优秀传统文化的传承和弘扬，尤其是离不开中华优秀传统文化价值观的现代转换。习近平在全国宣传思想工作会议上讲到："中华优秀传统文化是中华民族的突出优势，是我们最深厚的文化软实力。"[4]中华优秀传统文化之所以能成为我们最深厚的文化软实力，就在于中华优秀传统文化蕴含着丰富的思想精华和价值观念，核心价值观的培育和弘扬必须立足于传承中华优秀传统文化，着力实现中华优秀传统文化价值观的现代转换。中华优秀传统文化价值观虽是当今中国核心价值观的重要来源，然而，中华优秀传统文化所蕴含的价值观是与当时的生产力水平、人们的认识水平和政治制度相适应的，是在一定的历史条件下形成和发展的，必然具有一定的历史局限性。因此，只有在适应时代发展需要的基础上，自觉推进中华优秀传统文化价值观的现代转化和创新发展，使其有机融入我国当代社会核心价值观，才能真正建构具有强大感召力、吸引力、凝聚力的核心价值观，不断增强我国文化软实力。

二、中华优秀传统文化价值观现代转换的重点

中华文明是在承前启后、继往开来中延续至今的。中华优秀传统文化蕴含着处理人、社会、自然三者之间关系的无穷智慧和独特的价值理念，为我们今天进行社会主义现代化建设提供了宝贵资源。2014年9月24日，习近平在纪念孔子诞辰2565周年国际学术研讨会暨国际儒学联合会第五届会员大会开幕会上讲到："中国优秀传统文

化的丰富哲学思想、人文精神、教化思想、道德理念等，可以为人们认识和改造世界提供有益启迪，可以为治国理政提供有益启示，也可以为道德建设提供有益启发。"[5]并指出，要"把跨越时空、超越国度、富有永恒魅力、具有当代价值的文化精神弘扬起来"[1]。"深入挖掘和阐发中华优秀传统文化讲仁爱、重民本、守诚信、崇正义、尚和合、求大同的时代价值，使中华优秀传统文化成为涵养社会主义核心价值观的重要源泉。"[2]中华优秀传统文化价值观必须适应时代发展的要求进行现代转换，即进行"创造性转化和创新性发展"，转换的重点在于以下几个方面。

1. 重点转换反映人际关系一般规律的价值观念

人总是生活在社会中的人，人的本质在其现实性上是一切社会关系的总和，只有在全社会形成和谐的人际关系，才会有安定、有序、祥和的社会，才会有文明进步、繁荣昌盛的民族和国家。而和谐的人际关系的形成必定需要与之相应的人际交往法则，因此，探求人际关系的一般规律和人际交往的基本法则是个人生存和社会发展的需要，而此类思想恰是中国优秀传统文化的重要组成部分。习近平所说的"讲仁爱"、"守诚信"、"尚和合"等正是处理人际关系的重要法则，他在北京大学师生座谈会上讲到的"和而不同"、"仁者爱人"、"与人为善"、"出入相友，守望相助"、"己所不欲，勿施于人"、"老吾老以及人之老，幼吾幼以及人之幼"、"德不孤，必有邻"、"言必信，行必果"[3]等，都是体现人际交往一般特点、反映人际关系一般规律、处理人际关系基本原则的价值观，也是需要根据实际情况进行现代转换的价值观。中国优秀传统文化最核心的价值观之一就是"仁"，把"仁"看作处理个人和他人关系乃至社会关系的常道。认为人总是生活在一定的社会关系之中，总是要处理个人和他人的关系，而处理两人之间及两人以上关系才可以称之为"仁"。"仁者爱人"，把个人和他人放在社会关系中来认识和看待，正确处理个人与他人的关系，处理好人际关系和社会关系，就要有仁爱之心，就要设身处地考虑别人的需要、欲望和诉求，像考虑和满足自己的需要、欲望和诉求一样，考虑和满足别人的需要、欲望和诉求。像尊敬自己的老人、爱护自己的孩子一样，尊敬别人的老人、爱护别人的孩子。自己愿干的事，要考虑别人的需要；自己不愿干的事，也不能强迫别人去干。正所谓"己所欲，而施于人，己所不欲，勿施于人"。正因为人都处在社会关系之中，个人和他人必然产生一定的社会联系，都有个人愿做的事和不愿做的事，都要处理好人际关系和社会关系，因此，只有换位思考，将心比心，推己及人，为人处世才更加符合客观规律和社会规范，考虑和处理问题才更加合情合理，建构的人际关系和社会关系才更加和谐，个人才能更好地安身立命，社会也才能长治久安。这些中华优秀传统文化蕴含的价值观念，不仅揭示了人际关系的客观规律，也昭示了人际关系的处理方法，对我们处理当今的人际关系仍然具有重要启示。而仁爱基础上的诚信、和合，既是仁爱的具体展开和延伸，也是处理人际关系和社会关系的基本的价值观念、原则和方法。这些价值观念和方法可以成为我们把中华优秀传统文化创造性转换为社会主义核心价值观的重点，社会主义核心价值观中的"诚信"、"友善"、"和谐"也正是对此类价值观念的继承与升华。今天，社会主义市场经济和现代信息技术的发展，赋予了人际交往和人际关系新的内容和形式，市场经济使商品的生产和交换、人们的竞争与合作普遍化了，现代信息技术则使人际交往由现实交往扩大到了虚拟交往，无论是商品的生产和交换、人们的竞争与合作，还是现实与虚拟的交往，都需要换位思考，讲究诚信，友善和谐，和合共生。

2. 重点转换彰显伟大中华民族精神的价值观念

民族精神是民族凝聚力的源泉。"民族精神是一个民族赖以生存和发展的精神支撑。一个民族，没有振奋的精神和高尚的品格，不可能自立于世界民族之林。在五千多年的发展中，中华民族形成了以爱国主义为核心的团结统一、爱好和平、勤劳勇敢、自强不息的伟大民族精神。"[6]这一民族精神是中华民族团结凝聚、发展壮大、排除万难、生生不息的精神力量，也是实现中华民族伟大复兴的中国梦的精神力量。因此，习近平多次强调要大力弘扬民族精神。2013年3月17日，习近平在第十二届全国人民代表大会第一次会议上讲到，我们共同培育的以爱国主义为核心的民族精神，是把我国56个民族、13亿多人紧紧凝聚在一起的强大力量，是凝心聚力的兴国之魂、强国之魂，也是实现中国梦的重要精神力量。全国各族人民一定要弘扬伟大的民族精神，不断增强团结一心的精神纽带、自强不息的精神动力，永远朝气蓬勃迈向未来。[7]因此，我们要重点继承和转换蕴含中华民族伟大精神的中国优秀传统文化价值观，例如"苟利国家，不求富贵"、"先天下之忧而忧，后天下之乐而乐"、"天下大同"、"志存高远"、"天下兴亡，匹夫有责"、"二人同心，其利断金"、"天时不如地利，地利不如人和"、"民齐者强，民不齐者弱"、"国虽大，好战必亡"、"以和为贵"、"化干戈为玉帛"、"业精于勤，荒于嬉"、"天行健，君子以自强不息"等。社会主义核心价值观中的"富强"、"爱国"、"敬业"等就是对中华民族伟大民族精神的传承与彰显。拿"爱国"来说，"爱国"是社会主义核心价值观，爱国主义是中华民族精神的核心，只有对中华民族优秀传统文化中"苟利国家，不求富贵"、"天下兴亡，匹夫有责"等体现中华民族精神的价值观加以现代转换，赋予"爱国"这一社会主义核心价值观以深厚的历史文化内涵，引导人们正确认识国家和个人、社稷和百姓、"先忧"与"后乐"的关系，把国家兴亡与个人命运结合起来，把爱国与爱社会主义结合起来，把以爱国主义为核心的民族精神和以改革创新为核心的时代精神结合起来，才能更自觉更深入地培育、践行和弘扬"爱国"的社会主义核心价值观。"富强"也是这样，"富强"作为社会主义核心价值观，与自强不息这一体现中华民族精神的优秀传统文化价值观密切相关。"富强"离不开"自强"，这个自强，不仅指个人自强，更指民族自强、国家自强。只有把自强不息这一体现中华民族精神的优秀传统文化价值观加以创造性转化和创新性发展，使其有机融入"富强"的社会主义核心价值观，才能为实现中华民族伟大复兴的中国梦提供强大的精神动力，为个人、民族和国家提供不竭的力量源泉，真正做到自强不息，奋斗不止，最终建成富强、民主、文明、和谐的社会主义现代化强国。

3. 重点转换契合社会主义市场经济的价值观念

社会主义的根本任务是发展生产力，社会主义市场经济是发展生产力的重要手段和条件，而社会主义市场经济的良性运行与健康发展都离不开相应的价值观念和道德规范。"要积极建立适应社会主义市场经济发展的思想道德体系。发展社会主义市场经济，不仅要求建立相应的法律法规体系，而且要求建立与之相适应的思想道德体系。要坚持以马列主义、毛泽东思想和邓小平理论为指导，围绕树立建设有中国特色社会主义的共同理想和正确的世界观、人生观、价值观，实行继承优良传统与弘扬时代精神相结合，尊重个人合法权益与承担社会责任相统一，注重效率与维护社会公平相协调，把先进性要求与广泛性要求结合起来，努力形成与经济和社会发展相适应的健康和谐、积极向上的思想道德规范。没有信用，就没有秩序，市场经济就不可能健康发展。要在全社会强化信用意识，加强公民诚实守信的道德教育。建立严格的信用制度，规范契约关系。各类经济主体都要守法经营。依法严厉打击制假售假、偷税骗税、经济欺诈、恶意逃废债务等行为，创造良好的市场秩序。"[8]因此，对中国优秀传统文化价值观的现代转换的重点也应契合社会主义市场经济，重点转换那些体现自由、平等、公正、法治的价值观念，正确处理义利关系的价值观念，协调个人、他人和社会利益关系的价值观念等，如"不患寡而患不均"、"君子喻于义"、"君子义以为质"、"治国无法则乱"等，对诸如此类的价值观念的现代转换，有利于社会主义核心价值观的凝练、形成和培育、践行，有利于社会主义市场经济的健康发展和不断完善。社会主义核心价值观中的"平等"、"自由"、"公正"、"法治"不仅仅是对世界先进文明成果的借鉴和时代要求的回应，更是中华优秀传统文化价值观的创造性转化与创新性发展。中国古代的"均贫富、等富贵"思想，具有追求平等、公平、公正的积极内涵，是社会主义核心价值观中平等、公正思想的重要来源。但中国古代的"均贫富、等富贵"思想具有浓厚的平均主义色彩，只有克服其消极内容，发展其积极内涵，才能使之成为社会主义平等、公正核心价值观的重要思想资源，才能更好地理解、培育和践行"平等、公正"的社会主义核心价值观。中国古代的"义利观"，虽然具有义为利先、重义轻利的积极价值内涵，但其把义利割裂、对立起来，强调义在利之外、言义不言利的价值倾向，却是不恰当、不正确的。实际上，义在利之中，非在利之外，只有在利益关系的处理之中，才能体现出义的衡量标准和价值功能。只有以义取利，才能利合乎义，人们追求和实现自身利益的行为才有了正确的价值取向和价值标准，才能做出正确的利益取舍。因此，对于中国古代的义利观，也要做出必要的创新、转化和转换，才能形成、发展和践行社会主义的义利观，正确指导和有力促进社会主义市场经济的发展。中国古代社会也讲法治，但这种法治是建立在君主专制基础上的，要么是"德主刑辅"，法治处于德治的从属地位，要么是"君主立法"，法律都成为封建统治者维护自身统治的手段。社会主义法治是党的领导、人民民主和依法治国的有机统一，党领导人民把自己的意志充分表达和集中起来，上升为国家的意志和国家的法律，然后，党再带领人民共同遵守和执行国家法律。社会主义法治的实质，是社会主义民主的法治化，是为人民行使当家作主的民主权利提供可靠的法律保障。在发展社会主义市场经济条件下，只有批判地吸收中国古代把法律作为维护社会秩序重要手段之一的思想，并摒弃其中的消极因素，使之创造性地转化和创造性地发展成社会主义法治的核心价值观，坚持依法治国、依法办事，才能为社会主义市场经济的发展营造良好的法治环境和社会秩序，有力保障和推进社会主义市场经济的发展。

三、中华优秀传统文化价值观现代转换的关键

中华优秀传统文化蕴含着丰富的价值观念，需要适应时代的发展对这些价值观念进行现代转换。而这种现代转换的关键，就在于对这些价值观念进行创造性转化与创新性发展。为此，要做好以下几点。

1. 对中华优秀传统文化价值观的科学扬弃

对中华优秀传统文化价值观进行科学的扬弃，是中华优秀传统文化价值观现代转换的前提。2013年8月19日，习近平在全国宣传思想工作会议上强调，对我国的传统文化，要坚持古为今用，去粗取精、去伪存真，经过科学的扬弃后使之为我所用。[4]2013年11月28日，习近平考察山东时指出，对历史文化特别是先人传承下来的道德规范，要有鉴别地加以对待，有扬弃地予以继承。[9]这种对待中华优秀传统文化价值观的科学的扬弃，就是要辩证地分析、批判地继承和创造性地发展中华优秀传统文化价值观，剔除其历史糟粕，继承其合理内核，实现其现代转换。例如，中华优秀传统文化有着浓厚的"民惟邦本"、"民贵君轻"的思想。一方面，这种思想体现了对人民群众地位的重视和对人民群众需求的满足，体现了尊民、安民、富民的思想；另一方面，这一思想依然是建立在区分"君"与"民"、统治者与被统治者的基础之上的，还是将人民置于被统治者的地位，而非国家的主人地位，秉承的是"君者舟也，人者水也。水可载舟，亦可覆舟"的思想，其出发点和落脚点是治民安邦，维护统治阶级的统治地位，满足统治阶级的需要，实现统治阶级根本利益。在一定程度上对民众利益的让渡，不过是为实现自身更大利益的手段。正如马克思、恩格斯所说："至今的一切社会都是建立在压迫阶级和被压迫阶级的对立之上的。但是，为了有可能压迫一个阶级，就必须保证这个阶级至少有能够勉强维持它的奴隶般的生存的条件。"[10]封建社会中的所谓"明君"珍视的仅仅是"治民之术"，所能做到的也仅仅是"为民作主"，而不是为民服务，更不是由民作主。所以，封建社会的"贵民"思想，虽然是中华优秀传统文化中具有积极进步意义的价值观念，但它仍然具有历史局限性，只有经过科学的扬弃，才能把"贵民"思想中积极进步的成分加以批判性地继承和吸收，创造性地转化和创新性地发展为我国当代社会所需要的"民主"的价值观念，发展和完善社会主义民主政治，巩固和提升劳动人民当家作主的社会地

位，保障和增强劳动人民当家作主的民主权利。因此，对待诸如此类的中华优秀传统文化价值观，不能一概否定，也不能直接拿来使用，而是要辩证地分析、科学地扬弃，吸收其合理内核，并在新的历史条件下转换创新，发扬光大。

2. 丰富中华优秀传统文化价值观的时代内涵

中华优秀传统文化的价值观，要在扬弃的基础上，进行更为深入的转换，赋予并丰富优秀传统文化价值观新的时代内涵。2014年9月24日，习近平在纪念孔子诞辰2565周年国际学术研讨会暨国际儒学联合会第五届会员大会开幕会上讲到："传统文化在其形成和发展过程中，不可避免会受到当时人们的认识水平、时代条件、社会制度的局限性的制约和影响，因而也不可避免会存在陈旧过时或已成为糟粕性的东西。这就要求人们在学习、研究、应用传统文化时坚持古为今用、推陈出新，结合新的实践和时代要求进行正确取舍，而不能一股脑儿都拿到今天来照套照用。要坚持古为今用、以古鉴今，坚持有鉴别的对待、有扬弃的继承，而不能搞厚古薄今、以古非今，努力实现传统文化的创造性转化、创新性发展，使之与现实文化相融相通，共同服务以文化人的时代任务。"[5]这里所说的"古为今用、推陈出新"和"创造性转化、创新性发展"，正是要求立足新的社会实践和时代要求，不断充实和丰富中华优秀传统文化价值观的时代内涵。例如，古有"不患寡而患不均"的思想，体现了人们对社会公平正义的价值追求。然而，这一价值追求含有小农经济基础上的绝对平均主义的意味和倾向，是需要我们对其进行扬弃和转换的。今天，在生产社会化高度发展和生产力高度发达的新的历史条件下，我们既要批判地继承"不患寡而患不均"思想中蕴含的公平的价值观念，又要克服其建立在小农经济基础上的绝对平均主义的落后思想，把中华优秀传统文化中的平均、公平的价值观念，创造性地转化和创新性地发展成平等、公正等社会主义核心价值观，把平等、公正与人们的社会地位、劳动贡献、权利义务结合起来，并在实践中大力培育、践行和弘扬，为推动社会主义现代化建设的发展、最终实现共同富裕的社会主义的理想价值和奋斗目标，奠定坚实的思想基础。

3. 创新中华优秀传统文化价值观的表达方式

中华优秀传统文化价值观的现代转换，不仅要丰富时代内涵，还要创新话语表达方式。话语是思想的流露和表达，是人与人之间进行精神交往的中介。如果没有恰当的表达形式，再深刻的思想也不会形成富有感染力和影响力的话语。因此，《关于培育和践行社会主义核心价值观的意见》明确提出，要"加强对优秀传统文化思想价值的挖掘，梳理和萃取中华文化中的思想精华，作出通俗易懂的当代表达，赋予新的时代内涵，使之与中国特色社会主义相适应，让优秀传统文化在新的时代条件下不断发扬光大"[11]。中华优秀传统文化价值观的话语风格和表达方式，要适应现代人的特点和需要，进行必要的创新和转换，使之易于为百姓所理解和接受。如"民惟邦本"

向"以人为本"的话语转换,"己所不欲,勿施于人"向"由此及彼"、"推己及人"、"换位思考"、"将心比心"的话语转换,"和合"思想和"仁者爱人"的理念向"和谐"和"友善"价值观念的话语转换,"天下兴亡,匹夫有责"的思想向"爱国"、"爱社会主义"价值观的话语转换,等等。只有实现表达方式的创新和转换,才能更好地实现中华优秀传统文化价值观的现代转换,也才能使中华优秀传统文化价值观为更多的人所了解、理解、认同、内化、践行和弘扬。

4. 促进中华优秀传统文化价值观与现实文化价值观相融合

传统文化并不是一成不变的,而是随着社会发展而不断发展变化的。传统文化不断走向现代,成为现代文化的基础和内蕴,现代文化则不断从传统文化中汲取营养,成为传统文化的创新和发展。所以,传统文化与现代文化并不是截然对立的"过去"与"现在",而是"现在"中有"过去","过去"活在"现在"之中。因此,不应当割裂中华优秀传统文化价值观与我国现实文化价值观的纽带,而是应不断促进二者的相互融合,从整体上统筹、建构和发展中国特色社会主义文化和社会主义核心价值观,只有这样,才能真正繁荣和发展社会主义文化,培育践行社会主义核心价值观,提高我国的文化软实力。习近平强调,要科学对待文化传统。不忘历史才能开辟未来,善于继承才能善于创新。优秀传统文化是一个国家、一个民族传承和发展的根本,如果丢掉了,就割断了精神命脉。我们要善于把弘扬优秀传统文化和发展现实文化有机统一起来,紧密结合起来,使优秀传统文化与现实文化相融相通,在继承中发展,在发展中继承。[5]因此,必须融通古今文化价值观,使中华优秀传统文化有效和有机地融合于社会主义核心价值观,增强中华优秀传统文化的生命力和创造力,提升社会主义核心价值观的说服力和感召力,真正将中华优秀文化丰富的软实力资源转化为文化软实力。例如,爱国主义是中华民族悠久、深邃的优秀文化传统,古有精忠报国的岳飞、抗倭英雄戚继光、禁烟英雄林则徐……,今有视死如归、英勇献身的英雄董存瑞、黄继光,毅然回国、无私奉献的钱学森,一飞冲天、笑傲寰宇的航天英雄杨利伟……。可见,爱国主义传统代代相传。由于社会发展背景不同,爱国主义的内涵和意蕴也不断随着时空的转换而转换,但其内在的精神实质是一致的。因此,适应时代要求,把我国深厚的爱国主义传统和深刻的爱国主义精神融合发展成富有时代内涵的"爱国"的价值观念,把爱国的价值认知和爱国的实际行动统一起来,使其成为凝聚各族人民和海外侨胞的精神纽带,成为建设社会主义现代化强国的内在动力,这是我国社会主义核心价值观建设的重要课题,也是实现中华民族伟大复兴"中国梦"的必然要求。

参考文献:

[1] 习近平在联合国教科文组织总部发表演讲[N]. 人民日报,2014-03-28.
[2] 习近平在中共中央政治局第十三次集体学习时强调 把培育和弘扬社会主义核心价值观作为

凝魂聚气强基固本的基础工程 [N]. 人民日报, 2014-02-26.
[3] 习近平. 青年要自觉践行社会主义核心价值观 [N]. 人民日报, 2014-05-05.
[4] 习近平在全国宣传思想工作会议上强调 胸怀大局把握大势着眼大事 努力把宣传思想工作做得更好 [N]. 人民日报, 2013-08-21.
[5] 习近平. 在纪念孔子诞辰2565周年国际学术研讨会暨国际儒学联合会第五届会员大会开幕会上的讲话 [N]. 人民日报, 2014-9-25.
[6] 江泽民文选：第3卷 [M]. 北京：人民出版社, 2006：559.
[7] 习近平. 在第十二届全国人民代表大会第一次会议上的讲话 [N]. 人民日报, 2013-03-18.
[8] 毛泽东邓小平江泽民论社会主义道德建设 [M]. 北京：学习出版社, 2001：50-51.
[9] 习近平在山东考察时强调 认真贯彻党的十八届三中全会精神 汇聚起全面深化改革的强大正能量 [N]. 人民日报, 2013-11-29.
[10] 马克思恩格斯选集：第1卷 [M]. 北京：人民出版社, 1995：284.
[11] 中共中央办公厅印发《关于培育和践行社会主义核心价值观的意见》[N]. 人民日报, 2013-12-24.

社会主义核心价值观的价值之维

刘志山　王　杰

（深圳大学社会科学学院，广东深圳，518060）

摘　要：文章从分析社会主义核心价值观的价值出发，落脚于其与人们价值判断力的关系。社会主义核心价值观，作为理论观念，其价值表现为批判与设计价值、凝聚与整合价值、目标与导向价值；作为实践观念，其价值表现为建构民族精神家园、增强文化软实力、推进国家现代化。

关键词：价值；价值观；社会主义核心价值观

作者简介：刘志山，男，湖南汝城人，深圳大学移民文化研究所常务副所长，教授，博士，硕士生导师，主要从事移民文化与道德教育研究。王杰，男，江西乐平人，深圳大学社会科学学院硕士研究生，主要从事道德教育研究。

基金项目：广东省"理论粤军"项目"社会主义核心价值观与增强人们价值判断力和道德责任感研究"（WT1433）。

在着眼于推进中国特色社会主义伟大事业、实现中华民族伟大复兴中国梦战略考量的基础上，中国共产党提出了社会主义核心价值观。要想积极、有效地培育和践行社会主义核心价值观，必须厘清社会主义核心价值观的价值。其一，厘清社会主义核心价值观的内涵；其二，厘清社会主义核心价值观作为理论观念的价值；其三，厘清社会核心价值观作为实践观念的价值。本文尝试着对以上问题进行探讨。

一、社会主义核心价值观的内涵

价值是指主客体之间关系的一种内容，即客体是否满足主体的需要，是否为主体服务。[1]价值反映的是客体对主体的有用性，而价值观与价值不同。价值观可从广义和狭义两种角度来理解。广义上的价值观相当于哲学基础理论中的价值论，与自然观、历史观相类似，是以价值为特定对象的理论学说；狭义上的价值观则是指价值观念，即人们关于好坏、得失、善恶、美丑等具体价值的立场、看法、态度和选择。[2]社会主义核心价值观是基于中国特色社会主义实践，将社会主义文化的价值理念、中国传统优秀文化和西方现代文明的价值理念有机融合的核心价值规范。

1. 国家层面的价值目标:"富强、民主、文明、和谐"

"富强"是指经济富强,主要表现为生产力的提高,这就要求进一步推进工业化,提高自主创新能力,转变经济发展结构,由工业大国向工业强国转变。"民主"是指政治民主,其实质和核心是人民当家作主,包括了民主形态(国家制度)和民主权利(即意志和行为的自由度),它要求我们继续深化政治体制改革,充分尊重、保障人民群众在具体的政治活动、政治事务中应有的权利。[3] "文明"主要指精神文明,它要求我们在全社会大力弘扬文明理念,培育文明风尚,广泛开展群众性精神文明创建活动,使人们明是非、知荣辱、讲文明、树新风,革除各种陋习。"和谐"是指关系和谐,包括人与人、人与社会、人与自然之间的关系和谐。为实现关系和谐,则必然要求尽量避免冲突。一方面,我们努力做到民主决策、科学决策,减少利益冲突的可能性;另一方面,我们要允许不同利益的存在,更重要的是拓宽利益诉求的渠道,提高解决利益冲突的能力。

2. 社会层面的价值取向:"自由、平等、公正、法治"

"自由"是人性的本质,人人都想在自己生活的环境里自由地呼吸、自由地生活,因此它要求我们确保公民自由权利,鼓励公民自由奋斗,为每一个人健康成长和全面发展创造良好的社会环境。"平等"则是要求社会有这样一个平台,让人人都有机会通过自己的努力来取得成功,让每个人的人生都有出彩的机会,因此它要求我们通过平等的社会机制和价值引导,保障公民既享有平等的权利,同时也保障每个人基于其社会贡献所要求得到的权利和尊重。"公正"是一种价值取向,一切道德律令和法律的制定首先要从公正出发,它要求我们建立以权利公正、机会公正、规则公正为主要内容的社会公平正义保障体系,努力营造公平正义的社会环境。"法治"是社会运行的规则,对公民个人行为起着巨大的保护作用,对一切违背公民利益和公众意志的行为起着巨大的制约作用,因此它要求我们完善法律制度,切实坚持法律面前人人平等,让人民群众在法治社会中享受到公平正义。

3. 公民个人层面的价值准则:"爱国、敬业、诚信、友善"

"爱国"是指认同、爱戴国家,包括热爱祖国的大好河山,捍卫国家领土完整、主权统一;热爱我们的人民大众、骨肉同胞,积极维护民族团结;热爱中华民族灿烂的历史文化;积极投身中国特色社会主义建设事业;维护我们的国家荣誉、国家形象和尊严。"敬业"是指忠于职守,勤劳爱岗,它要求我们对一切推动着中国特色社会主义事业的劳动给以尊重,尊重人才、尊重知识。"诚信"即诚实守信,它不仅是公民道德的底线,也是单位组织、社会国家凝聚力得以确认的重要前提。"友善"则是指宽以待人、与人为善,它要求以友善的方式建立和谐的人际关系和社会关系,凝聚力量,共同建设中国特色社会主义。爱国、敬业、诚信、友善，不仅仅是口号，而是要求公民个人将这些价值准则外化为日常生活中的自觉行为和共同习惯，从而营造一个和谐进取的社会环境。

二、社会主义核心价值观的理论价值

价值来自客体属性，取决于主体需要。从客体属性看，社会主义核心价值观的价值，即它本身的价值，主要表现为作为理论观念的价值。从主体需要的角度看，社会主义核心价值观的主体即是国家与个人，它的价值也就表现为实践观念的价值。

从广义上看，社会主义核心价值观是以价值为特定对象的价值观理论[2]，因此它具有作为理论观念的价值，具体表现为以下三点。

1. 批判与设计价值

在现实生活中，必然存在着已经落后于社会发展的客观要求的价值观念，这些观念会以有形或无形的方式影响人们的心理、思想和行为，阻碍着人们价值观念的与时俱进。而社会主义核心价值观是从否定态度出发，对现实的价值关系做出审视和批判。一方面，它是通过对落后于时代的价值观念的扬弃，取其精华、去其糟粕而确立的新的价值观。中国近现代史就是一部中华民族追求民族独立、国家富强的历史，"富强"就是在追寻近代以来先烈们为之抛头颅、洒热血的未竟事业。另一方面，它是顺应时代发展需要，能够与旧价值观争夺人们的思想阵地，解放人们思想的新价值观。"自由、平等、法治"这些现代理念正是对中国两千多年封建社会的"专制、等级、人治"观念的批判，是适应世界现代化发展潮流、推动社会发展的新价值观。一种理论必然是在建构中对另一种理论的解构，或者说是在对另一种理论的解构中建构自身，每一种理论都有自身的追求，价值观也一样。社会主义核心价值观的设计价值主要表现为理论设计价值和实践设计价值。一方面，社会主义核心价值观在理论上回答了"要成为什么样的国家"、"要什么样的社会"、"要培育什么样的公民"这三个问题，"富强、民主、文明、和谐"是对国家发展价值目标的理论设计，"自由、平等、公正、法治"是对社会发展价值取向的设计，"爱国、敬业、诚信、友善"则是对公民培育价值准则的设计。另一方面，社会主义核心价值观设计价值也表现在实践方面。在经济方面，我国在建党100周年之际，要达到全面小康；在建国100周年之际，我国人均GDP要达到中等发达国家水平。在政治方面，扩大社会主义民主，加快社会主义法治国家建设，发展社会主义政治文明。在社会建设方面，加快健全基本公共服务体系，加强和创新社会管理，推动社会主义和谐社会建设。

2. 凝聚与整合价值

凝聚与整合价值，即凝聚价值共识、调控价值冲突的功能。社会主义核心价值观正是从全局出发凝聚价值共识，整合现实多种价值观念的结晶。一方面，凝聚价值共识，造成一种气氛，在人们认同的基础上，共享社会主义核心价值观；另一方面，提升符合社会最新发展要求的价值观念，摒弃了与之不一致的旧的价值观念，努力确立体现社会共同利益的核心价值观，使不同的价值观念达到较高的一致性，形成社会发展的合力，从而保持社会稳定和促进社会发展。社会主义核心价值观凝聚共识主要有两种方法：一是通过解放思想，达成共识。解放思想的过程就是统一思想的过程，解放思想的目的是为了更好地统一思想，思想统一了，才能调控价值冲突，凝聚价值共识。经济富强、政治民主、精神文明、关系和谐这些理念顺应世界现代化潮流，是现代社会的价值追求，而"爱国、敬业、诚信、友善"是现代公民个人价值准则，二者都有利于人们认清保守落后思想，在解放思想的过程中统一思想认识，凝聚价值共识。二是在实践中凝聚共识，共识来自实际成效。既然有社会主义核心价值观，就必然还有"非核心"价值观，在两方面认识不一致的情况下，则只能在实践中进行检验，在实践中取得共识，在实践中化解矛盾和解决问题。

3. 目标与导向价值

社会主义核心价值观的目标和导向价值主要表现在国家和个人两个层面。在国家层面上，社会主义核心价值观的导向作用是宏观的、全方位的，从一个国家的经济发展方式、政治制度、文化政策、国际形象等中都可以看到其中蕴涵着深深的价值烙印，它的价值标准和价值目标不仅渗透到路线、方针、政策的宣传和教育过程中，更蕴涵在具体的制度设计、法律法规以及社会发展方式中。在个人层面上，社会主义核心价值观只有建立在接受和认同基础之上，才能有效地发挥导向作用。而社会主义核心价值观只有在坚持贴近实际、贴近生活、贴近群众的原则下，才能"占领思想文化的道德制高点，掌握话语制造权和舆论领导权"[4]，才能获得人们的接受和认同。同时，一定的社会的主流观念，常常对一定的个体和社会群体的思想和行为产生外在的约束和规范的作用。当个体价值观的目标与社会主义核心价值观相一致时，似乎感觉不到外在的核心价值观的约束与强制；但当个体价值观与社会主义核心价值观目标相背离时，来自社会主义核心价值观的约束与强制性力量就会比较明显和突出。这种约束与强制性力量通常以两种方式展现出来：一是通过社会舆论。社会舆论是一种公开的社会评价，对公众行为具有鼓励或约束作用。当个体价值取向与社会核心价值取向不一致时，个体会面临着社会舆论的压力。例如舍己救人、见义勇为的行为是符合社会公德、受到舆论赞扬的；相反，损人利己、见利妄为的行为则会受到公众的指责，在舆论或他人的否定态度的压力下，促使个体反思自身的价值取向，中止这一行为。二是个体的自我利益衡量。人是理性的动物，当个体价值取向和行为偏离社会核心价值观念时,这可能会影响他在社会组织中的地位或引起周围人的不解和自我良心上的谴责。个体考虑到其行为得不偿失时,将会遵从社会核心价值规范,以此寻求社会的认可。

三、社会主义核心价值观的实践价值

从狭义上看,社会主义核心价值观表达的是人们关于好坏、得失、善恶、美丑等具体价值的立场、看法、态度和选择[2],因此它具有作为实践观念的价值。具体表现为以下三点。

1. 建构民族精神家园

中国正处于社会转型的关键时期,社会矛盾复杂多样。首先是人与自然之间的矛盾。改革开放以来,生产力固然取得了巨大的发展,但消耗了大量的资源,生态遭到了严重的破坏,泥石流、雾霾、酸雨、沙尘暴等灾害频发,人与自然的矛盾日益尖锐。其次是人与社会、人与人之间的矛盾。一方面,中国贫富差距日益悬殊,各阶层的劳动条件、工资收入、生活方式、社会地位差别明显,强拆事件、食品安全、官员腐败等社会事件频发,社会矛盾尖锐;另一方面,一部分人自私欲望膨胀,"钓鱼执法"、"毒奶粉"、"碰瓷"等各种坑蒙拐骗的现象大量出现。最后是人的身心矛盾。一方面,在市场经济条件下,强烈的竞争在一定程度上破坏了人与人之间的和谐气氛,造成一些人精神的高度紧张和失落;另一方面,一部分人在基本的物质欲望得到满足后,却在精神上感到空虚,在追逐名利中失去了自我,失去了道德底线,如官员包二奶、明星吸毒等。

精神家园是与人的精神活动相依存的复杂系统。从主体角度看,精神家园依托于主体的现实生活,存在于主体的心理感受之中,蕴涵了主体心理世界对真、善、美的价值追求。社会主义核心价值观有利于建构民族精神家园,主要体现在三个方面:其一,精神家园的建构必须建立在和谐的基础上,"和谐"作为国家层面的核心价值观,有利于转变发展理念和发展方式,正确处理经济发展与自然之间的关系,预防因人与自然关系恶化而产生的生态危机、资源危机,促进人与自然的和谐发展。同时,处理社会利益冲突时,和谐理念也起到重要作用,否则因人与社会关系恶化而导致的精神空虚、道德堕落、坑蒙拐骗等社会问题必将严重影响、危害到人的日常生活,更谈不上民族精神家园的建构。其二,民族精神家园的建构有赖于精神文明建设。民族的精神家园意味着生活在其中的人们有着自己的精神追求和寄托。社会主义精神文明建设的根本任务是适应我国现代化建设和改革开放的需要,培养有理想、有道德、有纪律的社会主义公民,公民素质的提高是改变文明风貌、建立文明社会的基础,也能防止人们在日益丰富的物质文明中感到极度的精神空虚、身心失衡。其三,民族精神家园建构的关键是人与人之间的友善。精神家园是一种心理感受,而个体在日常生活中感触到的人与人之间的关系很大程度上决定着对精神家园的看法。社会主义核心价值观所倡导的友善，要求我们在人际交往过程中摆正人我关系，宽以待人，与人为善，有利于增进人际和谐，营造和谐的社会气氛。

2. 增强文化软实力

社会主义核心价值观有利于增强文化软实力。民族文化凝聚着民族对世界和生命的历史认知和现实感受，更积淀着民族最深层的精神追求和行为准则。文化软实力既讲文化的国际吸引力，更是讲文化的内部凝聚力，是文化的内部凝聚力和外部吸引力的统一。[5]一方面，社会主义核心价值观有利于增强文化的内部凝聚力。凝聚力主要是在价值共识的基础上，大家朝着同一目标劲往一处使。首先，在国家层面上，经济富强、政治民主就是中华民族一直追求的目标。经过30多年的经济发展，生态环境日益恶化，贫富差距悬殊，社会矛盾较为尖锐，因此生态文明与关系和谐更多的是反映当下的社会矛盾，也是人们价值共识的提炼。其次，在社会层面上，"自由"、"民主"、"法治"正是对中国几千年封建社会的"专制"、"独裁"、"人治"的摒弃，这些现代观念早已深入人心，也是人们对公平正义的社会追求。最后，"敬业"、"诚信"、"友善"表达的是人民对安居乐业的生活的向往。不管古今中外，最值得称赞的政治成就就是安居乐业，这也是中华民族一直向往并追求的美好生活。爱国主义精神则更是中国民族精神的核心。因此，社会主义核心价值观对内起到价值共识的作用，增强内部凝聚力。另一方面，社会主义核心价值观也有利于提高文化的国际吸引力。社会主义核心价值观是在中国特色社会主义实践的基础上，吸收了中国传统优秀文化，融合了西方现代文明理念而提出的。首先，"和谐"思想、"爱国"精神代表了中国传统优秀文化的精华，在世界的舞台上散发着迷人的魅力。其次，社会主义核心价值观与西方普世价值有共通的地方。"民主"和"自由、平等、公正、法治"与西方的"自由、平等、博爱"是人类现代化过程中追求的价值理念，是对美好生活的向往，是对真、善、美的追求，因此能得到国际社会的认可和支持。

3. 推进国家现代化

现代化是传统社会向现代社会多层面、全方位的转变过程，不只是经济发展，也是政治发展，同时又是文化发展和精神发展，因此现代化应该包括经济现代化、政治现代化、社会现代化以及人的现代化。社会主义核心价值观的内涵及其要求有助于推进国家现代化。首先，富强是国家现代化的基础。我国社会的主要矛盾，即人民日益增长的物质文化需要同落后的社会生产之间的矛盾，决定了以"富强"为首要价值目标，且经济上的富强，是社会主义存在和发展的物质基础，是解决改革开放过程中各种困难的物质前提，是推动国家现代化的中坚力量。其次，政治民主是国家现代化的保障。人民当家作主是社会主义民主的本质与核心，它不仅能够保障公民的政治权利，还给经济发展、社会建设提供一个稳定的环境，从而促进国家现代化的发展。再次，文明是灵魂。社会现代化主要目标是建设一个健康和谐、成熟向上的文明社会，文明是人类文化发展的积极成果，它与精神上的愚昧、文化上的落后相对应。社会精神文明能够为多元的社会提供价值目标与导向的作用，培养社会文明行为风尚，为国家现代化沿着正确的方向前进提供保证。最后，人是根本。社会是由无数社会成员构成的，没有个人，也就没有社会。人永远是社会和社会变迁中的一个基本因素。因此，在国家现代化的进程中，如果没有人的现代化，现代制度是不可能很好地运行的。一个社会只有那些在政治、经济和各种组织中工作的人，都获得了与现代化一致的现代性，这样的社会才可以说是一个真正的现代社会。"爱国、敬业、诚信、友善"等公民个人层面的价值准则在日常生活中的践行，有助于提高公民意识和素质，适应国家现代化对人的要求，从而推动国家现代化。

参考文献：

［1］王泽应. 社会主义核心价值观之本质规定性及路径选择［J］. 湖南师范大学社会科学学报，2007（5）.
［2］韩华. 全球化背景下中国共产党人价值观研究［M］. 北京：光明日报出版社，2010.
［3］张华青，孙嘉明. 政治民主的内涵及现实条件［J］. 复旦学报：社会科学版，1998（6）.
［4］韩震. 公平正义的和谐社会与核心价值观念［J］. 中国社会科学，2009（1）.
［5］骆郁廷. 文化软实力：基于中国实践的话语创新［J］. 中国社会科学，2013（1）.

论影响个体价值观形成的因素

江传月

(广东财经大学马克思主义学院,广东广州,510320)

摘　要：影响个体价值观形成的因素是多方面的，既包括个体的生理心理素质、生活阅历、认识水平和社会实践活动，也包括家庭教育和学校教育，还包括社会背景、社会环境和同辈群体。

关键词：个体价值观；形成；影响因素

作者简介：江传月，男，湖北麻城人，广东财经大学马克思主义学院教授，硕士生导师，哲学博士，主要从事马克思主义价值论和伦理学研究。

基金项目：广东省教育科学"十二五"规划2012年度项目"个体价值观形成发展机制与青少年价值观教育研究"（2012JK093）、2013年度广东省高校思想政治教育重点资助课题"多元文化背景下大学生认同和践行社会主义核心价值观现状与导引机制研究"（2013ZZ010）。

个体价值观的形成受多种因素的影响。影响个体价值观形成的因素主要来自两个方面：一是内部因素即主体自身，二是外部因素即教育和环境。分析影响个体价值观形成的因素，对于深入认识个体价值观的形成具有重要意义。

一、主体的生理心理素质、生活阅历、认识水平和社会实践活动

影响个体价值观形成的因素首先是内部因素即主体自身，包括主体的生理心理素质、生活阅历、认识水平和社会实践活动等几个方面。

1. 主体的生理心理素质

生理心理素质是个体价值观形成的自然条件，为个体价值观形成提供物质基础，因而，对个体价值观具有一定的制约和影响作用。价值观反映的是客体与主体需要的关系，离开主体的需要及对需要的感知，离开为感知需要所需的生理条件，就不可能形成价值观。生理素质既有遗传因素、与生俱来，但也与后天的发育有关，因而，个体的生理素质是有差别的。这种个体差异为不同个体在价值观形成过程中提供了不同

的物质基础,从而使不同个体形成不同的价值观。当然,生理素质的个体差异并不是那么大,正如马克思所说:"搬运夫和哲学家之间的差别要比家犬和猎犬之间的差别小得多,他们之间的鸿沟是分工掘成的。"[1]158因此,生理素质不是影响个体价值观形成的决定性因素。人的任何活动都是在一定的心理活动参与下进行的。心理素质特别是其中的欲望、情感情绪、意志、信念信仰在个体价值观的形成过程中会发挥着重要作用,因而影响着个体价值观的形成。欲望是个体倾向性的组成部分,是人类进行价值认识和实践的起点。欲望是主体价值观形成的意念前提,也就是说,是价值意识产生的前提。只有那些被主体所欲求的客体,才能被主体认识和选择。主体的欲望不同,会形成不同的价值观。任何价值认识和实践活动都渗透着情感和情绪因素。情感情绪通过影响主体对事物的价值判断进而影响价值观的形成。情感情绪自身就有内在地制约人的认知指向和行为强度的力量,个体的情感情绪如何都会直接影响其价值认识和实践活动。

主体往往根据自己的情感和情绪体验来进行价值判断和价值选择,倾向于选择使自己愉快的客体或价值目标。如果主体对客体的情感和情绪体验是负面的,主体就会觉得客体没有价值或有负价值,对客体的价值判断就会是负面的;相反,如果主体对客体的情感和情绪体验是正面的,主体就会觉得客体有价值,对客体的价值判断就会是正面的。意志综合欲望、情感情绪,使个体的价值心理达到自觉、综合程度。意志能对主体的欲望、情感情绪进行定向和调控,压抑和排除主体所拥有的种种不利于趋向既定价值目标的欲望、情感情绪,支持和促使那些指向既定价值目标的欲望、情感情绪,保证价值认识具有明确的方向性。信念和信仰是人们在实践中所追求的最重要的、始终不渝的、统摄其他目标的总目标,它是对人们的价值判断起着根本性的导向、驱动和制约作用的精神因素。信念和信仰有科学和错误之分。信念和信仰中包含的科学成分越多,信念和信仰就越可靠,主体的价值判断和价值观就越正确;错误的、违背科学的信仰会使主体做出错误的价值判断,造成个体价值观的根本方向性的错误。

2. 主体的生活阅历

在价值观形成过程中,个体在现实生活中的体验比以符号形式表现出来的文化信息强烈得多。个体在未成年时期会接受很多价值观教育,但这些价值观只有经过他们自己的亲身体会,才可能真正理解并转化为自己的价值观,因而在这个过程中,生活阅历起着很重要的作用。生活阅历可以提高个体对价值的认识水平;生活阅历中的事件包含着主体的情感体验,能够对价值观起积极或者消极作用,并促使主体坚持或放弃某种价值观;现实生活中有很多隐性教育,个体在其生活阅历中会接受大量的这种隐性教育,其价值观不知不觉地受到影响。主体的生活阅历主要包括家庭背景和交往两个方面。

家庭背景亦即一个人的家庭出身环境和状况。家庭是青少年个体产生原始的自我感觉以及形成基本价值观的背景。家庭尤其父母与个体的关系发展了个体早期的价值认知和价值判断。家庭的经济状况、人际关系、父母的知识水平与价值观等都会在每一个青少年个体的心理上打上深深的烙印，会潜移默化地影响青少年的个体价值观。一般来说，和谐民主的家庭关系、父母积极的生活态度、父母道德上的身体力行，对子女的价值观都会产主积极影响；家庭关系紧张，父母不和，长辈品行不端，都可能造成子女价值观出现偏差。

交往是人在社会生活中的一种本质性需求。每个人都有获得他人理解和认可的心理需求，这种需求的满足是通过交往而实现的。如果个体能够正确认识并善于调整各方面的关系，就能正确认识和处理个人对社会的责任与贡献和社会对个人的尊重与满足之间的辩证关系，从而形成积极健康的价值观；反正，如果交往受挫，可能形成消极畸形的价值观。

3. 主体的认识水平

自我意识是价值观形成的主观条件。自我意识是主体对自身的意识，包括"我是什么"、"我在做什么"、"我能做什么"、"我该做什么"等自身问题的一系列思考。个体只有有了自我意识，意识到自身的主体性存在，能够把主客体区分开来，才能认识和评价客体，才能产生价值观。价值观是众多的价值判断沉淀的结果，因而价值观是价值认识的结果。其中，对客观事实的认识是价值判断和价值观形成的前提。价值是客体属性对主体的需要的满足关系，所以认识价值首先必须认识客体的属性和主体的需要，没有对这些要素的认知，我们无法进行价值判断，不可能形成价值观。

可见，主体的认识水平是个体价值观形成的基础，只有主体的认识能力达到一定的程度，只有主体对客体的认识达到一定的程度，才能做出价值判断，进而形成比较稳定的价值观。因此，主体的认识水平会影响个体的价值观，不同个体因为有不同的认识水平，会有不同的价值观。

4. 主体的社会实践活动

社会实践活动是个体价值观形成的基本途径，因而会影响个体价值观的形成。马克思主义认识论认为，实践不仅是直接引起客观对象改变的过程，而且也是为实现这种改变所不可缺少的认识探索的过程。"环境的改变和人的活动或自我改变的一致，只能被看作是并合理地解释为革命的实践。"[1]55 而且，个体在认识探索的实践活动中，认识客观世界并改造客观世界，同时，也认识和改造着主观世界，这些认识和改造的进程和结果都影响着个体价值观的形成。如当前的国际风云、国内形势、改革进程、社会时尚、科技浪潮、市场变化等，无不需要个体学会正确地认识、看待和做出相应的价值判断。日常的学习、工作、生活、娱乐，以及认识社会及协调人际关系的活动，都会对个体价值观的形成产生积极或消极的影响。

二、家庭教育和学校教育

教育主要包括家庭教育和学校教育，在个体价值观形成中起主导作用。

1. 家庭教育

家庭是人的最初的生活环境，也是人个体接受教育的第一个场所。家庭教育是人接受的最初教育。如果人没有这些在家庭中获得的最初的、最基本的生活、学习和教育，人便只能是生物性的人，而不可能成为社会的人。因而，家庭是个体价值观最初形成的地方。父母是孩子的第一任老师。在家庭中，长辈在培育后代时，会有意识或无意识地把他们的价值观直接或者间接地传输给后代。父母对子女的要求、期望和教导是青少年个体价值观形成的要素，直接左右着个体的价值观，而且，儿时受到家庭教育影响形成的价值观制约着个体以后的发展方向和性质。家庭教育往往注重养成良好的道德品质和行为习惯，因而在儿童的品德发展中起着奠基作用。俗话说："有其父，必有其子；有其母，必有其女。"有人说，孩子是一块神奇的土地，播上思想的种子就会获得行为的收获；播上行为的种子，就会获得习惯的收获；播上习惯的种子，就会获得品德的收获；播上品德的种子，就会获得前途的收获。每个个体最早接受的就是家庭教育。家庭教育的内容是人一生中最基础的教育。中国有句古话："三岁看大，七岁看老。"说的正是家庭教育这项最初奠基工程的重要意义。在这人生的头几年里，家庭是最经常、最集中、最大量地对孩子施以教育的。家庭教育不受时间、地点和形式的限制，能够随时随地灵活地进行，且主要针对子女成长过程中的特殊矛盾展开，因而很有针对性，有助于帮助子女形成正确的价值观。家庭是建立在父母与子女的血缘、经济和感情关系等特殊纽带关系基础上的。主体对家庭具有感情和经济上的依赖。这种关系为青少年个体价值观的形成提供了心理上的安全感、依恋感和归属感，因而家庭教育在个体价值观形成中的作用具有独特地位，对个体价值观的形成有独特影响。

2. 学校教育

青少年处在价值观形成的关键时期，在这一时期，他们生活时间最长的地方就是学校。学校是有计划、有组织、有目的地向社会成员长期、系统地传授价值观的制度化机构。学校教育是统治阶级用来向学生灌输社会主导价值观的重要途径，是实现社会主导价值观的手段。

学校教育具有立竿见影的直接功效，可以对学生进行宣传教育、启发诱导，把他们的思想引导到社会所认可的价值观上来。而且，学校教育通过思想认同和心理同化，对身处其中的学生形成了外在及内在的约束规范作用，学生无时无刻不受到这种规范的指导，并形成有形的制约力，这种制约力规范着学生从全局出发整合从外界获取的各种价值观念，形成自己的价值观体系。可见，学校教育在青少年形成价值观过程中起着关键性的作用，是个体价值观形成的主渠道。可以说，现代社会中，长期系统的学校教育在青少年形成价值观过程中具有无可替代的地位，因而学校教育对个体价值观的形成具有无可替代的影响。

三、社会背景、社会环境和同辈群体

个体总是生活在社会中，不可避免地受到社会各方面的影响，其中影响个体价值观形成的社会因素主要包括社会背景、社会环境和同辈群体。

1. 社会背景

社会背景是指个体所生活的社会既有的社会经济条件、政治发展水平、主流价值观、传统文化等情况。价值观既是社会经济基础的文化反映，同时也体现着社会经济基础的文化内涵。因而，经济背景因素对人们的价值观念具有普遍影响力，在社会变革时期甚至具有决定性作用。一方面，社会经济制度决定和影响社会成员的价值观；另一方面，社会经济发展引起社会资源配置、社会文化传播、社会利益调整，从而促进社会成员价值观的变革。因此，处于相同社会经济条件中的人会产生基本相同的价值观；反之，处于不同社会经济条件中的人则会产生有差异的甚至是对立冲突的价值观。

生产力的发展是一切社会进步的基础与动力，因而也必然决定着人们的价值观。在原始社会生产力比较低下，人类只能相互协助才能生存，在这种长期的相互协助的条件下认识世界与改造世界的实践中，人类也就形成了原始共产主义价值观念。但是随着生产力的发展，社会产品出现了剩余，分配出现了不均衡化，最终导致原始社会的分化，阶级出现，在不同的阶级中衍生出代表各自阶级的价值观念。同样，封建社会的价值观、资本主义的价值观、社会主义的价值观，都是在生产力不断发展的基础上形成的，生产力的发展状况对价值观的形成具有重要的作用。例如，石器打制时期打出了原始的平均、互助价值观，手推磨时期推出了"三纲五常"、忠君愚民的封建价值观，蒸汽机和电力时期蒸出了资本主义的平等、自由、博爱的价值观，等等。

价值观作为一种社会价值意识，受政治等其他社会意识形式的影响。因此，社会政治对个体价值观的形成具有制约作用。每个时代的社会政治状况的不同，那么每个时代的价值观也会有很大的差异。例如，在我国两千多年的封建王朝，在政治上形成了严格的等级制度，统治阶级推崇的"三纲五常"成为社会主流价值观。随着政治状况的变换，在资本主义的社会里在价值观上出现了反映资产阶级的统治需要的自由、民主、平等、博爱等价值观，在政权的分布上，立法、行政、司法三权分立，看似十分民主博爱的价值观念实际上是资产阶级为了自身统治的需要为出发点的。同样，在社会主义社会里，无产阶级是社会的统治阶级，社会主义价值观、集体主义价值观、爱国主义价值观成为社会的主流价值观。这说明政治状况在价值观的形成与发展变化上有着重要的影响。

社会主流意识形态就是一定社会中占统治地位的思想，是统治阶级根本利益的集中表现。统治阶级往往通过它来统一社会成员的思想，维持其统治地位。马克思说："一个阶级是社会上占统治地位的物质力量，同时也是社会上占统治地位的精神力量。支配着物质生产资料的阶级，同时也支配着精神生产资料，因此，那些没有精神生产资料的人的思想，一般地是隶属于这个阶级的。"[1]98这说明，统治阶级往往会凭借其政治优势，极力倡导和推行代表其利益和意志的主流意识形态，压制和排斥与之相悖的思想。因此，个体价值观在形成过程中必然受主流意识形态的影响。

人既是文化的创造者，又是文化的产物，为特定的文化所造就。任何社会都是通过文化的代际传递方式进行文化延续的。文化的核心在于价值观，在文化传递过程中，个体构造着自身的价值观。也就是说，生活在特定文化背景中的个体，耳濡目染，不知不觉地接受着特定文化所承载的特定价值观。这种文化既包括本土民族的传统文化，也包括外来文化，社会会把这些文化所蕴含的价值观潜移默化地灌输给社会成员，影响其价值观的形成。本土民族的传统文化往往已内化为民族的文化心理的性格，深深融入到社会政治、经济、精神意识等各个领域，积淀为一种文化遗传基因，往往已经为社会绝大多数成员所认同，并成为一个民族的价值观的组成部分，影响着整个民族的价值评价和价值选择。当个体来到社会时，社会就通过传统文化的传承能力，把传统文化所蕴含的价值观灌输到个体的思想意识体系中，使个体的价值意识与社会的价值意识保持一致。随着计算机网络和信息技术的广泛应用，随着跨国界和跨民族交往的增多，各民族之间的文化交流明显增加，因而，现代社会中，个体都或多或少地会受到外来文化的影响，于是，外来文化所包含的价值观也成为了个体价值观形成的一个影响因素。

2. 社会环境

社会环境是指人们在公共活动场所结成的一切关系，以及在这些关系中产生出来的思想、理论、信念和氛围，等等。任何个体都是生活在一定的社会环境中，无不受社会环境的感染、熏陶，因而社会环境会影响个体价值观的形成：没有社会环境中各种事物、关系的刺激，个体就不会产生心理反映，不会有价值判断和认识。良好的社会环境，是个体价值观形成的重要条件。以学校的班集体为例来说，在一个气氛和谐、融洽的班集体中，有良好的师生关系、同学关系，有大家自愿共同遵守的活动规则，有集体舆论和集体荣誉作支柱的表扬与批评、奖励与惩罚等，每位同学会自觉接受正确的价值标准，遵守合理的价值规范，从而形成科学的价值观。

3. 同辈群体

个体价值观是在个体与同辈群体的互动中逐步形成的，因而同辈群体会影响个体价值观的形成。同辈群体由于其年龄相近，因而生理、心理状况和生活经历相似，所以比较容易相互认同、产生互动，个体与同辈群体通过广泛、深入、直接、长期的交往，容易造成价值观的相互感染、认同和强化，并都逐渐达成价值共识，最终形成共同或相似的价值观。

在个体价值观形成过程中，随着个体年龄的增长，父母对其价值观形成的影响在不断减少，而同辈群体的影响在逐渐增强。在中学之前受父母影响大，中学后父母影响慢慢减少，进入大学或社会后，父母的影响更少；与之相对，同辈群体则起着更大的作用。

参考文献：
[1] 马克思恩格斯选集：第1卷 [M]．北京：人民出版社，1995．

二、思想政治教育理论研究

马克思主义理论学科建设的发展与启示
——以中南大学为例

贺才乐

（中南大学马克思主义学院，湖南长沙，410083）

摘　要：1984年思想政治教育专业宣告诞生，标志着马克思主义理论学科建设的正式开始。马克思主义理论学科的建设发展大体经历了四个阶段，即初创阶段、分进阶段、融合发展阶段和全面提升阶段。中南大学马克思主义理论学科建设也经历了一个主体探索、学科融合、繁荣发展的过程，并在思想政治教育理论与方法、大学生心理健康教育与思想政治教育心理学、网络德育与大学生网络思想政治教育等方面形成了自己的特色。在马克思主义理论学科发展过程中出现了许多诸如学科意识不强、学科队伍不稳等亟待解决的问题，必须予以高度重视，实现学科发展模式由量的扩张到质的提升的转变。

关键词：学科建设；思想政治教育；马克思主义理论；特色性；专业性

作者简介：贺才乐，男，湖北人，博士，中南大学马克思主义学院教授，硕士生导师，主要从事思想政治教育理论与方法、大学德育研究。

一、马克思主义理论学科建设的历史发展

所谓学科，即"学术的分类"，是指"一定科学领域或一门科学的分支"，[1]包括该领域特有的概念范畴、本质规律、理论方法等。马克思主义理论学科，就是"由马克思主义基本原理和方法构成的知识体系和理论体系"；马克思主义理论学科建设，就是"对马克思主义学科整体以及哲学、政治经济学和科学社会主义等分学科，特别是对中国化马克思主义学科进行完整准确的研究和把握"。[2]马克思主义理论学科的建设和发展是与思想政治教育专业的发展，以及高校思想政治理论课的建设密切相关的。其发展大体可分为以下四个阶段。

1. 思想政治教育专业初创阶段（1978—1984年）

思想政治教育专业的设立是改革开放时代的产物。从1978年起，我国进入了改革开放的新时期，一场始于军队的关于思想政治工作科学化，建立一门思想政治工作

新学科的讨论也在全国范围展开，这是思想政治教育专业设立的时代背景。1978年5月，叶剑英在全军政治工作会议上首次提出了毛泽东"关于革命军队政治工作的学说"的概念。1980年4月，时任解放军总政治部主任的韦国清特别强调，"政治工作也是一门科学，有其专门的知识"[3]；5月至6月，原第一机械工业部和全国机械工会联合召开思想政治工作座谈会，明确提出要建成一门"思想政治工作学"；8月，严求实系统论证了思想政治工作为什么是一门科学，认为"无产阶级思想政治工作作为一门科学，它的研究对象是人们的思想政治状况及其形成变化规律"[4]；9月，钱学森还亲自专门撰文参与讨论，认为"思想政治的科学可以称为马克思主义德育学。……我们一定要早日建立这门德育学"[5]。这些讨论，为思想政治教育专业的最终设立奠定了坚实的思想基础。1983年是思想政治教育专业的具体筹建之年。1983年7月，中共中央批转下发《国营企业职工政治工作纲要（试行）》的通知，明确指示现有的全国综合性大学、文科院校，各部、委、总局所属的大专院校，有条件的都要增设政治工作专业或政治工作干部进修班，以努力造就一大批思想政治工作能手和精通思想政治工作的专家。1984年，教育部连续发出三个文件，在部分高校设置思想政治教育专业，开办四年制本科班（从读完大一的83级中招生）、两年制第二学士学位班、两年制大专起点本科班。4月，清华大学、南开大学、复旦大学、武汉大学、上海交通大学、北京钢铁学院、大连工学院、中南矿冶学院，以及西南、东北、陕西、华东、华中师范大学等13所高校，首批招收思想政治教育本科生；6月，清华大学、北京钢铁学院、浙江大学、北京师范学院、西安交通大学、大连工学院等6所高校开始招收思想政治教育专业第二学士学位生。随着首批思想政治教育本科生和第二学士学位生的入学，思想政治教育专业宣告诞生，标志着马克思主义理论学科建设的正式开始。

2. 思想政治教育与马克思主义理论教育分进阶段（1985—1995年）

思想政治教育专业正式诞生后，思想政治教育学科、马克思主义理论教育学科分别得到了长足的发展，并与高校"两课"的教学改革相契合。为了保证社会主义大学的性质，从新中国成立时起，就在高校一直开设思想政治理论课。随着1985年8月《关于改革学校思想品德和政治理论课程教学的通知》颁布，"85方案"开始正式实施。该教改方案将原先的"中共党史"、"哲学"、"政治经济学"、"科学社会主义"的"旧四门"马列主义理论课，变为"中国革命史"、"马克思主义原理"、"中国社会主义建设"、"世界政治经济与国际关系"的"新四门"政治理论课；同时增开思想品德课，包括"形势与政策"、"法律基础"、"大学生思想修养"、"人生哲理"等，前两门为必修课，其他为选修课。后来，"大学生思想修养"、"人生哲理"合并为"思想道德修养"，成为一门必修课。1987年5月，中共中央发出《关于改进和加强高等学校思想政治工作的决定》，指示有关院校要认真办好思想政治教育专业，并创造条件培养硕士和博士研究生。为此，国务院学位委员会修订了硕士、博士研究生专业目录，在法学门类政治学一级学科下增设思想政治教育专业，在军事学一级学科中增设军队政治工作学专业。同年9月,国家教委印发了《关于思想政治教育专业培养硕士研究生实施意见》,决定从1988年开始培养思想政治教育专业硕士研究生。1988年9月,全国有清华大学、中国人民大学、南开大学、复旦大学、武汉大学、上海交通大学、北京科技大学、大连理工大学、东北师范大学、华中师范大学等10所高校,获准首批招收思想政治教育专业硕士研究生。到1989年,开设思想政治教育专业的高校已发展到36所。1990年,国务院学科评议组正式通过相关学校的硕士学位授予权。短短几年,思想政治教育专业已由本科进入硕士研究生培养阶段,开辟了培养思想政治工作高级专门人才的新途径。马克思主义理论教育虽然没有开设本科专业,但从总体上来看,研究生教育比思想政治教育专业要早。1987年,中国人民大学、北京大学、清华大学、上海交通大学、哈尔滨工业大学等高校开始试办马克思主义原理、中国革命史、中国社会主义建设研究生班,主要以高校"两课"教师为对象。1988年,马克思主义理论教育学科也被授权招收硕士研究生。从1991年起,中国人民大学的许征帆先生已开始挂靠科学社会主义学科招收马克思主义原理的博士生。这是中国第一个马克思主义理论教育的博士研究方向。1995年,思想政治教育专业酝酿申报博士点,国务院学位办委托许征帆、张静如等先生,对思想政治教育专业的教学、科研和硕士研究生的培养情况进行调研,认为思想政治教育专业经过10年的建设已有很好的基础,取得了长足的发展,但存在着理论性不强和本科、二学位与硕士生专业层次不够清晰的问题,建议与马克思主义理论教育合并,发挥综合优势,共同建设博士点。

3. 马克思主义理论教育与思想政治教育融合发展阶段（1996—2005年）

1996年,中国人民大学、武汉大学（与中山大学、华中师范大学合作）、清华大学（与首都师范大学、北京科技大学合作）设立首批马克思主义理论与思想政治教育专业博士点。思想政治教育专业由本科、硕士研究生、博士研究生组成的完整学位体系基本形成。1997年6月,思想政治教育专业与马克思主义理论教育专业合并,在法学门类政治学一级学科下出现了马克思主义理论与思想政治教育专业,同时被正式授权开始招收马克思主义理论与思想政治教育专业博士研究生。于是,在法学门类政治学一级学科中,有了马克思主义理论与思想政治教育专业及其相应的硕士点、博士点。1998年,高校"两课"（思想品德课、政治理论课）作出重大调整。高校政治理论课由原先的四门改为后来的五门,即"毛泽东思想概论"、"马克思主义哲学基本原理"、"马克思主义政治经济原理"、"邓小平理论概论"、"当代世界经济与政治";思想品德课也调整为三门,即"思想道德修养"、"法律基础"、"形势与政策"。同年,教育部在颁布新的本科专业目录时,将师范类政治教育与非师范类的思想政治教育合并,专业名称统一为思想政治教育,可同时设置师范类、非师范类等两个专业方向。2002年,中国人民大学、武汉大学、中山大学三个马克思主义理论与思想政治教育学科点被评为国家级重点学科,标志着马克思主义理论教育与思想政治教育进入了融合发展的新时期。2004年4月,马克思主义理论研究和建设工程正式启动，为以后建立马克思主义理论新一级学科及所属二级学科奠定了政策基础。随着马克思主义理论与思想政治教育学科建设的深入发展，以及马克思主义理论发展和社会现实的需要，设立马克思主义理论一级学科成为党中央、国务院和学术界的共识。为了落实于2004年颁行的《中共中央关于进一步繁荣发展哲学社会科学的意见》，以及《中共中央、国务院关于进一步加强和改进大学生思想政治教育的意见》的精神，2005年2月中央宣传部、教育部印发了《关于进一步加强和改进高等院校思想政治理论课的意见》，明确提出要设立马克思主义理论一级学科。这就是高校思想政治理论课教学改革的所谓"05方案"。按照该方案，四年制本科须开设"马克思主义基本原理概论"、"毛泽东思想、邓小平理论和'三个代表'重要思想概论"（2008年起改为"毛泽东思想和中国特色社会主义理论体系概论"）、"中国近现代史纲要"、"思想道德修养与法律基础"四门必修课。思想政治理论课的教学改革也推动了学科建设发展。至2005年以前，共有28所高校可招收马克思主义理论与思想政治教育专业博士生。1996—2005年，马克思主义理论与思想政治教育专业博士点经过五次评审，共有马克思主义理论与思想政治教育专业硕士学位授予权单位近200家，二级学科博士学位授予权单位46家。马克思主义理论与思想政治教育专业融合发展初见成效，研究生教育取得丰硕成果并具有较强的社会认同。

4. 马克思主义理论学科全面提升阶段（2006年至今）

建设马克思主义理论学科，直接目的就是培养高校思想政治理论课教学师资和学术发展平台。2005年12月底，国务院学位委员会、教育部发布《关于调整增设马克思主义理论一级学科及所属二级学科的通知》（学位〔2005〕64号文件），决定在法学门类下增设马克思主义理论一级学科及所属5个二级学科，即马克思主义基本原理、马克思主义发展史、马克思主义中国化研究、国外马克思主义研究、思想政治教育。这样，原政治学一级学科下的马克思主义理论与思想政治教育二级学科调整到马克思主义理论一级学科下，分别归入马克思主义基本原理和思想政治教育二级学科。从此，思想政治教育专业名称在本科、硕士、博士三个层次上取得一致，成为新的马克思主义理论一级学科中的一个独立二级学科，标志着思想政治教育学科建设也从此进入了新的发展阶段。2007年8月，北京大学、清华大学、中国人民大学、武汉大学、中山大学、复旦大学等18所高校首次获批博士后流动站。同年，教育部还在全国设立了21家高校辅导员培训和研修基地。2008年4月，马克思主义理论一级学科又新增了一个中国近现代史基本问题研究二级学科。其中，马克思主义基本原理、马克思主义中国化研究、中国近现代史基本问题研究、思想政治教育等二级学科，分别对应着"马克思主义基本原理概论"、"毛泽东思想和中国特色社会主义理论概论"、"中国近现代史纲要"、"思想道德建设修养与法律基础"等四门课程内容。至此，思想政治教育学科的研究对象和领域、指导思想和研究方法相对稳定下来，大量研究成果不断涌现，马克思主义理论学科进入全面提升阶段。

马克思主义理论学科自设立起，学科建设开始越来越向深度化、规范化、精细化方向发展，致力于全面提升培养质量和社会影响力。为了马克思主义学科建设的规范发展，首先是在教材体系建设上不断加大力度。以思想政治教育专业教材的编写为例，在学科设立初期，教育部曾组编了第一套统编本科教材；以此为基础，20世纪90年代又组编了第二套统编教材共12本，如《马克思主义思想政治教育理论基础》、《马克思主义思想政治教育著作导读》、《思想政治教育学原理》、《思想政治教育方法论》、《中国共产党思想政治工作史论》、《思想政治教育案例分析》、《比较思想政治教育学》、《政治观教育通论》、《人生观通论》、《道德观通论》、《唯物史观通论》、《现代西方意识形态导论》等；目前，第三套更为成熟的统编教材正在陆续地出版使用之中，如《思想政治教育学原理》（第二版）、《思想政治教育方法论》（修订版）等均已出版。在研究生层次，国务院学位委员会课题组还确定了10门核心课程，即"马克思主义基本原理研究"、"马克思主义经典著作选读"、"马克思主义发展史"、"当代社会思潮研究"、"当代国外马克思主义研究"、"马克思主义与当代社会发展研究"、"中国化的马克思主义理论研究"、"中国特色社会主义理论与实践"、"思想政治教育的理论与方法"、"比较思想道德教育研究"。其次是统一培养目标、课程设置等方案的标准。目前，教育部委托武汉大学已基本完成了思想政治教育本科专业培养方案统一标准的制定，将在全国各相关高校推广施行。国务院学位委员会还组织专家通过充分论证，统一编写和发布了马克思主义理论一级学科博士、硕士学位的基本要求，进一步规范了马克思主义理论学科研究生层次的培养标准。除了规范课程，部分重点高校还自发地协同建设学科专业。如全国重点高校思想政治教育本科专业以协同建设研讨会的方式，制定规范的培养方案和标准，探讨研究生相互推免、师生校际交流等方面实现协同创新。2013年8月在兰州大学，2014年5月在南开大学，2015年4月在中南大学，已召开了三届全国重点高校思想政治教育本科专业协同建设研讨会。第四届协同建设研讨会将于2016年在武汉大学召开。自2006年起，一年一次的全国高校马克思主义理论学科博导论坛，也在很大程度上有利于统一马克思主义理论学科研究生的培养规范。思想政治教育专业成立30年来，思想政治教育人才培养的规格、层次、目标等都得到不断完善和拓展。2014年，全国思想政治教育专业学科已有本科办学点233个、硕士点321个、博士点75个[6]，学科领域涵盖了学士、第二学士、硕士、博士、博士后等各学历层次。

二、中南大学马克思主义理论学科建设的过程与特色

1. 中南大学马克思主义理论学科建设概况

中南大学是教育部直属全国重点大学、国家"211工程"首批重点建设、"985工程"部省重点共建和"2011计划"首批牵头高校，于2000年4月由原湖南医科大学、长沙铁道学院、中南工业大学合并组建而成。中南大学马克思主义学院成立于2009年6月，其前身是2002年5月由原中南工业大学文法学院、湖南医科大学社会

科学部、长沙铁道学院社会科学系合并组建而成的中南大学政治学与行政管理学院。马克思主义学院现有含马克思主义理论在内的三个一级学科；两个博士点，即马克思主义基本原理、思想政治教育；一个一级学科博士后流动站，即马克思主义理论博士后流动站；含马克思主义基本原理、马克思主义中国化、思想政治教育等在内的20个硕士点；一个高校教师专业硕士学位点，即思想政治教育；一个本科专业，即思想政治教育。此外，学院还拥有一个省级重点学科（马克思主义基本原理）、一个省级特色专业（思想政治教育）和七个省部级研究基地（湖南省网络德育研究基地、湖南省中国特色社会主义理论体系研究基地、湖南省思想政治工作研究基地、湖南省湘学研究院、湖南省美国问题研究中心、教育部大学生文化素质教育基地、教育部辅导员培训基地等）；有国家级精品课程一门（即"大学生心理健康教育"）、省级研究生精品课程一门（即"科学社会主义"），以及校级精品课程四门。

2. 中南大学马克思主义理论学科建设的发展过程

中南大学马克思主义理论学科建设的发展步伐大体上与全国马克思主义理论学科保持一致。马克思主义理论学科建设主要分为三个发展阶段：

（1）思想政治教育主体探索发展阶段（1984—2000年）。马克思主义理论学科建设始于1984年教育部首批设置的思想政治教育本科专业。当时的中南矿冶学院非常有幸地成为全国首批开设思想政治教育本科专业的13所高校之一，所在的社科系也成为以后中南大学人文社会科学院系的基础。第一届思想政治教育专业本科只招收两个小班，共计57人。1985年7月，中南矿业学院更名为中南工业大学。1997年，中南工业大学在湖南省率先获得马克思主义理论与思想政治教育硕士学位授予权，使学科建设上了一个新台阶。1998年，中南工业大学与毗邻的原长沙工业高等专科学校合并，组建成为新的隶属于教育部直管的中南工业大学，思想政治教育专业教师队伍得到初步壮大。2000年4月，原湖南医科大学、长沙铁道学院、中南工业大学合并组建新的中南大学，成为一所名副其实的综合性大学。这个阶段的学科发展，主要是办好思想政治教育本科专业，人员也是以原中南工业大学的师资为主体。

（2）马克思主义理论与思想政治教育学科融合发展阶段（2001—2005年）。合并组建而成的中南大学，面临着人、财、物等的逐渐调整、磨合和统一。2002年5月，原中南工业大学文法学院、湖南医科大学社会科学部、长沙铁道学院社会科学系合并，组建成新的中南大学政治学与行政管理学院。这就意味着马克思主义理论与思想政治教育学科队伍面临史上最大一次调整，学科建设和发展所需的师资队伍基本形成。在队伍整合过程中，学科建设也得到飞跃的发展，取得了一些有利于学科建设和发展的新平台，如湖南省网络德育基地（2002年6月）、教育部大学生文化素质教育基地（2003年4月）、湖南省中国特色社会主义理论体系研究基地（2005年12月）等。这些基地的获批和建设，为后来的学科建设繁荣发展奠定了基础。特别是2005年获得马克思主义基本原理、思想政治教育博士学位授予权，标志着我校思想政治教育专业从本科、硕士到博士，业已形成完整的学位层次体系。

(3) 马克思主义理论学科繁荣发展阶段（2006年至今）。马克思主义理论一级学科及其所属二级学科的设立，为中南大学马克思主义理论学科繁荣发展提供了机遇。2006年8月，马克思主义基本原理成为湖南省重点学科。2008年5月，思想政治教育成为湖南省普通高等院校首批特色专业。2009年6月中南大学成立马克思主义学院，同年获批的"大学生心理健康教育"国家精品课程和马克思主义理论一级学科博士后流动站，成为献给独立建院的两件大礼。2011年12月，马克思主义理论成为湖南省重点学科。2014年10月，思想政治教育微格实验室正式获批建设。2006年以来，已新增了四个省部级研究基地，如教育部思想政治教育辅导员培训基地（2007年）、湖南省思想政治工作研究基地（2009年9月）、湖南省湘学研究院（2012年4月）、湖南省美国问题研究中心（2014年7月）等，使学科建设有了更多、更好的发展平台。马克思主义理论一级学科设立以来，中南大学参加了两次由教育部学位委员会组织的学科评估，虽然和兄弟院校相比还有较大差距，但也取得了不俗的成绩。如2009年1月，据教育部学位与研究生教育发展中心公布的第二轮学科评估结果，该一级学科在69所高校的同类学科中排名第14位；2013年1月，在教育部学位中心公布的全国高校2012年度三轮学科评估排名中，全国参评高校共计121所，中南大学马克思主义理论学科整体水平76分，按得分排名居第7位，按学校排名居第17位。

3. 中南大学马克思主义理论学科建设的特色

中南大学马克思主义理论学科自1984年开办本科教育以来，经过30年的发展，基本形成了以下三个特色研究方向：

（1）思想政治教育理论与方法等基本理论研究。现代思想政治教育原理与方法是思想政治教育二级学科的一个研究方向，它以马克思主义为理论基础，以提高人的思想道德素质为宗旨，着力研究新时期人们的社会主义、共产主义思想意识形成、发展规律和实施思想政治教育的规律。一是思想政治教育基本理论研究，主要研究新时期思想政治教育的新背景、新形势、新规律和新方法，致力探索思想政治教育基本原理与方法理论的与时俱进。主要成果包括刘新庚教授参编的《思想政治教育方法论》和专著《现代思想政治教育方法论》、贺才乐教授的专著《思想政治教育载体研究》、刘伟副教授的专著《交往实践思想政治教育研究》、曹清燕副教授的专著《思想政治教育目的研究——基于马克思主义人学的视角》、郭鹏飞博士的专著《意识形态价值论》等。二是思想政治教育史研究。主要成果包括曾长秋教授参编的《中国共产党思想政治教育史论》和专著《中国德育通史简编》等。

（2）大学生心理健康教育与思想政治教育心理学研究。一是大学生心理健康教育。中南大学开设心理健康教育课历史悠久，一直走在全国高校的前列。早在1985年以前，在原湖南医科大学的社会科学部与精神卫生系就共同开设了"大学生心理健康教育专题讲座"，后来演变为"大学生心理健康教育"人文素质选修课。从2002年起，该课作为公共必修课被纳入本科"思想道德修养"的教学计划，2006年正式单列出来独立开设，2009年胡凯教授领衔担纲的"大学生心理健康教育"课程被评为国家级精品课程。主要成果还包括徐建军教授承担的教育部重点课题"大学生心理健康教育理论与实践体系建构研究"获湖南省优秀成果二等奖，胡凯教授的《大学生心理健康教育》、《大学生发展型团体心理辅导》等教材、专著，以及叶湘虹副教授的专著《大学生心理健康指导》等。二是课外心理咨询。目前，中南大学在所属四个校区都开有心理咨询中心。通过开展心理咨询，对心理障碍进行矫正，对失衡心理重新塑造，研究性格形成与性格障碍，以及攻击、冒险、自杀等变态行为，预防犯罪，达到普及心理科学知识、增强思想行为的有效控制、提高人们对心理卫生意义的认识、促进社会稳定的目的。丰富多彩的心理咨询活动受到学生的普遍欢迎，并已取得良好的社会效果。三是思想政治教育心理学。该研究着重研究个体心理发展、认知心理、情绪情感心理、意志行为与现代思想政治教育，群体心理特征功能、群体人际互动、集群行为与现代思想政治教育，网络心理需求、网络认知与现代思想政治教育，旨在通过现代思想政治教育心理方面的有关问题进行深入的探讨，促进思想政治教育现代化，提高思想政治教育的实效性。该研究方向所取得的标志性成果是胡凯教授的专著《思想政治教育心理学》。此外，经多年建设，我校的"中国高校心理在线"、"中国大中学生心理健康教育在线"等网站都颇具社会影响。由于我校心理健康教育成绩突出，被《人民日报》、《光明日报》、《中国教育报》广泛报道，并受到团中央和教育部的高度重视。

（3）网络德育与大学生网络思想政治教育。一是网络德育理论研究。我校的网络德育研究起步较早。所谓网络德育，是指发挥网络传媒优势，对网民进行的政治、道德、法制和人文教育。它既是思想政治教育基础理论的重大创新，也是向应用领域的进一步拓展。主要成果是曾长秋教授的专著《网络德育学》。二是高校网络道德体系建设研究。这是网络德育的应用研究。主要成果包括徐建军教授主持的《创建高校网络德育系统的理论与实践》荣获国家优秀教学成果二等奖，发表了《把握舆论引导清朗网络空间》（《经济日报》理论版）等高水平论文，以及曾长秋教授的专著《青少年上网与网络文明建设》等。网络德育被中央宣传部、教育部、共青团中央、湖南省委分别发文给予推介，其经验多次在全国高校思政会和党建会上介绍，被中央电视台、新华社电讯、《人民日报》、《光明日报》等多次报道，引起了党和国家领导人的高度重视，批示要求在全国高校推广中南大学网络德育的经验。三是网络思想政治教育学研究。主要成果是徐建军教授的专著《大学生网络思想政治教育理论与方法》等。总之，中南大学马克思主义理论学科的研究方向较为鲜明，学术成果较为丰硕，这为以后学科建设取得更大成就积累了宝贵经验。

三、马克思主义理论学科建设的问题与启示

1. 马克思主义理论学科建设的主要问题

第一，学科意识不强，学科队伍不稳。思想政治教育专业虽然已有 30 多年的发

展历史，但最早从事该专业教研工作的都是从其他专业转行来的。大部分教师尚能安心自己的本质工作，但确有部分教师专业思想不牢，名义上从事这一专业，实际上却始终游离于学科之外，"种了别人的田，荒了自己的地"，类似"借船出海"的问题有时还比较严重。在马克思主义理论各二级学科队伍中，也存在着人员复杂、耐心不够、功底不深、队伍不稳、科研实力不强等问题。部分学位点教师在指导学生学位论文选题时，对于明显不符合专业要求和特点的选题也不予制止纠正，反而放任自流。这种现象在学科的本科、硕士、博士各层次学位论文中时有发生。学位论文水平是评判学生培养质量的一个重要标准，由于师资队伍专业思想不稳定，学科意识不自觉，必将导致学科缺乏凝聚力、吸引力和生命力等灾难性后果。

第二，学科带头人和中青年人才缺乏，学科梯队面临出现断层。学科建设关键是人的因素，人才队伍的培养是学科建设的核心。马克思主义理论学科队伍从总体上看，存在着年龄偏大、专业化程度不高等问题，部分导师科研能力不强，项目经费不足，能为学术界特别是其他学科认可的专家学者稀少，马克思主义理论学科的话语权尚未形成优势，在关键时候缺位或失语，队伍的整体综合素质与学科建设发展的要求还有较大差距。目前，打造一支高素质的学术骨干梯队，特别是年轻有为的学科接班人队伍，已成为马克思主义理论学科建设实现可持续发展的关键。为改变这种人才青黄不接、后继乏人、梯队出现断层、高水平学术人才匮乏的现状，各学科点要立足长远，勇于担当培养年轻骨干队伍的历史责任，充分发挥老一辈在队伍建设中的带头和示范作用，乐于奉献，甘当人梯，切实做好对年轻人的"传、帮、带"工作，力使一大批学术后备人才茁壮成长。

第三，学科发展不平衡，学科建设不规范，人才培养质量有待提高。总体上，马克思主义理论学科的发展是很不平衡的。一是专业层次发展不平衡。以思想政治教育专业为例，本科发展与硕士点和博士点发展不能协调衔接，硕士点反而比本科点还要多。二是学科方向发展不平衡。从马克思主义理论各二级学科博士点的发展来看，思想政治教育二级学科博士点最多，马克思主义基本原理其次，马克思主义发展史和国外马克思主义较少，只有中国社会科学院、安徽大学、黑龙江大学等少数院校开设。三是地区发展不平衡。从马克思主义理论一级学科博士点来看，华北和华东地区较多，西南地区最少；从马克思主义理论二级学科博士点来看，华北、华中和华东地区较多，华南地区较少。这种不平衡现象也是由历史的原因造成的。与最贴近的相关学科（如马克思主义哲学、政治经济学、科学社会主义与国际共产主义运动、中共党史党建等）相比，马克思主义理论学科的发展速度是相当快的。由于学科发展太快，部分学科点的建设质量亟待提升。一是不同专业、不同学校之间人才培养目标定位不清，学科建设的规范标准各不相同。本科专业与硕士点和博士点依托单位分离，思想政治教育学科与马克思主义理论学科分离，人才培养单位与思想政治理论课教学机构分离。如现有高校的思想政治教育本科专业，73.8%设在非马克思主义理论教研单位[6]；有的院校思想政治教育博士点还分属于不同院系，依托于不同学科建设，设置不同的招生指标和研究方向。二是在课程设置上，不同高校不仅本科专业的课程内容各不相同，而且硕士和博士课程差异更为明显。"因人设课"，课程设置随意性、重复性、低水准和弱专业的现象比较严重。三是学生生源参差不齐，基础知识积淀不深，跨专业读研的学生尤其如此。因此，亟待改革招录方式和政策。

第四，基础理论研究不足，问题意识不强，缺乏高水平的研究成果和广泛的社会影响力。在过去的学科研究中，学科基础理论研究一度未被重视，对学科的一些元理论和元问题认识不清，缺乏问题意识，研究成果对基础理论问题和重大社会问题的关注度不高，跟踪理论前沿和实践前沿不够，缺乏高水平、高显示度的科学研究成果，特别是专业服务于社会的意识和能力都较薄弱，学科的社会影响力亟待提升。

2. 马克思主义理论学科建设的启示

首先，增强阵地意识，明确马克思主义理论学科的基础和领航地位。马克思主义理论学科的迅猛发展，主要得益于中央的高度重视和政策支持，与马克思主义理论研究和建设工程、高校思想政治理论课改革、振兴老工业基地和西部大开发等都是密不可分的。这是学科形成和发展的思想前提。马克思主义理论是我国哲学社会科学中的基础学科，又是引航的学科，是关系党和国家前途命运的生命工程学科。马克思主义理论研究关乎立党立国的根本指导思想、社会主义意识形态的旗帜、社会主义核心价值体系的灵魂和实现中华民族伟大复兴的内在动力。将学科建设上升到马克思主义理论研究和建设工程的层面，提升到国家意识形态安全的高度，必将导致马克思主义理论学科更加全面发展。因此，我们必须以高度的政治意识、大局意识和责任意识，进一步明确马克思主义理论学科的科学定位，力使学科建设继续走向辉煌。

其次，加大学术队伍建设力度，打造高水平的学科梯队。培养学科专门人才是学科建设的重要目标，人才培养以中青年骨干和学术带头人为重点。建设一支"政治强、业务精、作风正、素质高、结构优"的学术队伍，是马克思主义理论学科建设的关键。马克思主义理论学科建设须靠三支队伍共同发力，既要有一批学贯东西、在国内外具有广泛影响的马克思主义理论大家和学科建设战略家队伍，又要有一批高素质、高学历、理论功底深、科研能力强的学科带头人和教学名师队伍，还要有大量具有较高素质、有志于从事马克思主义理论研究的中青年理论骨干和后备人才队伍。同时，我们要注意强化三支队伍的队伍意识和团队合作精神，不断提高学术团队的整体素质。2014年，教育部思政司启动实施了"思想政治教育中青年杰出人才支持计划"，就是一个很好的人才培养的尝试和举措。

再次，增强学科专业意识和社会服务意识，凝练学科研究方向，扩大学科的社会影响力。加强学科的基础理论研究，是马克思主义理论学科发展的基础工程和重点工程。从事和发展马克思主义理论研究，必须强调认真研读马克思主义经典著作，打牢马克思主义理论的学科专业基础，马克思主义理论建设的一切工作都要围绕该学科专业展开，各个具体的研究方向理应自觉地坚守该学科专业，属于该学科专业的研究范围。加强马克思主义理论学科的科学研究，还要立足中国实际，立足研究并解决中国现实的社会问题，以提升马克思主义理论学科学术的社会影响力。学科研究既要重视马克思主义基础理论研究，又要重视重大社会问题的研究，要与党在现阶段新历史任务相适应，服务于中国特色社会主义建设实践，凸显当代中国重大现实问题和人民群众迫切关心问题的研究。因此，马克思主义理论学科建设必须具有社会服务意识，要时刻关注社会需求，具有用马克思主义理论解释实际问题的能力，要坚持正面发声，关键时候要敢于亮剑。总之，要将马克思主义理论学科建设与满足社会需求紧密结合起来，使学科建设适应于我国社会经济文化的发展。为高校思想政治理论课服务，这是推进马克思主义理论学科建设发展的强大动力，也是马克思主义理论学科服务社会的具体表现。建设马克思主义理论学科，必须正确处理马克思主义理论学科与高校思想政治理论课之间的关系。马克思主义理论学科与思想政治理论课是相互推进、协同发展的。一方面，马克思主义理论学科能为高校思想政治理论课提供学理支撑和人才保障。马克思主义理论一级学科的设立就是中央在调研思想政治理论课教育教学的基础上做出的重大决策，马克思主义理论学科的每一次飞跃发展，也无不与思想政治理论课教学改革密切相关。马克思主义理论学科建设要将高校思想政治理论课建设纳入其中并摆到重要位置。另一方面，思想政治理论课既是马克思主义理论学科建设的重要内容，也是实现其功能和目标的主要平台。高校思想政治理论课也要按照马克思主义一级学科的要求进行建设，配合实现其功能和目标，不断地提高思想政治理论课的知识含量和学术品位，从学科体系、课程体系、教材体系、教学体系等方面，全面探索高校思想政治理论课教育教学的实现规律和大学生高素质人才的培养规律。

最后，综合多种教育资源，走特色发展、内涵发展之路。一是要正确处理好马克思主义理论学科的各种关系，明确学科边界，凸显学科特色，走特色发展之路。一方面，要处理好马克思主义理论一级学科内部各二级学科之间的关系。马克思主义理论一级学科之下的六个二级学科在内容上是各有侧重的。其中，马克思主义基本原理是核心和基础学科，为其他学科发展提供世界观和方法论意义的指导。另一方面，要处理好马克思主义理论学科和其他相邻学科之间的关系，包括与中共党史党建、政治学、马克思主义哲学、政治经济学、科学社会主义等之间的关系。既要把握各学科之间的相互联系、交叉和渗透，又要把握它们之间的区别和差异，特别是要注意把握清楚学科边界，凸显学科特色。此外，还要正确处理好专业规范标准和人才培养特色之间的关系。在坚守学科边界、专业标准的基础上，要根据本地区经济社会发展水平、本单位学科基础和学者自身状况，形成各自不同的特色研究方向。当前，特别是要探索建立思想政治教育专业建设的协同发展机制，充分利用人、财、物多种教育资源，最大限度地实现学科建设又好又快发展。二是学科建设必须实现由量的扩张到质的提升，注重专业建设的标准和规范，走内涵式发展道路。思想政治教育专业设立30年来，已成为国内硕士点和博士点最多的学科，呈现出超常规发展态势。全国马克思主义理论学科发展已经达到一定规模，实现学科发展模式由量的扩张到质的提升的转变，保证马克思主义理论建设的质量和规范，已经被提到议事日程。其一，建立学科点的准入和推出机制，克服重批点申报轻过程管理的倾向。要保持学科发展的适度规模，重视发展本科教育，整顿研究生教育，强化学科的标准和规范，加强学科建设的评估、督导和管理，根据"以评促建、以评促改、以评促管、评建结合、重在建设"的方针，建立马克思主义理论学科评估指标体系并定期评估整治。特别是要有清晰的人才培养目标定位，本科、硕士、博士各层次目标要界限明晰，鼓励高层次、高水平大学开办思想政治教育本科专业，提高现有本科院校的专业水平，进一步夯实学科基础，确保本科、硕士、博士分层次得到均衡发展。其二是规范课程建设，提高教学质量。要制定相对统一的本科生、硕士生、博士生培养方案和教学计划。学科本科、硕士、博士各层次人才培养应确定大体一致的核心课程或基础课程，编著、出版和使用统一的教材，教材中和课堂上要尽量吸收理论研究和实践研究的最新成果，确保教学内容的专业性和前沿性。如思想政治教育专业培养方案和教学计划的制定，就要特别注意开设一些思想政治教育专业的必修课，反映和体现本专业的特色，以区别于其他专业和学科，进一步打牢专业基础。其三，规范学位论文设计与写作，明确学位论文选题的基本内容和大体范围，建立本科生、研究生毕业论文上网归档抽检制度。我们相信，在马克思主义理论学科建设中，只要有强烈的责任感、事业心和敬业精神，认准一点，矢志不愈，持之以恒，必见成效。

参考文献：

[1] 夏征农，陈至立. 辞海［M］. 6版缩印本. 上海：上海辞书出版社，2010：2163.
[2] 顾海良. 打牢马克思主义学科建设的根基 发展21世纪中国的马克思主义［J］. 求是，2015（8）.
[3] 韦国清. 抓好党的建设加强政治工作［N］. 人民日报，1980 - 05 - 09.
[4] 严求实. 思想政治工作是一门科学［N］. 光明日报，1980 - 08 - 11.
[5] 钱学森. 从社会科学到社会技术［N］. 文汇报，1980 - 09 - 29.
[6] 佘双好，邢鹏飞. 关于思想政治教育专业建设和人才培养的综合研究［J］. 思想政治教育研究，2014（12）.

论中国特色社会主义理论自信的三个逻辑视角

张国启

(哈尔滨师范大学政治与行政学院,黑龙江哈尔滨,150025)

摘　要：中国特色社会主义理论自信的学理逻辑问题,是关系到中国特色社会主义的逻辑性、科学性、实践性的基本问题,它贯穿于人民群众对中国特色社会主义的认知、认同乃至信仰、践行的全过程。在当代中国,揭示中国特色社会主义理论自信的学理逻辑,必须用马克思主义的立场、观点、方法科学阐释中国特色社会主义的话语逻辑、历史逻辑和发展逻辑。其中,话语逻辑主要关注中国特色社会主义产生与发展过程中的基本概念、范畴、术语及其宣传和普及问题,历史逻辑主要阐释中国特色社会主义形成与发展的历史必然性和现实必要性,发展逻辑则揭示中国特色社会主义理论自信产生的本质联系和发展规律,蕴含着理论自信产生的基本流程。中国特色社会主义理论自信的学理逻辑研究,正是通过话语逻辑、历史逻辑与发展逻辑的维度,总结中国特色社会主义形成与发展的历史经验和教训,科学建构中国特色社会主义的要素结构与理论体系,并在探究社会未来发展规律中不断增强中国特色社会主义的理论自信。

关键词：理论自信；逻辑自洽；理想意图

作者简介：张国启,哈尔滨师范大学政治与行政学院教授,硕士生导师,教育部高校辅导员培训和研修基地(哈尔滨师范大学)副主任。

基金项目：国家社科基金项目"网络舆论工作格局中意识形态话语权研究"(14BKS110)、教育部人文社科基金项目"马克思的意识形态自洽性理论及当代价值研究"(12YJC710083)阶段性成果。

中国特色社会主义理论自信的学理逻辑问题,是关系到中国特色社会主义的逻辑性、科学性、实践性的基本问题,它贯穿于人民群众对中国特色社会主义的认知、认同乃至信仰、践行的全过程。《中共中央关于全面深化改革若干重大问题的决定》中明确指出："面对新形势新任务,全面建成小康社会,进而建成富强民主文明和谐的社会主义现代化国家、实现中华民族伟大复兴的中国梦,必须在新的历史起点上全面深化改革,不断增强中国特色社会主义道路自信、理论自信、制度自信。"[1]这一阐述既强调了增强中国特色社会主义理论自信的极端重要性,也为广大理论工作者系统开展中国特色社会主义的理论自信研究指明了方向。在当代中国,必须用马克思主义的立场、观点、方法深刻阐释中国特色社会主义的话语逻辑、历史逻辑和发展逻辑,才能真正揭示中国特色社会主义理论自信的学理逻辑,才能引领越来越多的人对中国特色社会主义充满理论自信,从而更好地在理论探究与社会实践中真正高举中国特色社会主义的伟大旗帜。

一、中国特色社会主义理论自信的话语逻辑

厘清理论自信的话语逻辑，是开展理论自信学理研究的基本前提。一般而言，理论自信主要指"个体或者组织（团体）对自己提出的理论观点和理论体系所持的坚信不移的态度以及对理论发展充满信心的积极体验，是对理论的信任和认可。它不仅表现为对理论观点的科学性和正确性的认可和接受，也表现为对理论体系未来发展的坚定信念，还表现为对待理论体系中存在的问题和与其他理论体系交流、交融、交锋过程中的科学态度"[2]。可以说，确立理论自信的学理前提，至少包括三方面内容：第一，对理论体系的科学性和正确性的认可与接受；第二，对理论体系的未来发展充满信心；第三，对理论体系的存在问题及其与其他体系交流、碰撞的态度科学。这三点是层层递进的逻辑关系，但每一点都依赖于话语逻辑与言说方式的科学性，只有话语逻辑科学和言说方式深入人心，理论体系的科学性与正确性才能容易被人们认可与接受，进而对理论发展保持坚定的信念，从而在理论体系发展中保持科学开放的态度，不断实现和增强理论自信。

增强中国特色社会主义理论自信，必须深入研究与科学阐释中国特色社会主义的话语逻辑。"话语"（discourse）主要是指人们说出来或写出来的语言，主要包括语言的言说内容、言说方式以及言说的社会后果，它本质上是对时代主题的理论回应。话语逻辑的运用反映了特定社会语境中人与人之间进行沟通的具体言语行为，它是由说话人、受话人、文本、沟通、语境等要素构成的系统逻辑。由于受时代主题、理论特质、实践场域、民族文化等因素的影响，话语逻辑的运用往往具有特定的时代特色、理论特色、实践特色和民族特色。中国特色社会主义是改革开放以来中国人民探索出的符合中国国情的科学社会主义，必须采用中国人民喜闻乐见的言说内容、言说方式，在回应时代主题的过程中不断促进国家富强、民族振兴和人民幸福，中国特色社会主义就能够不断地深入人心，不断地获得人民群众的认同、信仰乃至践行，从而不断增强和实现中国特色社会主义理论自信。正是基于对这一问题的深刻思考和高度重视，习近平总书记明确指出："着力打造融通中外的新概念新范畴新表述，讲好中国故事，传播好中国声音。"[3]因此，增强中国特色社会主义的理论自信，必须高度重视中国特色社会主义话语逻辑的研究和创新。

中国特色社会主义的话语逻辑研究与创新，主要是关注中国特色社会主义产生与发展过程中的基本"学术概念、范畴、术语"[4]。中国特色社会主义的话语体系是人们在发展中国特色社会主义道路、建构中国特色社会主义理论体系、完善中国特色社会主义制度过程中知识化、理论化、系统化的产物，是中国各族人民在建设中国特色社会主义的伟大征途中赖以确立话语权的言说方式和术语系统，具有鲜明的时代特色、理论特色、实践特色和民族特色。中国特色社会主义的话语逻辑，既遵循了社会主义在当代中国发展的现实性社会规范，又体现了科学社会主义发展的超越性理想要

求。从学理维度看，中国特色社会主义的话语逻辑发展，既在改革开放时代境遇下被赋予鲜明的中国特色，有利于人民群众对其形成正确的认知、认同和信仰，又凸显了马克思、恩格斯所创立的科学社会主义的基本原则，具有典型的超越性意义和价值引导性，为人的自由全面发展提供了"理想的意图"。缺乏时代特色、民族特色的话语体系，意味着中国特色社会主义缺乏实践性、针对性、可操作性，缺乏超越性意义和价值引导性要求的话语体系，意味着中国特色社会主义缺乏前瞻性、引导性、理想性。因此，中国特色社会主义的话语逻辑，必须避免因话语体系滞后而导致中国特色社会主义的价值难以获得认同、信仰乃至践行的状况。

中国特色社会主义的话语逻辑研究与创新，应当着力解决中国特色社会主义发展的学理性问题。中国特色社会主义话语体系的宣传和普及，基本旨趣在于晓之以理、导之以行，话语体系的建构及其逻辑发展必须合乎中国特色社会主义的发展需要，必须合乎广大人民群众自由全面发展的内在要求，其晓之以理、导之以行的内在逻辑在于所晓之理的真理性、彻底性，人民群众才能真正认同并践行中国特色社会主义的发展道路。马克思在《〈黑格尔法哲学批判〉导言》中曾明确指出："批判的武器当然不能代替武器的批判，物质力量只能用物质力量来摧毁；但是理论一经掌握群众，也会变成物质力量。理论只要说服人，就能掌握群众；而理论只要彻底，就能说服人。所谓彻底，就是抓住事物的根本。但是，人的根本就是人本身。"[5]可以说，中国特色社会主义的话语体系建构及其逻辑发展必须紧密围绕"人"这一根本，才能使其话语真正具有强大的吸引力、生命力，才能在话语体系的普及和宣传中持续获得认同。因此，从学理维度而言，中国特色社会主义的话语逻辑研究与创新，要始终保持科学社会主义的现实性要求与理想性意图之间的适度张力，体现科学社会主义的真理性、科学性，也要符合人民群众自由全面发展的实际需要，利用真理的力量以引导广大人民群众的思想和行为，在话语逻辑发展中持续提升人民群众对中国特色社会主义的价值认同度。

二、中国特色社会主义理论自信的历史逻辑

如果说话语逻辑是确立理论自信的基本学理前提，那么，历史逻辑则是确立理论自信的客观学理基础。中国特色社会主义理论自信的历史逻辑，主要关注中国特色社会主义形成、发展与建设过程中各种思想观点、理论体系形成的先后顺序及其一脉相承的关系。马克思主义经典作家关于社会主义社会的理论阐述，主要源于他们所生活的那个时代的社会实践和理论视野，并为人类社会的未来发展指明了方向。但是，随着时代与实践的发展，人类的社会实践是具体的、历史的、不断向前发展的，中国特色社会主义理论体系也要与时俱进地发展和完善，不断彰显理论体系的逻辑自洽性，凸显中国特色社会主义理论体系发展的时代特色、民族特色、理论特色、实践特色。正如习近平总书记在全国宣传思想工作会议上所指出的："宣传阐释中国特色，要讲清楚每个国家和民族的历史传统、文化积淀、基本国情不同，其发展道路必然有着自

己的特色;讲清楚中华文化积淀着中华民族最深沉的精神追求,是中华民族生生不息、发展壮大的丰厚滋养;讲清楚中华优秀传统文化是中华民族的突出优势,是我们最深厚的文化软实力;讲清楚中国特色社会主义植根于中华文化沃土、反映中国人民意愿、适应中国和时代发展进步要求,有着深厚历史渊源和广泛现实基础。"[3] 可以说,中国特色社会主义理论体系形成的深厚的历史传统、历史渊源、文化积淀,充分反映和印证了中国特色社会主义理论自信正是建立在符合历史逻辑的基础之上的。

中国特色社会主义理论自信的历史逻辑,阐释了中国特色社会主义形成与发展的历史必然性和现实必要性。中国特色社会主义理论自信的关键,不是源于阐释者的自我解读,而是源于中国特色社会主义发展的历史逻辑,即历史必然性和现实必要性的统一。正如有学者指出:"中国特色社会主义道路、理论、制度之所以成为中国共产党成立 90 年来不懈奋斗、创造、积累的结果与归宿,之所以成为中国共产党和中国人民在新的历史征途上必须始终坚持的方向与趋势,不仅是因为,中国特色社会主义已经获得了'历史必然性'和'现实必要性'的证明,而且更为重要的是,中国特色社会主义具有'内在逻辑性'的证明。"[6] 从中国特色社会主义形成与发展的历史维度看,这种"历史必然性"是我国人民在中国共产党的领导下,经过新民主主义革命、社会主义革命和社会主义建设的艰辛探索而得出的必然结论,"现实必要性"则从中国特色社会主义发展的现实维度诠释了中国特色社会主义具有"内在逻辑"的证明,那就是"中国特色社会主义也不同于其他国家的社会主义形态,如苏联模式、古巴模式。当然更与资本主义的多种社会形态有本质的区别,如民主社会主义、自由资本主义、国家垄断资本主义等"[7]。正是在历史与现实的逻辑统一中,中国特色社会主义获得了理论自信的坚实基础和历史根基。

中国特色社会主义理论自信的历史逻辑,在改革开放的伟大实践中不断获得科学性验证。改革开放以来,如何克服斯大林模式导致的社会主义发展道路上的弊端,探索一条适合中国国情的社会主义道路,真正"全面开创社会主义现代化建设的新局面,使我们党兴旺发达,使我们的社会主义事业兴旺发达,使我们的国家和各民族兴旺发达"[8]2 的问题,一直是当代中国马克思主义经典作家深入思考的理论与现实问题,也是全国人民尤其是理论界至为关切的重大现实课题。邓小平在中国共产党第十二次全国代表大会上庄严地提出了"走自己的道路,建设有中国特色的社会主义"[8]3 的科学命题,为这一问题的探索和解决做出了历史性贡献,也给全国人民指明了努力奋斗的方向。这是中国共产党人在总结建国以来我国社会主义胜利和挫折历史经验的基础之上,在研究和借鉴世界其他社会主义国家兴衰成败历史经验的前提下,在改革开放和社会主义现代化建设的崭新社会实践基础上,找到的中国自己建设社会主义的道路、制度和理论,为中国人民实现科学社会主义的"理想意图"和价值追求开辟了独特路径和崭新视阈。中国特色社会主义的勃勃生机和所取得的举世瞩目成就,已经在改革开放的伟大实践中充分地验证了其科学性、真理性,并持续提升了广大人民群众对中国特色社会主义的理解、认同、信仰和践行的程度,从而不断增强中国特色社会主义的理论自信。

三、中国特色社会主义理论自信的发展逻辑

发展逻辑揭示了理论自信产生的本质联系和发展规律，蕴含着理论自信产生的基本流程。中国特色社会主义理论自信的发展逻辑，侧重于通过总结和回顾中国特色社会主义形成与发展的历史经验和教训，科学建构中国特色社会主义的要素结构与理论体系，并着眼于探究中国特色社会主义的未来发展规律。作为马克思主义中国化的最新理论成果，中国特色社会主义既要引领人们建构未来理想社会，更应关注人民群众的现实生活，因此，增强中国特色社会主义理论自信，既要加强理想信念教育，又必须与人民群众的现实利益有机结合起来。改革开放以来，西方敌对势力对我国进行思想文化渗透的图谋从未停止过，他们凭借先进的科技和发达的经济、军事优势，不断输出西方腐朽的价值观念，宣传非马克思主义、反马克思主义的社会思潮，侵蚀和毒害广大人民群众尤其是青少年的心灵，对人们确立中国特色社会主义的理论自信构成极大威胁。因此，在建设中国特色社会主义的伟大历史进程中，不断加强理想信念教育，切实实现好、维护好、发展好最广大人民群众的根本利益，切实提升人民群众的生活质量，切实消除理论不自信产生的认识根源、社会根源和实践根源，必将进一步增强中国特色社会主义理论自信。

发展逻辑视阈的中国特色社会主义的理论自信，强调在知行统一中强化理想信念教育。在现代社会发展变革中，确立科学的理想信念激励斗志、凝聚人心，对于实现个体发展目标与促进社会进步意义重大，因为"理想信念是人们思想观念的集中体现，它不仅决定人们的思想动机和奋斗目标，而且能够为实现目标提供不竭的精神动力"[9]。一般来说，思想动机和奋斗目标不同，人的理想信念也会有差异，对于以实现共产主义为最高理想、以建设中国特色社会主义为社会主义初级阶段基本目标的中国共产党和中国人民来说，确立中国特色社会主义的理想信念非常重要。改革开放以来，由于受经济全球化、社会民主化、文化多元化、生活信息化等多重因素的影响，一些人的价值取向和生活方式逐渐呈现出了功利化、碎片化、片面化的倾向，甚至极少数人在"疏离经典，告别崇高"的幌子下把非马克思主义甚至反马克思主义的思想理论奉为圭臬，这与促进人的自由全面的社会主义社会本质要求极不相适应。中国特色社会主义的理想信念来源于马克思主义的科学理论，结合了当代中国社会发展的客观需求，并正确反映了人民群众自由全面发展的价值追求，在当代中国，用中国特色社会主义的理想信念引领人们的思想和行为，必将使人民群众获得克服思想困惑、谋求发展进步的强大精神动力，在社会实践中持续形成并不断强化中国特色社会主义的理论自信。

发展逻辑视阈的中国特色社会主义的理论自信，强调在社会发展中切实维护人民群众的利益。马克思明确指出："人们奋斗所争取的一切，都同他们的利益有关。"[10] "'思想'一旦离开'利益'，就一定会使自己出丑。"[11] 在这里，马克思不仅阐明了物质利益与思想理论的关系，而且提供了增强理论自信的重要途径，那就是

切实维护人民群众的根本利益。中国特色社会主义的发展逻辑不是对中国特色社会主义建设中任何社会实践活动细节的刻录和描述，而是立足于社会实践之上并对其进行合规律性的抽象、提炼与概括。中国特色社会主义理论体系建构，一方面充分阐释与反映在世情、国情、党情不断变化的境遇下，中国特色社会主义在时序意义上的持续变动，在空间意义上的发展变化，在发展中所面临的不同体制机制和路径依赖，从而不断增强人民群众坚定走中国特色社会主义道路的信心；另一方面，中国特色社会主义发展的目标诉求与理论建构，既要反映社会主义的本质要求，又要不断满足人民群众日益增长的物质文化生活需要。中国特色社会主义理论自信的发展逻辑，既阐释了中国特色社会主义所肩负的科学社会主义的伟大历史使命，又立足于当代中国的现实国情，在发展生产力中消灭剥削、消除两极分化，去实现共同富裕的社会理想，在满足人民日益增长的物质文化需要中不断实现人的自由全面发展的"理想意图"，并把它作为建设社会主义新社会的本质要求，在理论与实践的统一中诠释着中国特色社会主义的科学内涵，从而持续增强中国特色社会主义理论自信。

参考文献：
[1] 本书编写组.《中共中央关于全面深化改革若干重大问题的决定》辅导读本［M］.北京：人民出版社，2013：2.
[2] 尹世尤，柳礼泉. 坚定中国特色社会主义"三个自信"［N］. 中国教育报，2013 - 05 - 24.
[3] 习近平在全国宣传思想工作会议上强调　胸怀大局把握大势着眼大事　努力把宣传思想工作做得更好［N］. 光明日报，2013 - 08 - 21.
[4] 沈壮海. 思想政治教育研究的学术规范［J］. 思想理论教育导刊，2012（10）.
[5] 马克思恩格斯选集：第1卷［M］. 北京：人民出版社，1995：9.
[6] 包心鉴. 中国特色社会主义内在逻辑研究［J］. 新华文摘，2012（19）.
[7] 赵剑英. 论中国特色社会主义的独特价值和伟大意义研究［J］. 马克思主义研究，2013（9）.
[8] 邓小平文选：第3卷［M］. 北京：人民出版社，1993.
[9] 陈世润，熊标. 毛泽东理想信念观及其当代意义［J］. 毛泽东邓小平理论研究，2013（3）.
[10] 马克思恩格斯全集：第1卷［M］. 北京：人民出版社，1956：82.
[11] 马克思恩格斯全集：第2卷［M］. 北京：人民出版社，1957：103.

从文化认同到文化自觉
——对习总书记四个讲清楚的思考

程京武

(暨南大学社会科学部,广东广州,510632)

摘　要：当代中国社会如何以问题导向和科学思维建构"大学生真心喜爱、终身受益"的思想政治理论课有效机制是一个亟待探索的"必然王国"。以人的自由全面发展为最终指向,遵循习总书记的四个讲清楚,从文化认同到文化自觉,是提升思想政治理论课实效性的一条逻辑路径。

关键词：文化底蕴；文化认同；文化自觉

作者简介：程京武,女,博士,教授,硕士生导师,暨南大学社会科学部主任,现从事马克思主义理论教学与研究工作。

伴随着国情、世情、人情的变化,中国社会如何凝聚发展共识,建构富有人文内涵、具有中国风格的理论体系日益成为全社会关注的热点问题。高校思想政治理论课肩负着"学习研究宣传马克思主义、培养中国特色社会主义事业建设者和接班人的重大任务",如何以问题导向和科学思维建构"大学生真心喜爱、终身受益"的思想政治理论课有效机制是一个亟待探索的"必然王国"。习近平总书记在2013年全国宣传思想工作会议上提出："讲清楚每个国家和民族的历史传统、文化积淀、基本国情不同,其发展道路必然有着自己的特色；讲清楚中华文化积淀着中华民族最深沉的精神追求,是中华民族生生不息、发展壮大的丰厚滋养；讲清楚中华优秀传统文化是中华民族的突出优势,是我们最深厚的文化软实力；讲清楚中国特色社会主义植根于中华文化沃土、反映中国人民意愿、适应中国和时代发展进步要求,有着深厚历史渊源和广泛现实基础。"[1]这从文化视角拓展、深化了思想政治理论课从文化认同到文化自觉的实现路径。

一、文化底蕴：思想政治理论课的拓展视域

思想政治教育的发展,根植于中华优秀传统文化的沃土之中。冯友兰指出："中华民族的古老文化虽然已经过去了,但它也是将来中国新文化的一个来源,它不仅是过去的终点,也是将来的起点。"[2]因此,思想政治理论课只有通过对传统文化的批

判继承和再创造，从中汲取优秀的精神资源，才能提升思想政治教育的文化底蕴，获得思想政治教育发展的文化动力，保证思想政治教育的有效性。

第一，从主体看，增强思想政治教育的传统文化底蕴是以人的自由全面发展为最终指向。思想政治教育以提高人的思想道德素质为目标，以促进人的自由全面发展为价值取向。人的全面发展包括主体性发展和社会化发展。"人的主体性的发展是人的内在发展和素质的提高，人的社会化发展是人的外在发展，即人与人、人与社会、个人与自我、人与自然等各种关系的协调发展。"[3]290-291归根结底，思想政治教育就是一门教人学会做人的学问。从这个角度审视，思想政治教育要以文化、价值观念等作为其哲学基础和文化底蕴，发挥思想政治教育的文化教化、以文育人作用。"以人为本的中国传统文化，以人的尊严和人的发展价值取向来探讨人生的重大问题。它倡导以人为本，注重人格修养，追求至善至美的人生境界。"[4]习近平总书记非常重视中华优秀传统文化，多次讲过："在确立人类社会普遍的道德规范方面，中华文化有其优长之处。""中国传统文化博大精深，学习和掌握其中的各种思想精华，对树立正确的世界观、人生观、价值观很有益处。"如中国文化传统中的"刚健有为、自强不息"、"厚德载物、包容会通"、"见利思义、诚信为本"、"勤俭廉政、精忠爱国"、"仁爱孝悌、谦和好礼"、"克己奉公、修身慎独"等无不体现着人文精神。中华优秀传统文化中所蕴藏的人文内涵，既是新形势下社会主义核心价值观的思想源泉，更是思想政治教育的直接内容，其助推学生灵性修养、陶冶情操、精神成人，从而促进学生自由而全面发展。

第二，从载体看，增强思想政治教育的传统文化底蕴是提高文化渗透力的必然选择。思想政治教育是一项育人的实践活动，需要通过一定的载体来完成。"思想政治教育的载体，是指在实施思想政治教育的过程中，能够承载和传递思想政治教育的内容或信息，能为思想政治教育主体所运用，促使思想政治教育主客体之间相互作用的一种活动形式和物质实体。"[3]392中华优秀传统文化是历史积淀、保存下来的成果，反映了整个中华民族共同的价值追求和精神导向，具有强大的感召力和凝聚力。其作为思想政治教育的文化载体，蕴含着大量的思想教育信息，是一股巨大的教育力量，它以一种潜移默化的方式广泛深刻地影响着人们的内心世界，培养人们形成积极乐观的人格精神，建构崇高美好的精神世界。因此，将传统文化载体贯穿于思想政治教育的全过程，使学生经受中华优秀传统文化的熏陶和洗礼，在潜移默化中自觉认知认同中华优秀传统文化的魅力，从而内化到自身内心深处，提升自身的精神境界，形成崇高的思想品质，养成良好的行为习惯。

第三，从环体看，增强思想政治教育的传统文化底蕴是有效应对全球化挑战的"钢铁长城"。随着全球化的不断发展，这场以经济领域为发端的扩张性进程逐步演变为意识形态和文化话语权的争夺。在全球化的交织图景中，形成了文化领域的交流与冲突。一方面，全球化推动了文化的开放，不同的文化和文明之间相互交流和沟通，相互吸收和借鉴，不仅要吸收他国有益文化，还要向对方输出自己的文化特质。这就要求思想政治教育走向世界舞台，加强文化交流与教育交流，发挥精神再生产的作用，向"他文化"输出具有中国特色、中国风格、中国气派的民族文化。另一方面，由于不同的文化之间具有民俗习惯、价值导向、宗教信仰等的差异和张力，文化之间的碰撞难免发生冲突。尤其是西方国家凭借着强大的经济实力，打着"人权高于主权"的幌子，向别国输出其价值观，进行意识形态的渗透，严重冲击着本国的主流意识形态和传统文化。因此，为了有效应对"文明冲突"的挑战，捍卫国家独具特色的文化，思想政治教育应吸取中华传统文化的精华因子和合理成分，弘扬民族精神，打造中国力量。正如习近平总书记指出：中华民族传统文化是中华民族的突出优势，是我们最深厚的文化软实力。只有批判地继承中华文化，我们才能找到文化根基、力量支撑，才能在全球化中站稳脚跟，自立于世界民族之林。

二、文化认同：思想政治理论课的价值整合

认同表现为心理共鸣和行为共识，是人们对于特定文化系统的情感归属。随着人类文明的演进、人类自我意识的觉醒和理性力量的提升，逐渐形成了以道德及价值观为核心考量标准的文化认同。"文化认同是人类对于文化的倾向性共识与认可。这种共识与认可是人类对自然认知的升华，并形成支配人类行为的思维准则与价值取向。"[5]思想政治理论课的文化认同，本质内涵在于将中国传统文化的精华内化为精神生活，进而在世俗生活领域形成国家认同和道路认同，理解"中国特色社会主义植根于中华文化沃土、反映中国人民意愿、适应中国和时代发展进步要求，有着深厚历史渊源和广泛现实基础"。

在马克思主义看来，任何时代的社会意识，都和以前时代的社会意识有着联系，它的产生和发展都要以前人所积累的思想材料作为前提。社会的凝聚力和向心力都深深依赖于高度的文化认同，文化认同是国家团结、社会稳定的基础。中华优秀传统文化贯穿于中国人的价值观、思维方式、风俗习惯、道德礼仪等各个方面，是我们最深厚的文化软实力。因此，对学生进行中华传统文化教育不仅有利于提升学生的人文素养，也有利于拓展思想政治教育的发展视域，提高思想政治教育的有效性。

当前，在全球化、市场化、网络化的时代境遇下，思想政治教育的文化认同面临着诸多挑战。全球化包括经济、技术、信息、文化等的全球化。文化的传播，出现了文化的多元化和多样化，这就使本国传统文化受到强烈冲击，"西方化"、"世界化"、"国际化"难以避免。一方面，以美国为首的西方发达国家利用传媒、商品等软实力，向他国进行生活方式、价值取向等文化传播，进行意识形态的渗透，推行文化霸权主义。这种"无形的力量"不断消解着我国传统文化的影响力和认同力。以传统节日为例，春节、端午节、清明节、中秋等中华民族传统节日日益淡化，人们已感受不到浓浓的文化气氛。正如郑晓云所言："节日渐渐成为一个假期，而不是一种文化。"然而相反，圣诞节、万圣节、感恩节等国外节日却日益受到学生的喜爱和追捧。另一方面，全球化进程中，往往伴随着竞争，西方发达国家凭借其经济和技术优势力量领先于其他国家，这就容易使一些意志薄弱的年轻人看到本国民族文化与其他国家的差距，怀疑社会主义社会的生命力，丧失民族优越感，产生对西方的盲目崇

拜，从而弱化传统文化的吸引力，甚至会产生对传统文化的否定，这严重侵蚀了学生对我国文化认同的精神基础。

市场化条件下，思想政治教育的文化认同面临双重挑战。一方面，市场经济不断深入，我国社会生活从传统向现代逐步转型，社会结构和利益格局发生深刻变化，人们的主体意识、"人本"意识不断提升，思想观念的多样性、差异性、创新性、多变性得到不断增强，中国社会逐步形成了传统与现代相互交织的图景，中国传统文化认同的价值基础渐趋渐弱。在传统与现代、对内与对外交错的价值多元背景下，学生的自主性、选择性增强，往往容易接受新鲜事物，抛弃和放弃对中国传统的认同，这就形成了一种对中国传统文化的解构性力量。这些都不利于学生建构一种良性的精神生活秩序。另一方面，市场经济条件下，我国社会经济成分、利益主体、组织形式、分配方式等都发生了深刻变化，在这一转变过程中，社会日益多样化，"物本"意识不断提升，一切向"物"看齐，一切以"物"为衡量标准，"物"统治和主宰着人类，表现为人对金钱、利益、权力迷恋的功利倾向。这些反映到高等学校教育中，表现为对功利性职业的崇尚，专业技术教育不断增强，而以中国传统文化为核心的人文教育不断削弱。这就造成了学生缺乏对中国传统文化的清晰认知，不利于培养学生的文化情感，不符合学校的培养目标，忽视了"以生为本"的价值理念，造成了学校思想政治教育和人才培养的片面发展。这种畸形的教育方式不适应现代社会发展要求，一定程度上撕裂了优秀传统文化与现实社会建构的逻辑统一性，直接导致学生对中华优秀传统文化的不信任，这必然不利于文化认同的建构。

网络化条件下，我国文化认同面临的环境更加复杂。一方面，"科学技术对世界'解蔽'塑造了人的主体意识和理智能力，它不仅培育了人的主体性，而且充分开发了人的自由自觉特性"[3]63。学生的主体性和个性化得到不断发展，创新性和选择性意识不断提升，但是这也存在着一定的潜在风险。青年学生往往由于缺乏自控力而容易沉迷于网络游戏、八卦新闻、时尚杂志等休闲娱乐文化，忽视了对马克思主义、中华优秀传统文化的学习，尤其缺乏对中国经典的阅读与思考，因此，对中华优秀传统文化掌握不够，理解上存在偏差，不能从中汲取正能量来提升自己的道德修养和文化情操，充实自己的人文精神领域。另一方面，网络信息发布具有很大的自由度，这就为充满异质性的多元文化提供了空间。西方发达国家的网络技术起步早，比较发达，为展示自己的主流文化提供了平台，他们通过大众传媒等网络技术，将自己的文化传播到世界各地，潜移默化地影响着人们的世界观、人生观和价值观，这在客观上抑制了本国文化的价值引导作用。当代大学生正处在价值观的成长变化时期，容易受到先进技术和外来文化的影响，特别是西方文化的娱乐、教育媒体等在中国的覆盖率已达到很高的水平，学生面对多元文化的选择缺乏分析辨别能力、理性反思能力而表现为多变性，这就会弱化中华优秀传统文化的凝聚力和说服力，从而影响学生对中华优秀传统文化的认同力。

面对全球化、市场化、网络化的时代背景，思想政治教育的文化认同面临多重挑战，思想政治教育的文化认同需要在凝聚认同、传递认同中实现自己的使命，而文化自觉则成为完成这一使命的具体形式。

三、文化自觉：思想政治理论课的路径转向

"文化自觉只是指生活在一定文化中的人对其文化有'自知之明'，明白它的来历、形成过程、所具有的特色和它发展的趋向，不带任何'文化回归'的意思，不是要复归，同时也不主张'全盘西化'或'坚守传统'。"[6]一方面，文化认同是文化自觉的前提基础，文化自觉是对自身文化的自省和超越意识，即建立在认同基础上的文化反思和创新；另一方面，文化自觉是文化认同的更高层次，文化自觉一旦形成，自身文化则会产生强大的吸引力和凝聚力。

在文化多元化、社会多样化的背景下，如何从文化自觉的维度认识、分析中国传统文化对思想政治教育理论课的影响，从而建构"大学生真心喜爱、终身受益"的思想政治理论课的有效机制，完成思想政治理论课培养学生文化自觉的使命，这是思想政治教育理论课面临的时代课题。

第一，在文化体验中培养文化情感。"文化能力不能通过知识的膨胀来取得。文化能力一定要通过体验"[7]。文化体验培养的是一种情感，而文化自觉体现的是一种态度，由情感的变化引起态度的转变，这是一条符合逻辑的路径。因此，思想政治教育培养学生的文化自觉意识，一定要积极营造良好的校园文化氛围，引导学生主动参加文化实践活动，激发学生勇于奋进的热情，培养学生高尚品格的人文情感。首先，发挥思想政治教育教学活动的主渠道作用。中国传统文化是在文化创造过程中形成的。因此，培养文化情感，归根到底是一种文化实践。思想政治教育本身是一项育人的实践活动。在教学实践中，将传统文化教育融入学习的各环节，渗透到各专业学习中，挖掘各学科中的文化教育资源，将显性教育与隐性教育结合起来，将知识性教育与德性教育结合起来，以生为本，以学生的全面发展为中心，注重学生精神成人，发挥思想政治教育的育人功能。其次，建构健康向上的校园文化，以良好的校风、教风、学风感染学生，怡情养志，陶冶情操。学生是校园文化建设的积极参与者和组织者，进行校园文化建设，必须强调学生的主体地位，发挥学生的主体意识和积极性，将学生的兴趣与文化教育结合起来，打造一批既符合学生兴趣又具有文化内涵的社团活动和讲座活动等，将传统文化教育寓于学生喜闻乐见的活动中，以潜移默化的方式提升学生的文化品位，达到润物细无声的效果。最后，利用好网络媒体，为学生提供一个结合自身体验的反思平台和双向交流载体。现代社会大众传媒的商业性和娱乐性严重冲击了教育性。为此，学校要增强责任意识，开办中国传统文化精品课程之类的教育网站和微信平台，可以促进师生学习和交流，沟通反馈，开阔视野，陶冶情操，创新思维，提升专业素质和文化素养。

第二，在文化对话中进行文化反思。在文化多元化和多样化的态势下，需要拓宽视野，进行文化对话，通过文化交流和理性反思，实现兼容并包，和谐发展。正如费孝通先生倡导的"各美其美，美人之美，美美与共，天下大同"的"和而不同"的理想境界。这要求我们在广泛借鉴外来文化的同时，又保持民族文化的特色。思想政

治教育在中国发生发展的一个重要原因就是符合中国的文化国情。中国传统文化历来重伦理、讲道德、谋和谐，这些传统已经深入民众心理，养成行为习惯，是思想政治教育发展的文化根基，是保持思想政治教育民族特色的灵魂。学生要发挥自己的理性思考和判断力，认清本国文化的特色和魅力，自觉接纳、认知并信赖本民族文化，认同和珍视自己的文化，树立民族自信心和自豪感，增强民族向心力。但是，相信自己的文化并不是走向"唯我独美"的夜郎自大。面对多元化和多样化的文化场域，我们要承认多元并存，尊重和理解他国文化，以一种审美的眼光去理解异质文化，从而走向"美人之美"的理想境界。这就要求思想政治教育要培养学生的文化反思力和文化选择力。文化选择，是指"对某种文化或文化要素的选取或排斥，作为文化主体的人根据既定的价值主动吸取或放弃自身文化或'他文化'"[7]。学生要发挥自己的分析辨别能力和选择吸收能力，在多元文化碰撞中比较分析，了解他国文化的特色与价值，博采众长，拓宽思路，吸收借鉴外来文化优势，丰富本民族文化，从而正确处理本国文化与他文化之间的关系，达到"美美与共，天下大同"的美好愿景。

第三，在文化传承中促进文化超越。欲求木之长者，必固其根本；欲求流之远者，必浚其泉源。文化是理论的根，理论是文化的脉，文化是源，理论是流。思想政治教育理论发展不能与传统文化断裂，否则就成了"无本之木、无源之水"，思想政治教育也就失去了根本的文化基础。为此，思想政治教育应该追根溯源，了解传统文化的价值底蕴和独特魅力，传承文明，弘扬国学。以儒家文化为核心的中国传统文化是中华民族五千年文化积淀的成果，思想政治教育要从中挖掘传统美德和文化精髓，唤醒传统文化的复兴，实现文化的传承。当然，实践不断深入、时代不断变迁和社会不断进步，人的素质也不断提高，文化也要与时代接轨，不断扬弃与创新。思想政治教育应该在批判继承中国传统文化的基础上，进行转换、拓展和超越，进一步丰富拓展思想政治教育的内容。通过对传统文化的转换，古今融合，注入新义，超越旧有文化，体现出文化的时代性和强烈的感召力，使文化"活"起来。在前者基础上，更注重文化的建构、创新与"增殖"，从对本民族文化的创造性转化中重建具有人文内涵、中国风格、中国气派的社会主义文化的自信心和自豪感，增强民族凝聚力和向心力，实现文化自觉，塑造学生的民族灵魂。

参考文献：

[1] 习近平谈治国理政 [M]. 北京：外文出版社，2014.
[2] 谢遐龄. 阐旧邦以辅新命：冯友兰文选 [M]. 上海：上海远东出版社，1994：464.
[3] 张耀灿，郑永廷，等. 现代思想政治教育学 [M]. 北京：北京人民出版社，2006.
[4] 程京武，卢宁. 对构建以传统文化为载体的思想政治教育有效机制的思考 [J]. 高教探索，2008 (5).
[5] 郑晓云. 文化认同论 [M]. 北京：中国社会科学出版社，2008：4.
[6] 费孝通. 重建社会学与人类学的回顾和体会 [J]. 新华文摘，2000 (4).
[7] 杜维明. 人文精神与全球伦理 [M] //《大学学术讲演录》丛书编委会. 中国大学学术讲演录：2002. 桂林：广西师范大学出版社，2002.
[8] 罗洪铁，周琪. 文化环境：思想政治教育运行的新视界 [J]. 马克思主义研究，2007 (3).

三、思想政治教育前沿问题研究

大学生主流意识形态教育的新媒体作用机制

聂立清

（河南师范大学马克思主义学院，河南新乡，453002）

摘　要：任何一种意识形态要想保持其生命力，必须把握时代脉搏，紧跟时代步伐。随着信息技术的迅猛发展，新媒体已经成为有史以来发展速度最快、影响范围最广的强势媒体，它以其独有的超强辐射力、渗透力优势和快捷性、平等性、交互性、虚拟性、开放性、丰富性特点，对大学生的学习、生活产生了深远的影响，而成为当代大学生主流意识形态教育最具时代感的新环体。意识形态工作是党的一项极端重要的工作，高校是意识形态工作的前沿阵地，大学生主流意识形态教育肩负着学习宣传马克思主义、培育和弘扬社会主义核心价值观、为实现中华民族伟大复兴的中国梦提供人才保障和智力支撑的重要任务。探讨新媒体对大学生主流意识形态教育的作用机制，将有助于提高高校意识形态工作的时代性、针对性、实效性。

关键词：新媒体；大学生主流意识形态教育；作用机制

作者简介：聂立清，男，河南南阳人，博士，河南师范大学马克思主义学院教授，硕士生导师，兼任全国邓小平理论研究会常务理事、河南省中国特色社会主义理论体系研究中心副主任、河南省高校思想政治教育研究会副秘书长等，主要从事主流意识形态认同、高校思想政治教育研究。

　　主流意识形态是在一个国家或一定社会占统治地位的思想观念体系。我国当代主流意识形态是以马克思列宁主义为指导的社会主义意识形态，核心是马克思列宁主义、毛泽东思想、中国特色社会主义理论体系和社会主义核心价值观。要顺利开展大学生主流意识形态教育工作，并达到预定的目标，取得理想的效果，需要并依赖于一定的介体向受教育者传授知识、传播思想，增加他们对主流意识形态的认识、认知、认可、认同，提高逻辑思维能力，增强明辨是非能力。在传统媒体时代，大学生主流意识形态教育以教育者向受教育者灌输理论为主，很大程度上依靠人际传播、组织传播来完成，但由于教育手段的单一性、传播手段的局限性，远不能实现意识形态对受教育者的广泛传播。然而新媒体的出现打破了这一局面，并在这个教育过程中越来越显示出自己的强大吸引力、影响力。它利用即时通信工具宣传主流意识形态，促使受教育者产生感性认同，同时也催生大学生对主流意识形态的理性认同，而"在人们的思想政治品质形成过程中，情理往往是交融的，情感上的认同不仅支撑着人的思想道德认知系统，而且在知行转换中起到巨大的推动作用"[1]。

　　那么，新媒体对大学生主流意识形态教育的作用机制到底是怎样的呢？对这一问题的探讨，必将有助于在大学生主流意识形态教育中自觉运用新媒体，有效运用新媒体，从而提高大学生思想政治教育的时代性、针对性、实效性。

一、新媒体契合大学生心理特点，有助于提高主流意识形态教育的时代性

第34次《中国互联网络发展状况统计报告》显示，截至2014年6月，中国网民规模达6.32亿，其中手机网民规模5.27亿，互联网普及率达到46.9%。网民上网设备中，手机使用率达83.4%，首次超越传统PC整体80.9%的使用率，手机作为第一大上网终端的地位更加巩固。[2]据调查，目前大学生人人拥有手机，成为手机网民，而且是数字报刊、移动电视、手机媒体、手机短信、微博、微信、飞信、博客、播客、论坛、QQ（群）等网络新媒体最热心的使用者。新媒体提升了受教育者的主体地位，放大了受教育者的"声音"，又以其生动性、趣味性等优势，像磁石一般紧紧地吸引着大学生的心。

1. 大学生对新媒体的使用动机与其自身心理发展需要相符

虽然互联网应用的发展时间不长，但是它以超强的辐射力、渗透力，已经对我们的工作、学习、生活产生了广泛而深刻的影响，甚至影响到了我们的思维方式。如果你想知道生活中的小常识，"百度一下，你就知道"；如果想要学习，不用去图书馆，到相关网站即可查阅；如果你想要购物，可是嫌商场拥挤，那就网购，物美价廉，品种齐全；如果你要交电费、水费、燃气费，可是工作忙没时间，没关系，鼠标一点问题轻松搞定；亲人朋友在国外想要联系，高额话费怎么办，别担心，QQ、微信、MSN帮你解决，还可以视频通话；如果你想要娱乐，手指只需轻轻一点，各种新款游戏"一网打尽"；出门带现金麻烦，那就刷手机，甚至有些高校已经用手机取代了校园通，手机号码就是你的学号，不仅具有一切校园卡的功能，而且还能通信联络：真是"手机在手，什么都有"啊！

随着互联网的迅速普及，上至70多岁的老者，下至几岁的孩童，或手机或平板，都来凑热闹追时尚，甚至还谈论一下时下最流行的事物，追逐时尚的青少年又怎么可能会甘拜下风？如今，使用新媒体已经成为了一种时尚，在互联网高速发展的今天，有谁会好意思说"我没用过电脑"、"什么是网络"、"我不会上网"？你可以没有电话号码，可是你不能没有微信、QQ号、电子邮箱……我们很容易发现大学生的心理特征与流行文化之间的时尚特征契合之处，比起其他群体，大学生思想活跃，思维灵活，更喜欢也更容易接受新鲜的事物。

2. 新媒体的虚拟性、开放性使大学生的心理得到满足

以人为本，促进每一个人自由而全面的发展，是马克思、恩格斯全部理论的核心

和精华。"教育的目的在于使人成为他自己"[3],"这是教育的出发点,培养人是教育的根本职能。教育应把人作为社会主体来培养,而不是把人作为社会的被动客体来塑造。道德教育也应如此,道德教育的理念旨在提高个体的主体意识,培养个体的主体人格,促进个体自由而全面的发展"[4]。在传统的意识形态教育中,教育手段以理论灌输为主。也就是因为这种自上而下的灌输模式,使教育过程注定是单维度的,教育者成为唯一的主体,具有明显的"唯我性",教育者只能成为被动接受的客体。由于教育者的主体性地位,教育者往往只注重理论的单向输出,根本不考虑受教者的感受,受教育者看似收益的信息"分享者",实则成为了不能有选择和探讨的被动承受者,他们甚至连表达自己的意见、权利的机会都没有,导致受教育者出现"失声"现象。互联网的出现打破了这一稳固的"表达—接受"二元模式。互联网的"开放性"、"去中心性"彻底抹去了边缘与中心的界限,每个终端既是信息的接受者也是信息的发布者,同时扮演起"教育者"与"受教育者"的双重身份。这样一来,彻底颠覆了传统大学生主流意识形态教育中教育者的主体垄断地位,实现了话语权的转移,削弱了现实中的相互关系以及等级界限,为受教育者提供放大"声音"的可能性。同时,新媒体与其他网络技术手段为大学生搭建了一个信息交往的平台。在这个平台上,由于网络的虚拟性、隐蔽性,受教育者可以畅所欲言,大胆提出自己的观点,不必为"不和群"的观点成为众矢之的而担心,更不必因为自己语言不当而陷入窘境。

3. 增加了大学生主流意识形态教育的吸引力

"在传统的思想教育过程中,主要通过个别谈心、集体宣讲以及电视、广播、报纸等大众传媒来进行,而随着网络文化的发展,过去的那种靠简单说教的教育方式远不能适应时代的发展。"[5]这种简单说教的教育方式尤以主流意识形态教育最为典型。它一般以书籍为主要学习内容,以课堂讲授为主要教育方法。书籍是一种深度,它造就的是一种理性文化,严谨、规范、深邃,但未免单调、生硬。教育手段的单一性和教育客体的被动接受性,往往使传统的主流意识形态教育的效果无法令人满意。随着新媒体时代的到来,借助于新媒体技术的应用,以文字、声音、图片、影音等多种媒体手段表达意识形态教育内容,在课堂上营造一种轻松、活泼、愉悦的氛围,使原本严肃枯燥的教学内容变得生动起来,也更趋于感性化,更容易引发人们情感的共鸣,让受众在形与色、情与声的学习中思想得到升华。与传统的一人、一书、一黑板的教学模式比起来,新媒体的运用使主流意识形态教育以感性为主,它造就的是一种平面文化,更直观、生动、形象,更具吸引力与感染力,更易为青年大学生喜闻乐见。这种"享乐的合理化"的满足,恰好同现代人尤其是大学生的心理需求和对生活的直观感受相契合,因而获得广泛的认同。这是否会导致主流意识形态教育流于肤浅呢?我们认为,不但不会,而且恰恰相反。因为主流意识形态教育的目的是要推进、实现马克思主义的中国化、时代化和大众化,运用新媒体进行主流意识形态教育,正是马克思主义时代化、大众化的要求和体现,而没有马克思主义的时代化、大众化,就不可能有马克思主义的中国化。

二、新媒体契合大学生学习特点，有助于提高主流意识形态教育的针对性

与中学生课堂学习不同的是，大学生更倾向和乐于自主学习、研究性学习。新媒体信息具有广泛性、海量性、共享性的特点，有助于大学生开阔视野，拓宽知识面，提高知识的广度和深度。新媒体传播具有即时性、快捷性、多向性的特点，极大地拓展了获得信息的渠道，有助于大学生尽快了解最前沿的知识与信息，完善知识结构，提高学习效率。新媒体技术还使信息传播者和接受者具有交互性、平等性，"它改变了学生的学习方式，改变了传统教学中学生只能依靠书本和老师传授的学习模式，基于计算机或者在线的网络教学使得课堂学习变得更加生动形象。新媒体比如网络为大学生提供了更多交流的机会，不再是基于课堂讨论的局限，可以在论坛和博客上和全世界的朋友一起研究交流"[6]。

1. 新媒体环境下学习内容的改变：从平面到立体

传统的主流意识形态教育内容大部分来自党和国家的理论、方针、政策，带有浓厚的政治色彩，加之"受各种条件的限制，搜集的信息有限，只能从报纸、杂志、书本及亲身经历中寻找素材，内容滞后，缺乏感召力、说服力，难以达到预期的效果"[7]。新媒体的出现，已经远远超过过去任何一种信息传播手段，新媒体作为继报纸、广播、电视后出现的新型媒体，在传播信息方面具有及时、大量、交互等优势，时效性强，可以连续流动报道，广泛集纳相关信息，提供多种信息形态，具有其他三大媒体无可比拟的优势。你只需拥有一台电脑或者一部手机，或者一部平板电脑，就可以"全新资讯，一手掌握"，从而方便快捷地获取大量信息。当然，你也可以成为这些信息的分享者，足不出户，便能够了解国内外最新的政治、经济、文化以及社会生活。你还可以随时随地在网上进行思想与信息的交流，此时，国家、年龄、性别信息已被跨越，信息来源及传播渠道也变得立体起来。新媒体的出现使大学生主流意识形态教育克服了传统意识形态教育中信息资源的有限性及信息滞后性，并与之即时、快捷的传播优势实现了互补，以受教育者容易接受的文字、音像、图片等全方位地影响着大学生的思想、学习和行为习惯，"使思想政治教育内容的形态从平面化走向立体化，从静态变为动态，从现实时空趋向超时空"[8]，教育效果明显增强。

2. 新媒体环境下学习方式的改变：从教化到交流

新媒体的出现和发展是后现代主义与科学信息技术的融合，其交互性、平等性的特点，实现了信息传播的平民化与民主化，导致了无中心、无权威、否认任何文化具

有绝对权威和至高无上地位的价值观念，对传统说教、权威意识进行了有力的消解。网络又是一个开放的空间，它最大限度地敞开了门户，实现了对普通民众的文化赋权，普通网络用户第一次拥有了表达的权利和空间。"现在很多的精英不愿意去网络，为什么？一旦他们到了网络，他们就会被强迫和别人处于平等的地位。他们已经习惯了报纸电视那种不是公共空间的空间"[9]。互联网、新媒体改变了传统意识形态教育的单向传播，大学生既是意识形态的接受者，也是意识形态传播者和意识形态信息、意识形态教育内容的制作者，促进了教育者与受教育者、教育者与教育者、受教育者与受教育者之间的互动，原来意识形态教育教育者与受教育者的单一教化关系，变成了现在的多元交流关系。

3. 新媒体环境下学习模式的改变：寓教于乐，寓教于无形

传统的大学生主流意识形态教育属于显性教学，在特定的时间、特定的地点对学生进行有目的的教育；学生在学校的硬性规定下，在为了获得学分、能够毕业的功利思想支配下，有可能对主流意识形态被动认同，甚至虚假认同。"被动认同也叫强制认同，是指主体对某种意识形态的不自觉的、消极的、被迫性的认可和接受。这种认同不是源于主体的自觉自愿，而是源于他者的强制力。"[10]而虚假认同更是要避免的，因为受教育者内心本没有形成对主流意识形态的认同，但在外在的强制下或者为了拿到相应的学分，而违心地说自己认可、接受了主流意识形态。显然，这种教育方式会引起受教育者的排斥情绪和抵触心理。随着信息技术的发展，种类繁多的新媒体以独特的个性化优势，逐渐成为大学生意识形态教育的新载体，教育者将主流意识形态通过文字、图片、音像等方便、快捷地传递给学生，以润物细无声的方式促进受教育者的主动认同。"主动认同是指主体对某种意识形态的自觉自愿地、积极主动地学习、理解、认可和接受。这是最有效的认同方式。"[10]教育者以大学生喜闻乐见的方式将内容传递给大学生，使其在不经意间受到熏陶，引导取代强制和说服，变得容易接受，达到寓教于乐、寓教于文、寓教于无形的效果，从而切实提高意识形态教育的实效性，促进教育目标的实现。

三、新媒体适应当代教育特点，有助于提高大学生主流意识形态教育的实效性

毋庸置疑，新媒体因其隐蔽性、多元性、多样性、多变性、娱乐性及碎片化、去中心化，给大学生主流意识形态教育带来了严峻挑战；但是必须看到，新兴媒体已经成为大学生主流意识形态教育不能回避、不可回避的环境、环体，为大学生所普遍接受、普遍使用，并"以其传播便捷、海量信息等优势拓展了思想政治教育的内容和空间，丰富了思想政治教育的手段和方式，并且使思想政治教育的针对性和实效性得到了增强"[11]。

1. 新媒体改变了教育的时空观，为大学生主流意识形态教育提供了更为广阔的舞台

新媒体以其超强的辐射力、渗透力，影响着大学生学习、生活的方方面面，使大学生主流意识形态教育的环境也发生了重要变化。首先，大学生意识形态教育的时空发生了巨大变化。在过去，大学生主流意识形态教育大多在固定的时间、以教室为主进行，时间有限，场所相对狭小而有局限。新媒体的到来，使有限的时间、空间变得更加开放。在教育时空上打破了传统的在规定时间、规定地点进行集中统一教育的封闭式教育模式，拓宽到在社会生活的广阔的时空范围内开展，呈现出一种全天候、随时随地对学生进行思想政治教育的状态。其次，大学生主流意识形态教育的方式发生了巨大变化。传统意识形态教育方式相对固定和单一，对大学生进行意识形态教育相对来说耗时耗力，教育结果也不是很理想。新媒体为大学生主流意识形态教育带来更为便捷的途径，网上强大的信息库几乎囊括了政治、经济、科技、文化、教育、生活等各个领域的内容，大学生可以通过网络查找资料，进行学习，既省时省力，又方便灵活。最后，大学生主流意识形态教育的方法发生了巨大变化。传统的"填鸭式"教学使得学生失去学习兴趣，教育效果不佳。在新媒体环境下，大学生可以通过网络论坛及其他即时通信工具与人进行交流，不但开阔了视野，还能了解到学科前沿问题，使曾经通过灌输渠道而难以被接受的主流意识形态被接受，锻炼了大学生自我教育意识，形成了自己的知识体系。

2. 新媒体改变了教育主客体观，实现了大学生主流意识形态教育全员覆盖、全程融入、全面渗透

检验主流意识形态教育是否有效及效果如何，其主要判断标准就是主流意识形态被接受、认同的程度；而要取得最佳教育效果，内化是关键。新媒体的使用丰富和创新了主流意识形态教育的内容和手段，同时也为大学生主流意识形态教育的内化起到促进作用。大学生可以通过手机客户端、微博、微信等随时随地查阅资料、搜集信息、了解时事动态，关注国内外热点问题，可以及时了解和掌握党和国家的路线方针政策，等等。由于新媒体在传播信息时具有不受时间空间限制的特性，电脑网络、智能手机、电子阅读器、互联网电视等终端设备之间的互联互通，使得网络层面上实现了无缝覆盖。借助于新媒体的主流意识形态教育内容伴随媒体联动，在资源共享中流动与传递，不仅极大地增强了主流意识形态教育的渗透力、影响力和辐射力，而且实现了意识形态教育对大学生群体的全员覆盖、全程融入和全面渗透。总之，新媒体技术的应用，不仅为高校主流意识形态教育提供了技术支持，扩大了主流意识形态教育的覆盖面，而且更具时代感与可信度，切实提高主流意识形态的实效性。

在我国，网络媒介（新媒体）已经确立了主流意识形态核心内容，创建了越来越多的主流意识形态传播平台（多层次对外网络传播格局、多梯度国内主流新闻网站、各级政府门户网站、各类网络思想政治教育平台），建立了多层次的自媒体话语平台（政府官方微博微信、新闻媒体和记者微博微信、思想政治工作者微博微信等），建构了多维网络信息安全管理体系（立法监管、技术监管、制度监管、行业监管），为大学生主流意识形态教育提供了良好的信息平台和信息安全保障。[12]高校特别是高校政工干部、哲学社会科学教师、思想政治理论课教师要善待新媒体、善用新媒体、会用新媒体、用好新媒体，努力增强大学生主流意识形态教育的时代性、针对性、实效性，提高吸引力、感染力、影响力。

参考文献：

[1] 刘新庚. 现代思想政治教育方法论［M］. 北京：人民出版社，2006：238.
[2] CNNIC 发布第 34 次《中国互联网络发展状况统计报告》［EB/OL］. http://www.cnnic.net.cn/gywm/xwzx/rdxw/2014/201407/t20140721_47439.htm.
[3] 马克思恩格斯全集：第 6 卷［M］. 北京：人民出版社，1984：487.
[4] 梅萍. 道德教育的主体性与人的全面发展［J］. 上海交通大学学报：社科版，2002（3）.
[5] 王洪禹. 论网络文化对高校学生工作的影响及对策［J］. 中国成人教育，2007（2）.
[6] 王传中. 新媒体对大学生生活、学习、思想的影响［J］. 高校理论战线，2009（7）.
[7] 曾军顺. 新媒体环境下大学生思想政治教育研究［D］. 太原：中北大学，2012.
[8] 鲍中义. 网络思想政治教育功能［J］. 黔西南民族师范高等专科学校学报，2006（4）.
[9] 杨伯溆. 新媒体和社会空间［J］. 青年记者，2008（16）.
[10] 聂立清. 我国当代主流意识形态认同研究［M］北京：人民出版社，2010：49.
[11] 马兰. 利用新媒体做好大学生思想政治工作［J］. 中国成人教育，2006（6）.
[12] 王爱玲. 中国网络媒介的主流意识形态建设研究［M］. 北京：人民出版社，2014：98-149.

略论公民观与人的发展

申群喜

(电子科技大学中山学院，广东中山，528402)

摘　要：公民是法治国家的构成基本单位，公民意识是法治国家的心理基础和社会人文背景。法治国家不仅要以法律为基础，更要以具有法治精神的公民和公民意识为基础。在当今我国推进依法治国，建设社会主义法治国家的进程中，必须规制权力，抵制特权思想和行为，从制度设计这一源头为公民发展创设平等条件。

关键词：公民；公民意识；权利义务；法治国家；社会治理

作者简介：申群喜，男，博士，教授，电子科技大学中山学院思政部主任，中山市社会发展研究院院长，中山市社会创新咨询委员会副主席，中山市改革和发展研究会副会长，广东省优秀社科普及专家，主要从事社会发展理论、思想政治教育研究。

社会政治观念深刻影响着社会的发展状况，进而也深深影响着人的发展，人的发展总是浸润在一定的社会政治观念背景之中。落后的政治观念是对人的发展的巨大桎梏和束缚；政治观念的解放和进步是促进人的发展的先声，必然极大地促进人的发展进步。公民观是社会政治观念的一个重要方面，人的发展与公民观的演进有着极为密切的关联。本文着重对公民观与人的发展关系问题做一粗略探讨。

一、公民观念的历史演进

生活在现代国家与法律制度下的人，都离不开一种特定的身份——公民，公民身份是由国家法律赋予的。公民通常指在一个国家里，具有该国国籍，并根据该国的宪法和法律规定，享有法定权利和义务的人。与"公民"相对应的是"臣民"。作为一国的国民，被作为公民还是臣民对待，是与社会发展的阶段和国家的性质决定的，也是与以宪法为核心的法律体系紧密联系在一起的。一般而言，公民身份是宪法和法律所赋予和确认的。正如孙中山所言：宪法是公民权利的保障书。从这一角度看，自资本主义社会起，广大民众才普遍开始具有公民身份。另外，公民身份又是与民主制度紧密连在一起的，选举权和被选举权是公民身份的重要标志。在古希腊实行奴隶制的雅典城邦，其市民也有公民与非公民之分。因而，公民概念最早形成于古希腊，当时的雅典城邦实行直接民主制，奴隶主、贵族、自由民等属于公民，具有选举权和被选举权，能够直接参加议决城邦事务、担任城邦职务；而妇女和奴隶不是自由民，不是公民，因而也就不享有公民的相应权利。但是古希腊的公民概念并没有直接流传下来。而从实质上来看，公民与臣民最大的区别，就在于权利，进而也由这权利决定了人的生存和发展的可能性。

在奴隶社会、封建社会，人民群众只是奴隶主、国王、君主的"臣民"，缺乏公民观念。在奴隶制下，只有少数奴隶主、贵族才是人，而广大奴隶根本不被作为"人"看待，甚至被视同于牲畜，根本没有起码的"人"的地位和资格，奴隶连生命都没有保障，生杀予夺悉听尊便，更何谈其他权利和发展。在这种社会发展阶段，也就只有少数奴隶主、贵族的畸形发展。封建制度取代奴隶制度，是社会历史的一个巨大进步，奴隶逐步被解放，奴隶对奴隶主的绝对依附被相对松散的农民对封建地主的依附关系所取代，农民获得了"民"的资格。但封建社会是皇权至高无上、等级身份森严的社会，皇帝以下，皆为臣民。虽然，法律对"民"的生命财产有一定的保护，但法律主要规定的是"民"的应尽义务，而"民"享有的权利是十分有限的。与此相应，封建政治思想观念有着明显的双重性：一方面，相对于奴隶社会的政治思想观念而言，有了显著的文明进步，尤其是一些有识之士提出的一些"以民为本"、重视"民"的作用、尊重人的民本思想主张，起到了促进人发展的历史作用；另一方面，封建政治思想观念由于受特定的生产方式制约，具有极强的保守性、等级性、歧视性，又在很大程度上钳制、压抑着人的发展。封建专制的中央集权制度必然要求对皇帝权威的绝对服从，文武百官和广大民众都是皇帝的臣民。封建专制政治不仅需要人们对权力的绝对服从，还要求思想观念上的绝对服从。为了造就一个愚昧的被统治阶级，集权官僚制利用其对民众个体在知识、财富、武力方面的绝对优势，"只承认其生存，不容许其自由发展；只认可其物质生活的要求，不许其参与政治；只要求其听命于我，不许其有自觉意识"[1]。广大民众只有服从政治的义务，而毫无政治权利。

由此，在社会各层面的观念领域中均形成了强烈的臣民观念：一是臣服意识。由于封建社会等级森严，一切必须听命于皇帝，民众被排除于政治活动之外，同时将政治神秘化，加上严格的礼仪制度，养成了国民的臣服意识。二是浓厚的等级观念。封建社会是等级社会，人们的社会地位、身份等级和尊卑泾渭分明，这种等级身份必然深刻地渗透、影响政治生活领域，多数人由于地位卑微而形成自我萎缩的政治人格。三是片面的义务观。在封建专制社会里，权利和义务是相分离、不平等的，广大平民百姓只有尽义务的份，法律也往往只是为保护统治阶级、权贵们的特权服务的，因而人们很少有权利意识，而只有尽义务的观念。四是依附型人格。封建政治的权力结构是自上而下的权力分配体系，相应的在政治观念上的等级观念就是其必然要求和反映。"三纲"是等级伦理规范，也是典型的政治规范要求，它明确规定了不同人群之间的主从关系、主宰与依赖、支配与服从关系。而这一观念经长久的教化已入脑入心。对等级秩序的认可和遵循，广大国民依附型人格的形成就成为历史的必然。政治观念上强烈的臣服、顺民意识，使亿万人民长期安于现状。而即便是为官者，也是奴性十足。驯服的顺民的命运只能由别人主宰，而不能自我作主，盼望"明主"、"圣君"，依靠"青天"、"老爷"、乡绅、族长、家长等为其作主，是无权无势的老百姓世世代代的美好心愿。被层层压迫的没有独立意识、自我意识、权利意识的臣民，是无法得到应有的发展的。

现代公民概念萌芽发端于13世纪的英国，在贵族和市民联合起来反抗国王的过程中，于1215年终于迫使国王签署了《大宪章》，限制了国王征税的权力，保护了贵族和市民的财产权，同时对国王作威作福、随意拘捕臣民等滥用权力的行为也做出了重要的限制。《大宪章》在世界历史上第一次以成文宪章的形式肯定了被统治者的合法权利，并限制了国王的权力。保障人民权利和限制国家权力，这是现代宪政制度的起点，也是现代公民观念的萌芽。而后历经300多年贵族与国王的斗争，英国议会于1688年通过《权利法案》，承认国王权力受到议会限制，国王统治必须得到议会同意，民众通过报纸和街头活动表示的愿望开始受到政府尊重。自此，英国国家政治稳定，经济日益繁荣，成为欧洲最重要的强国。而后，新起的资产阶级和工人阶级开始向贵族争夺权利，至19世纪70年代终于也取得了扩大选举权和扩大资产阶级当选机会的结果。18世纪下半叶，保障权利和限制权力的斗争阵地又转移到了美国。

现代国家认定公民的标志是国籍，一个人具有某个国家的国籍，他就被认为是该国的公民，就享有该国宪法和法律规定的权利并承担必须履行的义务。公民就是一个国家的享有充分权利和自由的成员，反映的是公民与国家之间的内在关系。只有作为公民才能取得国家所赋予的政治、经济权利和各种优惠待遇。公民概念的法律层面蕴含着权利和义务的统一、人与人之间的平等关系，以及受法律保护的人格尊严。国家属于全体公民，国家的每一个成员都是平等的公民。

二、公民观的核心问题

随着近代社会商品经济发展和资本主义政治法律关系的确立，公民成为国家政治生活的最基本单位，人们的公民意识也日益增强。公民观是现代社会政治意识的重要内容。它主要包含两个方面：一是指公民对宪法法律所赋予公民的权利与义务关系的认识；二是指公民对国家和社会责任义务的认识，表明个人对国家的认同程度。[2]

公民观的核心问题是对公民的权利与义务关系的看法问题，不同的权利义务观念直接影响着人们对待权利与义务的态度，以及行使权利与履行义务的方式和程度。在公民的权利与义务关系上，存在着几种不同的观点：一是权利与义务分离论，二是权利与义务不平衡论，三是权利与义务统一论。康德认为，公民有三种不可分离的法律属性：宪法规定的自由，公民的平等，政治上的独立自主。[3] 权利与义务的统一是社会主义公民观的本质特征和要求。每个公民既享有一定的权利，又履行相应的义务。我国宪法规定：任何公民享有宪法和法律规定的权利，同时必须履行宪法和法律规定的义务。我国宪法规定公民享有的权利主要有：平等权、自由权、参政权、受益权等；公民的义务主要有：参加社会劳动、为社会做贡献的义务，遵守宪法、法律和社会公共生活准则的义务,保护社会主义财产的义务。我国宪法和法律强调,公民权利义务的平等和统一,要求公民在行使个人的自由权利时,不能损害社会和他人的权利和自由。但是,在现实生活中必须克服两种对权利义务关系的片面认识,即单纯的权利观和单纯的义务观。单纯的权利观只看到个人应享有的权利,而忽视相应的义务;单纯的义务观只看到公民应尽的义务,而忽视公民应有的权利。

由于我国曾长期实行权力高度集中的体制,国家和组织的作用得到强化,公民(市民)社会发育不良,个人的作用则受到一定限制,加上民主与法制建设比较薄弱,公民的权利未受到应有的重视和落实,导致公民观念或公民意识比较淡漠。由于公民权利没有得到尊重和维护,也就导致公民对自己应尽的责任和义务采取一种冷漠的态度,这就是长期以来造成公民意识缺乏的主要原因。与权利缺位状况相对应的却是"义务的透支"。义务完全压倒权利。义务处处优先,造成义务的透支。原本义务与权利应当处于平衡的状态。尽义务是为了享受权利,有权利须以尽义务为前提。二者是不能分开来说的。一旦个人的权利没有得到充分的尊重,那义务便对人形成泰山压顶之势。社会片面强调公民的义务,而忽视公民的权利,这是造成我国公民公民观念淡薄的深刻根源。

三、公民观念与人的发展

公民自身的发展是以公民主体意识的觉醒为前提的。人的发展,需要人自身的自觉,需要人充分发挥自身的积极性、主动性、创造性。我国是人民民主专政的社会主义国家,广大人民是国家的主人翁。但作为单个的公民个人,人们又往往不易感觉到自己是主人,难以在国家的经济、政治生活中发挥应有的主体作用,公民的主体意识不强。长期的高度集权的计划经济体制,造成个人对集体组织的依赖,个人缺乏自主精神和主体意识。实行社会主义市场经济体制后,扩大了集体和个人的自主权,基层民主政治的稳步推进,公民的自主意识已有明显的增强,对集体、单位的依赖性已有明显的降低,但无庸讳言,我国公民总体的主体意识仍是较为薄弱的。主体精神的缺乏,势必制约人的发展。

公民的权利意识是维护自身合法利益、保障个人发展条件的观念基础。权利,是人发展的基本条件。无权利,则无发展。平等权、自由权、受益权、参政权等,是人实现自身发展的一些基本权利,是实现个人发展的起码条件。权利观念的淡薄,使公民在维护自身生存和发展权益方面处于被动不利的地位。没有权利的个体,既有生活之困,也有受限之难,更有生命之虞。因而权利是不可或缺的。权利需要保护,无保护则无权利。法律不对权利进行明确规定,不对合法权利进行周全的保护,不对侵害权利的越轨行为进行打击,权利最好的境况也就是名存实亡。权利固然只有在健康的环境中才能成长起来,需要靠政治实践的逐渐推进,但公民自身的权利意识的增强和培育,仍是不可或缺的重要方面。我国公民权利意识普遍不强,这是不争的事实,因而对于侵害权利行为的防卫、对自身权利的维护不力也就在所难免,使自身生存发展的资源受到损害。

只有公民具备了平等意识，才有获得平等发展的机会和可能。平等意识是指人的人格意义上的无差别，是指人在享有基本权利方面所具有的法律上所认定的一致性，就是人都应该无差别地享受法定的一切权利，都应该享有不被歧视、不被剥夺的无差别对待。平等意识要求每一个人都认识到，无论他是什么民族、在什么地方、是什么性别、从事什么工作、拥有什么职业，无论他是富裕还是贫困、是官还是民，其基本权利是完全地或基本上一致的。我国宪法规定："公民在法律面前一律平等。"但在现实生活中，由于法律、政治制度的不完善，由于封建等级思想的影响，特权思想仍根深蒂固，特权现象还较多地存在。平等意识不强，就难以对抗和抵制特权思想，特权思想就必然盛行。公民平等意识的缺乏，特权思想的严重存在，就会使人们维护自身合法权益非常艰难，就会造成"民告官"难上加难的局面，就会造成一部分人的发展以牺牲另一部分人的发展为代价的状况，对一部分人的发展形成障碍。

四、现代公民观的培育

随着社会主义市场经济的深入发展、社会的转型，创新社会治理的大力推进，一方面对现代公民的培育提出了新的时代要求，另一方面也为现代公民和公民观的培育创造了良好的前提。党的十六大报告提出：健全民主制度，丰富民主形式，扩大公民有序的政治参与，保证人民依法实行民主参与、民主选举、民主决策、民主管理、民主监督，享有广泛的权利和自由，尊重和保障人权。这为中国现代公民和公民观的培育提供了重要的政策支持和保障。党的十六届三中全会提出："坚持以人为本，树立全面、协调、可持续的发展观，促进经济社会和人的全面发展"的宏观目标，为促进人的全面发展指明了方向。党的十八届四中全会提出建设社会主义法治国家的方略，指出：人民是依法治国的主体和力量源泉，"必须坚持法治建设为了人民、依靠人民、造福人民、保护人民，以保障人民根本权益为出发点和落脚点，保证人民依法享有广泛的权利和自由、承担应尽的义务，维护社会公平正义，促进共同富裕。必须保证人民在党的领导下，依照法律规定，通过各种途径和形式管理国家事务，管理经济文化事业，管理社会事务。必须使人民认识到法律既是保障自身权利的有力武器，也是必须遵守的行为规范，增强全社会学法尊法守法用法意识，使法律为人民所掌握、所遵守、所运用"。这为现代公民和公民观念的培育提供了制度性保障，也提出了明确要求。

1. 引领广大公民在有序参与社会治理进程中培育现代公民观

建设法治国家的先决条件就是公民要具有公民意识，而公民意识是在公民自觉参与社会、政治、经济、文化等方面实践活动过程中逐步养成的。当今，我国正着力加强社会治理，为广大公民的社会参与提供了前所未有的渠道和机会。社会治理，就是政府、社会组织、企事业单位、社区以及个人等诸行为主体，通过平等的合作型伙伴关系，依法对社会事务、社会组织和社会生活进行规范和管理，最终实现公共利益最大化的过程。创新社会治理的基本任务包括协调社会关系、规范社会行为、解决社会问题、化解社会矛盾、促进社会公正、防范社会风险、保持社会稳定等方面。社会治理，不仅需要党委统揽全局，协调各方，政府要负起主要责任，还要激发社会活力，发挥社会组织的协同作用，还要有公众的广泛参与，要把社会力量调动起来，把群众的积极性调动起来，社会治理才能更加有序、更加和谐。

公民个体也只有在参与一定的社会治理实践活动过程中，才能真正体验、体会到公民的社会角色、社会责任、平等人格、尊严价值，形成理性的公民观念。积极参与社会治理实践活动，是形成个人公民观念的基础和重要途径，而个人对公民角色的良好体认和价值观念是促进个人自身发展的有利资源。良好的公民素养，开放宽容的社会心态，平等待人的态度，民主协商的作风，助人自助的价值体验，将使个人能更好地适应社会，融洽与社会和他人相处，摆脱自我中心的藩篱，丰富个人的社会关系；较强的法制意识和依法办事意识，有利于规范自身的思想行为，避免不必要的曲折错误；积极的社会参与，不仅可使个人能力得到有效锻炼提升，而且在改造社会、促进社会进步的进程中将拓展发挥个人才能的空间，是对自身资源的有效配置，使个人得到更全面协调的发展，充分实现自身的社会价值。

2. 大力发展草根组织，为广大公民提供参与基层社会治理的平台和机会

公民意识的形成需要在实践中不断积累和强化，需要提供广大公民参与的平台、途径和机会。毕竟公民政治参与的路径和机会是相对有限的，基层社会治理参与的机会则要多得多，路径宽广得多。如何畅通公民参与基层社会治理的路径呢？草根社会组织是大有可为的有效平台。随着我国市场经济的深入发展和社会改革的大力推进，政府对发展社会组织的大力支持、鼓励、放开，草根社会组织得到前所未有的发展。在国家权力和市场权力十分强大和任性，有时甚至被肆意滥用的情况下，草根组织可以起到有效联合公民个体，形成集体力量，起到缓冲作用，维护公民权益；并有效促进公民个体形成积极关注公共事务、合作参与公共事业的态度和行为，培育公民精神。大力发展草根组织，将为广大公民提供参与基层社会治理的有效平台和更多机会，将有效推动公民权利从符号化、虚置化向实体化、操作化转变，直接锻造公民的权利意识，促进公民在基层社会参与中个体自身和相关群体的发展。

3. 规制权力，抵制特权思想，防止权力任性挤占侵蚀公民的权利和发展空间

权力是一把双刃剑。秉公用权，可以造福人民，促进广大公民的发展；以权谋私，特权思想严重，就会严重阻碍、危害广大公民的发展。由于长期受封建专制主义文化和特权思想的深刻影响，当今，我国的干部、官员队伍中仍有许多人对权力存在着深深的迷误，不能认清社会主义权力的本质，不能摆正个人权力与人民权利的关系，公权私用，特权思想盛行，特权行为普遍，以权力压制、侵害人民的权利，以权力欺压百姓，在人民面前作威作福，严重挤占侵蚀公民的权利和生存发展空间。可见，特权思想和特权行为是"权利平等"的天敌，是公民平等发展的天敌。特权思想和行为不除，就不可能有普通公民的平等发展。因此，要抵制、消除特权思想和行为，就必须加强制度的公平设计，从源头上为公民的平等发展创设基本条件。

4. 在实施依法治国进程中树立全民法治思维意识

公民观与法治思维意识是紧密相连的，公民的地位本身就是法律赋予的，也只有在实行法治的社会体制下才能得到真正保障。在权力滥觞、"无法无天"的社会体制下，哪怕法律规定了公民的权利，公民的基本权利也得不到保障，甚至可能被践踏。党的十八届四中全会提出建设社会主义法治国家的目标，这是对过去惨痛教训深刻总结的基础上的巨大历史进步，无疑将开启促进我国公民发展的崭新境界。实施法治，首先就要管住管好权力，必须规范和约束公权力，建立法治政府，使"权力不能任性"，行政机关不得法外设定权力，没有法律法规依据不得作出减损公民、法人和其他组织合法权益或者增加其义务的决定；必须推行政府权力清单制度，坚决消除权力设租寻租空间；加大监督力度，做到有权必有责、用权受监督、违法必追究，使广大公民的权利得到保护和伸张。其次是保障人民群众参与司法。依靠人民推进公正司法，通过公正司法维护人民权益。在司法调解、司法听证、涉诉信访等司法活动中保障人民群众参与。完善人民陪审员制度，保障公民陪审权利，扩大参审范围，完善随机抽选方式，提高人民陪审制度公信度。最后是要推动全社会树立法治意识。坚持把全民普法和守法作为依法治国的长期基础性工作，深入开展法治宣传教育，引导全民树立法治思维意识。推进覆盖城乡居民的公共法律服务体系建设，完善法律援助制度，健全司法救助体系。建立健全社会组织参与社会事务、维护公共利益、救助困难群众、帮教特殊人群、预防违法犯罪的机制和制度化渠道，畅通群众利益协调、权益保障法律渠道。强化规则意识，倡导契约精神，发挥法治在解决道德冲突、社会矛盾中的作用，引导人们自觉履行法定义务、社会责任、家庭责任。

参考文献：
[1] 刘永佶. 中国官文化批判 [M]. 北京：中国经济出版社，2000：229.
[2] 景怀斌，等. 人的文化素质与现代化 [M]. 北京：人民出版社，1995：109.
[3] 康德. 法的形而上学原理——权利的科学 [M]. 北京：商务印书馆，1991：140-141.

论现代人与社会及其关系

邓泽球　王　敏　应　欢

（中国计量学院马克思主义学院，浙江杭州，310008）

摘　要：从一般人、传统人和现代人三个角度对个人进行了分析，概括了现代人的心理特征和行为倾向、社会转型期中国公民的心态、现代人的群体特点及思想行为特点；从一般社会、传统社会和现代社会三个角度对社会进行了分析，揭示了现代人与社会、人的社会化与社会人本化的辩证关系即对立统一关系。

关键词：现代；现代人；社会；关系

作者简介：邓泽球，男，湖南人，博士，教授，硕士生导师，全国及湖南省法制宣传教育暨依法治理先进工作者，福建省"百千万人才工程"人选，福建省、浙江省省外引进高层次人才，浙江省优秀教师，浙江省教书育人先进个人，主要研究哲学伦理学、马克思主义理论与思想政治教育、高校德育。王敏，中国计量学院马克思主义学院研究生。应欢，中国计量学院马克思主义学院研究生。

一、现代人

对人的分析，可以从一般人、传统人和现代人三个角度进行。

一般人就是一般意义所说的个人，是从理论上对个人进行一般性的分析而不作时代区分。个人是指生活在社会中的人类的个体，是指一个个现实的人。它包括从事物质资料生产的人和从事精神生产的人，包括过去、现在和将来所有的个体。在马克思主义看来，个人不是孤立的存在物。个人的活动同社会生产方式紧密联系在一起，不能在生产方式之外讲个人活动，也不能在个人之外讲生产方式变迁。马克思说："生产力与交往形式的关系就是交往形式与个人的行动或活动的关系。……由每一个新的一代承受下来的生产力的历史，从而也是个人本身力量发展的历史。"[1]123-124可见，个人是从事社会实践活动的人，既是社会实践活动的承担者，又受社会实践活动制约，既是社会生活条件的创造者，又是社会生活条件的被创造者。正如马克思指出的："人们是自己的观念、思想等等的生产者，但这里所说的人们是现实的、从事活动的人们，他们受自己的生产力和与之相适应的交往的一定发展——直到交往的最遥远的形态——所制约。"[1]72个人是物质资料生产、政治活动和精神活动的承担者。没有个人的存在，也就不可能有社会的生产活动、政治活动和精神活动。马克思说："我们的出发点是从事实际活动的人，而且从他们的现实生活过程中还可以描绘出这一生活过程在意识形态上的反射和反响的发展。"[1]73因此，个人不仅具有社会属性，而且是有意识、有目的、具有思维属性的物质实体。个人的自然属性、社会属性和思维属性都是具体的、现实的、历史的、变化发展的。个人都是现实的人、具有独特个性的人。每个人的年龄、高矮、胖瘦、相貌、志趣、爱好、气质、能力、信仰、信念等都是不同的、千差万别的，完全相同的、绝对一样的两个人是根本不存在的。每个人除了具有人类的共同属性、共同本质外，还有自己特有的属性和特殊的本质。在阶级社会中，个人总是隶属于一定阶级的，脱离阶级的个人是不存在的。阶级社会中的每一个人，都是在一定阶级的经济地位上生活，各种思想也无不打上阶级烙印。因此，在阶级社会中，超阶级的、非阶级、没有阶级属性的个人是不存在的。人和社会同时诞生、相互影响、不可分割。"人在积极实现自己本质的过程中创造、生产人的社会联系、社会本质，而社会本质不是一种同单个人相对立的抽象的一般的力量，而是每一个单个人的本质，是他自己的活动，他自己的生活，他自己的享受，他自己的财富。"[2]24人是处于"一定历史条件和关系中的个人"[3]，"人的本质是人的真正的社会联系"[2]24。"社会本身，即处于社会关系中的人本身"[4]，"正像社会本身生产作为人的人一样，人也生产社会"[2]121。人的存在始终具有二重性。一方面，任何人都是一个个体的存在物；另一方面，任何人又不是"纯粹的个人"，只有在社会中才能存在，是一定社会的成员，又是社会的存在物。人既是"个人的存在"，"同时又是社会存在物"[2]119，把这两个方面内在地集于一身，因而成为"只有在社会中才能独立的动物"[5]。人的这种二重性正是个人同社会的必然关系决定了的，它反映了这样一个基本事实，社会是由人组成的，没有个人就无所谓社会；而社会又是各个个人之间的一切社会关系构成的有机整体，如果否认个人同社会这种必然的相互联系，那么也就是否认了人之所以为人的本质。

传统人是指与现代人相对应的人。人是社会的产物，在社会中生存和发展，必然受到所处社会的制约和影响，因而历史上的传统社会造就了历史上明显打着传统社会特征烙印的传统人。此外，有些人的进步远远落后于社会的进步，因而即使历史发展到现代社会，但仍然存在着生活在现代社会的传统人，他们的观念、思维、能力、方式、方法、行为、习惯等仍然沉浸在过去的意境和旧梦中。本书在这里所说的传统人，主要指历史上的传统人，有时也包括现实中的传统人。传统人的局限性表现在：害怕和恐惧革新与社会改革，不信任乃至敌视新的生产方式、新的思想观念；被动地接受命运，盲目服从和依赖传统的权威；缺乏效率和个人效能感，顺从谦卑的道德，缺乏突破陈旧方式的创造性想象和行为。凡事总要以古人、圣人和传统的尺度来衡量评断，一旦与传统不符，便加以反对和诋毁；对待社会公共事物漠不关心，与外界孤立隔绝，妄自尊大，凡属与眼前和切身利益无明显关系的教育、学术研究都不加重视或予以蔑视排斥。

现代人。这里所说的"现代"，在广义上，是指1949年中华人民共和国成立以来，在狭义上，是指1976年"文化大革命"结束，尤其是1978年中国共产党十一届三中全会召开后的改革开放，特别是2000年进入新世纪以来的社会发展时期。本文所谓的"现代"，主要取其狭义。简而言之，"现代"，就是现今我国的社会历史时代。从时间上看，现代相对古代、近代而言，包括当代；从内容上看，现代与传统具有对应关系。现代与传统分别表示着时间的序列以及时间的延续和过程，既有时间上的前后差异，也有时间上的相互转换，同时还有活动于时空中的人们思想道德观念的传衍与变化。传统是指过去的某一时间范围，是由过去的物质条件和制度，过去的社会心理意识、思想观念、行为方式决定的；现代则是指现在和未来的某一时限范围，它是传统的延续，也是传统的发展，是传统的转换和再生。传统和现代不仅有时间上的界限，而且有质的不同。

第一，现代人的心理特征和行为倾向。美国学者A.英格尔斯的著述在人的现代化研究这一领域中是具有广泛影响力的典范之作。他调查研究了六个国家的6000人，发现现代人在生活态度、价值观念和社会行为模式等方面主要具有以下12个方面的特征：①乐于接受新的生活经验、新的思想观念和行为方式；②准备迎接社会的变革；③思路广阔、头脑开放，尊重并愿意考虑不同的意见和看法；④注重现在与未来，守时惜时；⑤有强烈的个人效能感；⑥有计划性；⑦尊重知识；⑧可依赖性和信任感；⑨重视专门技术，有愿意根据技术水平高低来领取不同报酬的心理基础；⑩对教育的内容和传统的智慧敢于挑战；⑪相互了解、尊重和自尊；⑫了解生产及其过程。L. A.卡尔在对两个国家的1300多人调查研究的基础上，归纳出了现代人的七大特征：①他是一位积极分子，而不是消极分子，换言之，他不是一位宿命论者，而是试图企划未来、以求实现自我理想的人；②在实现计划时，他依赖自己，而不依赖亲朋；③他是一位个体主义者，不愿过度地认同他人；④他乐意都市生活的刺激和机会；⑤他不认为都市生活的基本结构是固定不变的，相反，他认为像他一样的普通人都有对社会产生影响的可能；⑥他认为生活和事业上的机会并不是固定不变的，每个人都有机会改变自己的命运；⑦他会尽可能地运用报纸、广播和电视等大众传播媒介。E.弗罗姆与上述两位学者的实证分析不同，他从理论抽象的高度概括提出了现代人的21条人格特征，主要包括：注重现实的能力，对生活的热爱，沉着，稳重，自信，不崇拜偶像，克服自卑，遵守纪律，发展自我想象力，人可以正派但不可以幼稚，持有生命过程的乐观主义，等等。

我国台湾学者杨国枢的实证研究发现，现代化程度越高者有如下特征：①在动机和需要方面，其自主需要、异性恋需要和成就需要越强；②在态度和观念方面，其权威性格越弱；③在兴趣和价值方面，其对社会价值和人情关系的忽视越大；④在气质和情绪方面，其适应性、外向性、独立性、变化性、对他人的容忍性以及（女生的）男性化趋势越强；⑤在认知方面，现代化程度高者也与现代化程度低者有明显的差异。"个人现代性并不是一种独立的特质，它涉及整个人格的其他方面。换一句话说，现代化的历程并非只是使人在观念与态度上有所改变，而是使整个人格的各方面都发生改变。因此，我们可以说，人创造了一种新的生活方式（现代的生活方式），但是这样新的生活方式也创造了一种新的人。社会及生活的现代化与'人'的现代化是密切关联的。"[6]1991年，杨国枢在总结20多年自己和他人研究人的现代化成果的基础上，出版了《中国人的心理和行为》一书。在其中一篇题为《中国人的个人传统性与现代性》的研究报告中，他把中国人的传统性与现代性进行了比较，列出了14项心理和行为的主要特征，如下表所示。[7]

中国人的心理与行为取向的转变

传统性特征	现代性特征
集体主义的取向	个体主义的取向
家庭主义的取向	制度主义的取向
特殊主义的取向	普遍主义的取向
顺服自然的取向	支配自然的取向
他人取向	自我取向
关系取向	表现取向
过去取向	未来取向
自抑取向	成就取向（即行动取向）
权威取向	平权取向
依赖态度	独立态度
求同态度	求异态度
谦让态度	竞争态度
知足态度（即安分态度）	容忍态度
外控态度	内控态度

我国学者周晓虹认为，现代人在现代社会文化大变迁的诱导下，其社会心理和行为取向也呈现出如下几个方面的趋势特征：①现代人的情感素质开朗求新，乐于以新的方式和态度对待生活。人们破除了守旧意识，不断追求新的生活，个人生活节奏进一步加快，社会变化发展的总体步伐也空前加快。②现代人的思维方式趋向于多元化的选择。已往单一模式、单一层次的思维方式已无法存在于现代多样化的世界中，生活方式的多样化和不断更新，决定了现代人思维方式的现代化，即实现着奈斯比特向我们揭示的又一转变："从非比即彼的选择到多种多样的选择"。③现代人价值取向要求个性化和理性化的高度集合。④在个性强化的同时，现代人的人际关系呈现出和已往不同的互动模式，即从亲密性的首属关系转向短暂性的次属关系。⑤现代人行为活动的时空坐标系中，明显地呈现了下述变化：随着人们生活节奏的加快和有序，在时间轴上出现了"同步化，标准化，线性化，……改变了常人在其生活中处理时间的方式"[8]，与此同时，工业化风暴建立了"空间广阔"的文明，现代人的心理视野和活动范围在空间轴上无限延伸，社会成员的空间距离、心理距离在逐步缩小。

第二，社会转型期中国公民的心态。中国社会正在经历的全面转型包括：从自给半自给的自然经济、产品经济向社会主义的商品经济、市场经济转化，从农业社会向工业社会转化，从封闭半封闭社会向开放社会转化，从乡村社会向城镇社会转化，从同质单一性社会向异质多样性社会转化，从伦理社会向法理社会转化。其实，在这一切转化之中或者说在这一切转化的同时，还存在着另一种更为深刻和全面的转化，这就是中国国民的社会心理也正在经历着从传统向现代化的转化。而且，这种转化同社会结构中的转化一样表现出了新旧体制和事物之间的严峻冲突。能够设想的是，在这场规模空前的社会文化变迁中，我国公民的社会心态经历的转变一定会是动荡不定和复杂难测的。这种复杂性将表现为文化冲突中价值选择的双重取向，即社会显观念和潜意识相互矛盾而并存，先进的思想意识形态的诞生和陈腐观念、传统行为定势的延续相互交错而并行。一方面，越来越多的人的人格和社会行为在趋向现代化；另一方面，也有相当多的人的心理和行为取向趋于严重的失落、失衡、失范和失控之中。

为了把握中国国民的社会心理在现代化进程中的转变及其趋向，有关学者两次通过大规模的问卷调查，对我国国民的社会心态和行为模式的现代化取向进行了测量和研究。通过对1000多人的抽样调查，研究发现，虽然我国社会各阶层人士的现代性程度不一，但被调查者的现代化意识的得分均已明显超过问卷测量的中界值，呈现出"较现代"的倾向，这突出反映在以下几个方面：人们的主体意识日益突出；表现在具有了更多的社会参与意识和社会责任感；民主意识和法律观念得到强化；在日常生活中，要求确立在择业、择偶等生活方式和生活内容中的自主权利；更加尊重老人、妇女、下一代人，在自身发展过程中更注重个性发挥和价值、潜能的展现，渴望成才，为社会做出更多的贡献。效益意识的日益强化是现代人观念变革的重要标志，主要体现在：越来越多的人讲求务实、关心社会信息；要求机会均等基础上的公平竞争；强调时间、效率和生活的计划性；更加尊重知识、人才在现代化建设中的地位。创新意识在一向追求老成持重、中庸求稳的中国人心中萌发，犹如一石激起千层浪，不仅成为现代人观念转型的重要特征，而且已成为推动中国社会加速运行、焕发青春的主要动力；在现代人中，普遍要求生活消费、环境体制的变革；希望有更多的社会流动、社会开放；在人的自身发展中，进取精神、风险意识、首创开拓观念日益增强，以往"人怕出名猪怕壮"、"枪打出头鸟"等中庸观念已经被很多人抛弃。在创新意识形成中，年轻人显然走在这场变革的前列。

上述价值观和行为取向的进步是基本适应现代社会变化发展要求的，反映了改革开放30多年来的进步特征；同时也说明，中华民族的一代新人，在社会现代化进程中，在自身素质提高、社会行为变革、现代意识崛起的基础上，正在健康成长。当然，在剧烈的社会变革中，我国公民心态还存在严重的不平衡特征。现代中国人正处在新旧文化交替的过渡时代，在思想行为发展历程中倍感双重价值的剧烈冲突。对新价值体系的向往常常会使人们感到超越时代的激动和痛苦，而对旧的价值体系的留恋却又会使人们对消除二元结构产生抵触情绪。当新旧价值的力量对峙之际，过渡期间的人或者会感到无所适从，或者可能对二元价值同时失去信仰，这时人的心理便会因无所遵循而失衡。新旧体制的交替、新旧文化的冲突引发出现代人行为选择上的"颤动"。对过去的动乱、现在的震荡感到不理解和价值失范，人们的行为选择在相当时间内会出现种种无序现象和行为失控，诸如偏激行为、挫折行为、自恋行为等。

在日趋加大的现代化"边际冲突"中，更助长了一些人非理性、唯我主义、个人主义、颓废虚无主义以及盲目崇洋等思潮的形成，现代文化和人的心态出现了畸形发展的现象。这些都急需引起重视，应该在人的现代化和国民性格的重塑、在现代人与社会的发展中予以矫正。

第三，现代人的群体特点。从现代人群体的历史发展看，当前我国改革开放与社会主义现代化建设的日益深入等社会历史条件的变化，使现代中国人的群体构成表现出人数增多、成分和组织形式多样等特点。改革开放以来，尽管我国进一步实行了计划生育政策，人口出生率有所下降，但由于医疗、保健、卫生、生活等条件的改善，人均寿命延长，死亡率降低，因而自然增长率仍然不低（国内只有上海市人口出现了负增长），人口数量从20世纪七八十年代的10亿增加到了现在的13亿多。现代中国人既有1949年新中国成立前旧民主主义革命和新民主主义革命时期出生和成长起来的老一辈，也有生活和学习、工作在新中国成立后社会主义革命和建设时期的中壮年，还有"文化大革命"政治运动结束后出生并成长的改革开放新时期的新一代。无论历史上的不同阶段，还是现实中的多样发展，都使现代中国人经历了并正在经历着多种所有制、多种分配方式、多样利益关系并存，多种组织形式、多种生活方式、多种社会阶层、多种思想观念同在。错综复杂、千变万化的多元社会生活构成了现代中国人发展的多样背景。随着我国改革开放的深入、市场经济的建立，一方面，现代人的主体性、独立性、自主性、选择性、创造性、个体性、个性化等明显增强；另一方面，其客体性、依赖性、受动性、制约性、适应性、整体性、社会化也是不容忽视的客观事实。现代人竞争的全方位性和日益激烈性，使之心理压力呈不断加大趋势，心理矛盾等问题日益增多，如理想与现实的矛盾、情感与理智的矛盾、独立性与依赖性的矛盾、闭锁心理与交往需要的矛盾，等等。在现代人的各种心理障碍中，人际敏感、强迫、偏执、抑郁、敌对性、精神病性、焦虑、恐怖等是主要问题。

第四，现代人的思想行为特点。首先，思想活动影响因素的多样性。当前，社会信息化的发展、经济全球化的推进、社会生活多样化的产生，加之现代人思想的活跃性，使得影响现代人思想活动的因素呈现出复杂性与多样性。国内和国外的许多事件，理论和实践的许多课题，历史和现实的许多问题，都成了引发现代人思考进而影响现代人思想活动的重要因素。它们的特点是：种类与规模愈益发散，影响力愈益加大，异质性明显增强。与之相应，主流文化和学校教育虽然还是有计划的、系统的影响渠道，但是在日益众多的影响因素中，已经不再具有垄断统治地位的优势，其权威性已经受到严峻挑战。其次，思想关注点的宽域性、分散性和思想文化需求的表层性。信息化的发展为现代人以更加开阔的视野观察、认识世界创建了条件。通过网络，古今中外的各种问题都可以成为现代人关注、品评、思考的对象，思想关注点显现出明显的宽域性、拓展性和分散性的特点。这从一定意义上折射出供现代人选用的思想文化资源的丰富性及现代人思想文化生活的个性化发展趋势，具有一定的积极意义。信息化社会中各种思想信息的极度丰富性、迅速变化性，也滋生了现代人思想文化需求的表层性发展。人们经常感叹的所谓现代人逃避"深刻"、远离"经典"、拒绝"复杂"，而更喜欢简单，更热衷于流行文化、快餐文化、"超女"文化，以及一些调查研究所概括的现代人的阅读行为已经进入"方便面时代",等等,都是这种表层性的体现。再次,价值取向的多样性和现实性。改革开放的逐步深入,带来了社会现实的多样化发展,使得现代人的价值取向表现出明显的多样性。现代人已不再用同一个价值目标来规划自己的人生发展,也不再用同一个价值尺度来评判自己和他人的是非得失。现代人已经习惯于根据自己的理想来设定自己的价值目标,运用多样的价值尺度来看待他人和社会,从而对社会现实表现出更多的宽容和理解。在日益多元的价值取向中,现实性是现代人表现出的共有的鲜明特色。现代人不再简单地抱着带有天真色彩的理想来对照社会现实,简单地批判社会现实,而是开始更多地在承认社会现实、遵从社会规则的前提下探讨社会的更好发展;更加注重个人与社会的统一,在自我实现与服务社会的统一中设计自己的人生蓝图。在所面对的社会现实与所接受的思想理论不尽一致的情况下,现代人往往将现实的利益作为第一选择,这也是导致现代人知行不一现象比较普遍的重要原因之一。最后,思想行为的能动性增强。这是指现代个人的思想行为对他人、对社会的思想观念和行为方式所具有的影响性、推动性、促进性增强。这主要是因为,一方面,现代人在与改革开放同步发展变化的历程中,形成了与改革开放和市场经济的发展相适应的思想观念和行为方式,具有强烈的独立意识、自主意识、平等意识、民主意识、效率意识、竞争意识和法律意识等,敢于冒险、敢于创造、敢于挑战,善于接纳新生事物,不迷信权威。这些思想行为反过来对现代社会的发展进步具有明显的影响作用。另一方面,随着市场经济、经济全球化和社会信息化的发展,人们的社会关系越来越丰富、广泛,联系越来越密切、频繁,而且千变万化、错综复杂,因而现代人思想观念和行为方式之间的相互影响也不断增强。现代人思想行为能动性的增强,要求我们从整个社会和谐发展的角度,进一步加强和改进现代思想政治教育,不断增强思想政治教育的主动性、针对性和实效性,提升现代人的思想政治素质,引导人们的思想行为与社会和谐发展,从而推动全社会思想道德状况的和谐发展。

二、社　会

对社会的分析,同样可以从一般社会、传统社会和现代社会三个角度进行。

一般社会就是一般意义所说的社会,是从理论上对社会进行一般性的分析而不作时代区分。所谓社会,是指以一定物质生产活动为基础而形成的经济、政治、思想等相互联系的人类生活的有机体,是相互联系的有组织的个人集合体。社会是随着人类的出现才产生的,正如恩格斯指出:"由于随着完全形成的人的出现又增添了新的因素——社会"[9]。马克思也说:"社会——不管其形式如何——究竟是什么呢?是人们交互作用的产物"[10],"生产关系总和起来就构成所谓社会关系,构成所谓社会,并且是构成一个处于一定历史发展阶段上的社会,具有独特的特征的社会"[1]345。马克思给社会下的这个定义,不仅概括了人和社会产生的历史过程,而且揭示了它的本质,指明了人和社会都不是抽象的、永恒不变的,而是一个由于其内部矛盾运动而不断变化发展的过程，其中每一个社会以及这个社会中的人，由于其所处的历史发展阶段的不同，由于生产力和生产关系、经济基础和上层建筑之间的矛盾运动及其性质不同，都有着自己独特的特征和本质。这样来认识和把握社会与人，才能正确地认识和把握现代个人与社会的关系。总之，社会是在一定的生产方式的基础上形成的众多的个人之间持续不断地相互联系、相互影响、相互制约、相互作用的特殊的物质、精神、政治文化机体，其中，人们在一定的物质生产活动的基础上形成的生产关系、经济关系是社会的骨骼，人们的思想意识以及通过思想意识而形成的各种社会关系则是生长在这个骨骼上的肌肉和血管。社会作为人们之间相互联系、相互作用的体系，就是这样一个活生生的整体。

传统社会是指与现代社会相对应的社会。从纵向、动态看，传统社会包括现代社会之前历史上存在过的各种形态的社会，如原始社会、奴隶社会和封建社会等；从横向、静态看，世界上至今还有仍然处于传统社会的国家、地区和族群；从性质、特征看，传统社会经济上是低生产力水平基础上的自然经济、计划经济、农业社会，文化上文明程度不高，政治上民主、法治意识和制度还不强、不完善甚至远远没有建立起来。经济学者海根（Hagen）综合社会学、人类学和心理学的观点，刻画了传统社会的特征："假如一个社会的行为方式代代相因，很少改变，那么这就是一传统性的社会。在这个社会里，传统主义色彩很显，其他的特征也可发现。行为受习俗而非法律所支配，社会结构是有层阶性的，个人在社会中的地位通常是传袭的，而非获得的。并且，就世界史言，在这传统状态下，经济的生产力是很低的。故简言之，一个传统性的社会是：'习俗支配'，层阶性，身份取向性及非生产性的。"[11]农耕社会是典型的传统社会。中国长期属于这一类型。我国传统社会历史悠久、内容厚重、惯性很大、影响深远：以农立国，家国同构，以血缘关系为纽带，以伦理道德为本位，重家国整体性、轻个体自立性，重人际纲常依附、轻个人自由创造，重敏而好古之风、轻面向未来发展，重以官为本诉求、轻物质和科技追求，重狭隘血缘关系、轻社会开放行为，等等，具有明显的封闭、依附、顺从、保守、落后的特征。

现代社会。本文所说的社会，在特定的意义上，指的是现代社会，主要是现代中国社会。目前，我国社会正处在从传统向现代的激烈的转型期，即经济体制从计划经济向市场经济转型，社会技术形态由农业社会向工业社会转型，社会交换形态由自然经济、半自然经济向社会化的商品经济转型，社会主体从人的依赖关系向物的依赖关系进而向人的全面发展转型，以及与上述生产方式变化相适应和相联系的政治、法治体制的转型和文化、道德、价值观念的变化及传统人向现代人的发展。改革开放的深入、市场经济的奠定、全球化的趋势、信息时代的到来、民主政治的建设、法治国家的形成、伦理秩序的维护、社会文明的提升、科学发展的贯彻、和谐社会的建构，是现代中国社会的十大特征。

三、现代人与社会的辩证关系

现代人生存和发展的主要矛盾,已经不是传统的人与自然的矛盾,而是转化为人与自己所创造出来的世界——社会的矛盾,即人与自己的活动及其产物的矛盾。人们认识和改造的对象的重心已经从自然转移到社会再转移到人自身。社会对自然来说是人化世界,对人来说又是物化世界。人既是社会历史的创造者、剧作者,又是社会历史的被创造者和剧中人。人创造社会,社会又创造人。现代个人与社会和谐发展是现代个人与社会辩证关系矛盾运动达到对立统一的过程和结果。现代人发展的特点,就是经过这种既有依赖性又有创造性的矛盾关系体现出来的。

人与社会的关系,也是内与外的关系。人的本质力量的对象化形成社会结构和活动领域,而社会通过人的社会化而实现的内化又丰富了人性内涵,人性结构化形成人的内在世界。人通过语言、文字、网络等符号描述和表达人对自然、社会和自身的认识,是人的意识的外在表现形式,包括感性的社会心理、达成一定共识状态的社会舆论和社会思潮、系统化的社会意识形式,这些是人内在精神世界外化的认识形式。同时,人的内在精神世界还表现出更高的实践形式。实践是观念与行动的统一,是内在主观世界与外在客观世界的中介。人的主观目的、精神动力、情感意志等内要素,始终贯穿在与客观外界的物质和精神交换以及改造主客观对象世界的具体活动之中。可见,人的内在主观世界外化的认识和实践途经,都必须以外在客观世界为认识、交换和改造的对象。人的内在主观世界与人的外在客观世界,不可分割地联系在一起。因此,现代人与社会和谐发展,既表现为人的内在主观世界的知识、德性、素质的丰富与提高,又表现为适应、认识、改造外在客观世界能力的发展与增强,是人的主观与客观即人与社会辩证关系的矛盾运动。

现代人与社会的辩证关系即对立统一关系。一方面,两者是和谐的、统一的。人的发展与社会发展是同一过程的两个方面,是一个双向建构的过程,他们相互制约、相互作用、相互影响、相互促进。绝大多数社会成员的发展是社会发展的前提、条件、内容、保证和标志,而社会的发展又是社会成员发展的前提、条件和保证,两者互为前提和条件:人是实现发展的主体,创造着发展着的社会;人又是社会锻造和塑造的客体,人的发展有赖于社会的发展,发展的社会创造着发展着的人。在人与社会的关系中,人是唯一能动的因素。社会创造发展着的现代人是通过人创造发展着的现代社会而实现的,人正是在实现现代社会发展的实践中造就自己的现代发展素质。人塑造现代社会,也塑造现代自我。因此,社会创造现代人,归根到底是人对自我现代化的能动创造,是自我创造自身的现代化发展。人是社会的人,社会是人的社会。个人与社会的关系是贯穿现代人与社会和谐发展过程始终并制约各个方面、各个环节、各个阶段发展的根本矛盾。

现代人与社会的关系总体上看是和谐的、一致的,但也有不同步性、不平衡性,即不和谐性、不一致性。这既表现为个人与社会的不一致,也表现为社会对个人的不一致；既表现为个人对社会的影响，也表现为社会对个人的影响；既表现为个人滞后于社会，又表现为社会滞后于个人；既有生产经济、物质上的不一致，也有政治、文化、制度上的不一致；既有思想、观念、精神上的不一致，也有生活、实践、行为上的不一致。我国是一个传统性厚重的国家，自古以来人们就有厚古博今的传统。我国社会真正进入现代化轨道，融入世界现代化大潮，是在改革开放之后。在30多年的短暂时间里，要对传统遗留下来的制度、观念、习惯等进行清理、鉴别、扬弃，并结合现代实践进行转化、升华和创造，需要每个人的现代自觉。社会的传统体制以及传统的生产、生活的思维方式，都既由人维系，也要由人来改变，而人的传统观念是传统体制与传统活动方式的深层基础，更要靠人自身突破。所以，我国社会改革开放及其发展，总是伴随着与一些人的传统价值观念和活动方式的矛盾。这一矛盾，实际上是现代个人与社会的矛盾，反映了由于人的发展滞后于社会发展而呈现的现代人与社会和谐发展的深层性和艰巨性。

四、人的社会化与社会人本化

这是本文的一对方式范畴，也是现代人与社会辩证关系的深入和展开。要正确处理个人与社会的关系，实现现代人与社会和谐发展，就必须实现人的社会化与社会人本化的统一。换句话说，实现人的社会化与社会人本化的统一是解决个人与社会的矛盾、达到个人与社会和谐发展的途径和方式。

现代中国，在人的现代化和社会现代化的过程中，表现出人的社会化与社会人本化的矛盾。一方面，人的现代化、人的发展的实质是人的社会化发展。人的社会化程度越高，人离动物界距离越远，越日益成为自然的主人、自身的主人、自己相互结合的社会关系的主人。因此，不可能离开人的社会本性的升华去追求人的现代化和人的发展。所谓人的社会化，是指个人通过学习、实践掌握社会生活知识、技能和规范，适应并融入社会环境，在发展自己社会性的同时向社会发挥作用的过程。人的社会化是相对于人的自然性和人与社会的分离性而言的，是个人进入、融入社会的必经途径，也是衡量个人适应社会和作用于社会的程度的标志，是人面向社会的外在性表现。社会主义市场经济体制的建立，改变了自然经济和计划经济体制下人的封闭性与分离性，为人们创造了发展的广阔空间，提高了人的社会化程度，这是人与社会的历史性进步。人的社会化发展，实际上是人的社会关系的丰富，是人充分发挥作用的途径增多，这是人发展的前提和条件。同时，社会的现代化、社会的发展也要求人发展社会性本质、实现社会化发展，这样，社会才能得以持续发展。因此，要提高人的社会化、合作性、集体性，克服个人本位、个人中心、个人封闭的自发状态，进行以社会目的、社会规范为内容的社会引导。

另一方面，人的发展和社会的发展也必然要求社会人本化。人的现代化、人的发展，既是人的社会性、合作性、集体性、社会化的发展，也是人的个性、独立性、主体性、个性化的发展。人的现代化发展的实质，是人的价值观念、行为方式、生活方式实现由传统人向现代人的转变。现代人与传统人的根本区别在于个人是否具有独立的、开放的、创造的主体性。人的主体性是人的本质的集中体现,是衡量人的现代化程度或人的发展程度的标志,也是个体在特定活动领域所显示的自身特性,是人内在发展程度的表达。人适应并融入社会的程度,有赖于人的独立性、自觉性、自主性、能动性和创造性即主体性。人没有或缺乏主体性的极端表现,是人的本质的消解和丧失。我国社会主义市场经济体制的建立,改变了自然经济和计划经济体制下人的依赖性、从众性和模式化,给人们提供了发展的自由条件,增强了人的主体性,这也是人与社会的历史进步。人的主体性发展,实际上是人自身素质的全面提高,是人内在潜能的充分发掘,它是一切发展的基础和源泉。可见,人的社会化、社会性和个性化、主体性,都是人性和人的本质的表现,都要求社会人本化。所谓社会人本化也可称为社会人性化,即以人为本,符合人性,适应并促进人的发展。以人为本,就是以人为根本,尊重人,尊重人的人格、地位和尊严,启发人的自觉性;以人为基本,关心人,关心人的需要和利益,调动人的积极性;以人为资本,开发人,开发人的价值、作用和潜能,激发人的创造性。符合人性,就是既符合人的自然属性,又符合人的社会属性和思维属性;既符合人的个性、主体性、竞争性,又符合人的共性、社会性、合作性。社会人本化是以人本发展观为指导的。人本发展观告诉我们,社会人本化就是社会的发展既依赖人的发展又为了人的发展,人既是发展的手段更是发展的目的。坚持以人为本的发展观,首先,要把人的全面发展作为社会和人的发展的根本目标,把社会的经济、政治、文化发展,归结为满足人的发展需要,代表广大人民群众的根本利益,体现一切为了群众和立党为公、执政为民的民本观。其次,把人的发展作为一切发展的基础,坚持人民群众是社会发展主体和历史发展动力的唯物史观,广泛动员群众,充分发挥群众的积极性和首创精神,推进我国社会主义现代化建设,继承和弘扬党的一切依靠群众、从群众中来到群众中去的群众观。再次,树立人才资源是第一资源的观念,把人才资源作为最重要的战略资源来认识、开发和管理,努力使我国由传统的人口大国转化为人才资源强国,把人口压力转化为人才优势,形成小康大业人才为本的共识。人本发展观是与以追求物质利益为根本目的而把人作为物来对待的物本发展观相对立的。物本发展观是资本主义社会的主导发展观。马克思、恩格斯对之进行了分析批判,扬弃了"经济人"的异化。我国现阶段也有某种程度的物本发展、功利化的倾向:如把人只作为赚钱的工具而不顾人的安危,只把物作为唯一追求的价值目标而不讲道德,只顾自己的经济利益而不择手段,盲目追求 GDP 的片面发展观导致的有增长没发展,等等。人是社会的人,社会是人的社会。不实现社会人本化,社会发展不以人为本,就会导致社会和人的异化,阻碍人的发展,进而阻碍社会全面、协调、可持续发展。所以,人适应社会与社会适应人的结合、人的社会化与社会人本化的统一,是现代个人与社会和谐发展的根本途径和方式。我们既要通过教育、实践等推动人的社会化,使人的发展融入社会发展的轨道,适应并促进社会发展;又要以人为起点、目的、基础、核心、标准、动力和归宿,一切为了人,一切依靠人,在建设社会中发展人,促进社会人本化,使社会越来越适合并促进人的生存和发展。

参考文献：

[1] 马克思恩格斯选集：第1卷［M］.北京：人民出版社，1995.
[2] 马克思恩格斯全集：第42卷［M］.北京：人民出版社，1997.
[3] 马克思恩格斯全集：第3卷［M］.北京：人民出版社，2002：86.
[4] 马克思恩格斯全集：第46卷上册［M］.北京：人民出版社，2003：266.
[5] 马克思恩格斯全集：第12卷［M］.北京：人民出版社，1995：734.
[6] 杨国枢.中国人的蜕变［M］.台北：桂冠图书公司，1989：345.
[7] 郑永廷，等.人的现代化的理论与实践［M］.北京：人民出版社，2006：60.
[8] 托夫勒.第三次浪潮［M］.北京：生活·读书·新知三联书店，1984：168.
[9] 马克思恩格斯选集：第4卷［M］.北京：人民出版社，1995：378.
[10] 马克思恩格斯全集：第27卷［M］.北京：人民出版社，1995：477.
[11] 金耀基.从传统到现代［M］.北京：中国人民大学出版社，1999：6.

少数民族地区未成年人思想道德建设的原则、方法和途径

韦吉锋

(百色学院教育科学系,广西百色,533000)

摘　要：少数民族地区未成年人思想道德建设要坚持广泛性与先进性的有机统一、社会性与个体性的有机统一、同一性和差异性的有机统一。加强和改进少数民族地区未成年人思想道德建设,要以人为本,以体验教育为基本途径,实行德育导师制,发挥学科教学的思想道德教育功能。

关键词：少数民族地区;未成年人思想道德建设;原则;方法和途径

作者简介：韦吉锋,男,瑶族,广西大化人,法学博士,教授,编审,广西教育学院三级教授、科研处处长、学报副主编、编辑部主任。广西师范大学政治与行政学院、广西师范学院政法学院硕士生导师。主要从事思想政治教育学、编辑学和区域文化学研究。

基金项目：国家社科基金专项资助西部项目"少数民族地区未成年人思想道德建设实效性研究"(04XZZ011)。

少数民族地区未成年人思想道德建设是指少数民族地区学校、家庭与社会齐抓共管,教育和引导未成年人弘扬和培育以爱国主义为核心的、伟大的民族精神,树立和培育正确的理想信念,培养良好的道德品质和文明的社会行为,促进其全面发展的精神文明建设活动。少数民族地区未成年人思想道德建设要遵循一般的未成年人思想道德建设原则,如坚持与培育"四有"新人的目标相一致、与社会主义市场经济相适应、与社会主义法律规范相协调、与中华民族传统美德相承接的原则,坚持贴近实际、贴近生活、贴近未成年人的原则,坚持知与行相统一的原则,坚持教育与管理相结合的原则,同时也要遵循新的原则即特殊的原则。这里主要论述少数民族地区未成年人思想道德建设的特殊原则,即少数民族地区未成年人思想道德建设要坚持广泛性与先进性的有机统一、社会性与个体性的有机统一、同一性和差异性的有机统一。加强和改进少数民族地区未成年人思想道德建设,要以人为本,尊重未成年人在德育教育中的主体地位;以体验教育为基本途径,不断优化和完善社会教育;实行德育导师制,注重提高中小学思想品德课的实效性,发挥学科教学的思想道德教育功能。

一、少数民族地区未成年人思想道德建设的原则

少数民族地区未成年人思想道德建设的原则是指在少数民族地区未成年人思想道

德建设实践中形成的、体现了少数民族地区未成年人思想道德建设客观规律的、少数民族地区未成年人思想道德建设活动必须遵循的准则。少数民族地区未成年人思想道德建设要遵循一般的未成年人思想道德建设原则,如坚持与培育"四有"新人的目标相一致、与社会主义市场经济相适应、与社会主义法律规范相协调、与中华民族传统美德相承接的原则,坚持贴近实际、贴近生活、贴近未成年人的原则,坚持知与行相统一的原则,坚持教育与管理相结合的原则[1],同时也要遵循新的原则即特殊的原则。这里主要论述少数民族地区未成年人思想道德建设的特殊原则,即广泛性与先进性的有机统一、社会性与个体性的有机统一、同一性和差异性的有机统一。

一是广泛性与先进性的有机统一。广泛性是指少数民族地区未成年人思想道德建设要坚持思想教育形式多样化、生动活泼,内容简单通俗。坚持思想教育形式多样化、生动活泼,内容简单通俗是少数民族地区未成年人思想道德建设工作变革与发展的要求和体现。先进性是指少数民族地区未成年人思想道德建设集中体现着精神文明建设的性质和方向,其最终目标是实现共产主义。少数民族地区同全国一样,应当在全社会认真提倡社会主义、共产主义思想道德。在少数民族地区未成年人思想道德建设中,"既要遵循思想道德建设的普遍规律,又要适应未成年人身心成长的特点和接受能力,从他们的思想实际和生活实际出发,深入浅出,寓教于乐,循序渐进。多用鲜活通俗的语言,多用生动典型的事例,多用喜闻乐见的形式,多用疏导的方法、参与的方法、讨论的方法,进一步增强工作的针对性和实效性,增强吸引力和感染力。"[1]既积极引导和鼓励各族未成年人移风易俗,树立先进的思想道德观念,创造科学的生活方式,推动社会主义新风尚的形成;又要尊重少数民族所享有的保持或改革本民族风俗习惯的自由,分层次采取不同步骤,通过深入细致地引导工作,正确处理先进性同广泛性之间的关系,逐步达到社会主义道德建设先进性的目标。[2]必须在坚持思想道德建设先进性的同时,要从少数民族未成年人思想觉悟程度的实际出发,了解少数民族未成年人的实际,选择合适的教育方法,贴近实际、贴近生活、贴近未成年人,以达到最佳的效果。

二是社会性与个体性的有机统一。社会性是指少数民族地区的未成年人思想道德建设工作对象分布于社会各领域、各部门、各少数民族聚居区,尤其是偏僻农村山区。个体性是指未成年人思想道德建设主体应按年龄、性别、民族、知识、性格的一定比例,根据不同实际情况和实际可能组合而成。在多民族聚居区,应考虑该地区的各民族人口分布比例、考察人选的业务能力和全面素质、特殊社会组织结构等酌定主体人员的选拔、培养和使用等管理工作,注重教育组织队伍系统的整体性、恰当性,优化教育主体的综合功能。少数民族地区未成年人思想道德建设工作与受教育者的创造能力的培养,不仅可形成思想教育的整体优势和工作合力,也可为少数民族地区培养更多更好的合格人才。

三是同一性和差异性的有机统一。同一性也叫统一性,是指少数民族地区未成年人思想道德建设的基本要求,辨析各种社会思潮,搞好民族平等团结的宣传教育工作是少数民族地区未成年人思想道德建设的首要任务,马克思主义民族理论和党的民族政策是思想教育的基本指导原则。差异性是指少数民族地区未成年人思想道德建设,应在坚持广泛的社会主义教育的基础上突出民族性,从少数民族实际出发,发扬少数民族优秀文化;将国家的治理方略与少数民族地区政治、文化、经济、生活事务嵌入未成年人思想道德建设工作中,遵循未成年人思想道德建设的原则规律,分类指导各层面、各领域的教育工作,形成适合少数民族地区社会发展进步的策略和规划部署,从而实现思想政治工作的教育意义和使命。实现统一性和差异性的有机统一,维护祖国统一团结,尊重各民族的平等利益和适当权利,理性看待各民族的特殊的文化生态环境,是少数民族地区未成年人思想道德建设的基本准则。少数民族地区未成年人思想道德建设,既要坚持以马克思主义理论为指导,坚持社会主义的原则;又要充分研究和掌握各少数民族在长期的民族环境中所形成的心理特征、生活方式、风俗传统、民族思想文化等民族性,灵活制定适合民族特点的具体方针和政策,使少数民族地区未成年人思想道德建设的统一内容,通过灵活多样的民族形式加以体现和落实。

二、加强和改进少数民族地区未成年人思想道德建设的途径和方法

一是以人为本,尊重未成年人在德育教育中的主体地位。以人为本,就是一切从实际需要出发,促进人的全面发展。既要为人的学习和发展创造有利的环境条件,开拓日益广阔的空间,又要充分发挥人的主动精神,最大限度地激发和调动人自身的积极性和创造性。以人为本,是时代发展的要求、历史进步的结论。人为自己的生存而进行建设、创造活动,同时,又不断享有和享受着各项建设创造活动的成果。不论是思考,还是行动,不论是教育工作还是德育工作,人既是其主角,又是其最终目标,以人为本是一切思考和行动的关键。德育是教育之本,但德育必须立足于人的成长过程,走向成长、教育是必不可少。德育工作一定要坚持以人为本,而未成年人是本中之本。在未成年人德育教育中,要取得好的效果,成人、社会首先要尊重未成年人的主体地位,要给未成年人足够的尊重和信任。要相信未成年人的接受能力和正视未成年人的接受能力。要深入了解未成年人,根据未成年人的天性来进行教育。要让未成年人多参与。要开展互动式教育,调动未成年人的积极性和主动性。未成年人的全面发展要靠外部环境的正确引导与熏陶,更有赖于受教育者的主动思考与探求,依靠其主动的接受和内在的养成。[3]因此,努力发挥未成年人在思想道德建设中的主体作用。为此,我们要着力转变观念,树立与时俱进的科学育人观,坚持以人为本,努力贴近未成年人的实际,把握未成年人的特点,尊重未成年人的成长要求和心理需求;坚持实践育人,引导和帮助未成年人树立自主意识,整合社会资源,营造未成年人轻松愉快的成长氛围。

二是以体验教育为基本途径,不断优化和完善社会教育。《现代汉语辞海》对"体验"的界定是"通过实践来认识周围的事物"。新疆农业大学李放滔教授认为这诠释有三层含义:首先,实践是认识的基础,认识的过程就是实践的过程,体验是以实践为前提的;其次,体验的过程就是认识周围事物的过程,认识周围的事物既是体

验的过程，又是体验的目的；最后，实践的主体是人，实践活动是能动的过程，因此体验的主体也是人，人在体验活动中具有能力性。[4]笔者对《现代汉语辞海》中对"体验"的严谨界定和李放滔教授的深刻解释表示赞同。在道德教育中，体验教育是沟通知识和道德的桥梁。我国著名教育家陶行知先生非常提倡在实践体验中培养习惯。对此，他作过很多精辟论述。他说："行是知之始，知是行之成。行动是老子，知识是儿子，创造是孙子。有行动之勇敢，才是真知的收获。"[5]体验教育是道德教育的一种重要的方法和手段，它是道德教育过程中主体性意识最强的一种形式，也是最直接、最直观的形式。我们必须以体验教育为基本途径，不断优化和完善社会教育。

把握体验教育的基本内涵，坚持以人为本的教育理念，突出未成年人的主体地位，引导未成年人在自主体验中养成良好习惯，提高综合素质，培养健全人格。首先，要以帮助未成年人形成对他人、对社会、对自然、对自我的正确态度为核心内容，突出实践体验对未成年人道德生命成长的密切关注。其次，要以角色模拟、情景体验为基本方式，突出情感触发、知行合一对未成年人道德内化过程的积极影响。通过在家庭、学校、社区等不同环境设置体验岗位、提供体验场景，为广大未成年人参与体验活动创造了广阔的舞台，引导未成年人在自主模拟、自主创办、自主学习、自主实践的过程中认识劳动为本、创业立身的重要价值，感受艰苦奋斗、自强不息的民族精神，树立热爱家乡、志在天下的远大理想，体验诚实守信、正当竞争的现代意识。再次，以家庭、学校、社会和大自然为主要场景，突出环境熏陶、社会作用对未成年人社会人格培养的综合作用。[5]通过体验教育，我们的教育意图更加直接地体现于未成年人的成长实践，未成年人的体验收获也更加有效地作用于其自身发展。实践证明，体验是未成年人教育各方面要素的基本结合点，必然成为未成年人思想道德教育的基本方式和途径。

把握体验教育的本质特征，坚持"三个贴近"的教育原则，突出体验思想宏观指导，促进未成年人活动建设不断体现规律性，增强实效性，焕发生命力。体验教育所具有的关注生活、贴近实际、强调未成年人主体参与的特征，对未成年人活动建设都具有宏观的指导作用。

把握体验教育的发展要求，坚持实践创新的工作思路，突出加强各项自身建设，推动未成年人教育体系的系统完善，科学实施，协调发展。体验教育作为未成年人特色的教育思想及未成年人教育创新的全新境界，必然渗透和覆盖于未成年人思想道德教育的方方面面。第一，体验教育必将促进未成年人思想道德教育与基础教育新课改的融合；第二，体验教育必将推动未成年人思想道德教育体系的全面变革和完善。

三是开展养成教育、法制教育和心理健康教育，注重社会实践，占领网络阵地。抓好养成教育，夯实未成年人文明道德基础。要认真总结开展创建中小学日常行为规范达标（示范）学校的经验，把未成年人的文明行为养成教育作为教育工作的起点，抓住实行新《中小学生守则》、新《中（小）学生日常行为规范》的契机，做好行为规范养成教育的新一轮落实工作。加强法制教育，增强未成年人的法制观念。要加强法制副校长队伍建设，充分利用好法制校长，通过法制报告会、座谈会等形式，对未成年人进行法制教育,使未成年人成为遵纪守法的公民。加强未成年人心理健康教育,提高未成年人的心理素质。要认真落实《心理健康教育实施纲要》,各学校要把加强未成年人心理健康教育作为思想道德建设的一项主要内容常抓不懈,要配备心理健康教师,开设心理咨询室,设立心理咨询信箱,在中小学提倡推广心理咨询和心理指导;进行对未成年人青春期教育的实践尝试和理论研究工作,探索适合中国国情、符合未成年人成长规律的青春期教育的有效途径和方法;探索学生心理健康教育的有效模式,开展心理健康教育实验课,用集体辅导的方法来解决学生中存在的一些具有共性的心理问题,培养学生良好的心理素质。重视道德实践,在生活的体验中培养良好的道德素养。围绕总体目标和主要任务,要进一步探索道德实践活动的新途径,引导未成年人在道德实践中开展各种体验活动。有一句名言说得好:"播种行为可以收获习惯;播种习惯可以收获性格;播种性格可以收获命运。"我们要重视道德行为的训练,促使未成年人知行统一,提升思想道德教育的效果。主动抢占网络阵地,发挥网络的德育功能。要加大投入,建设好校园网,满足未成年人对网络的浓厚兴趣。要整合现代教育网络资源,有条件的学校向未成年人开设校园阳光网吧,在课余时间(包括双休日、寒暑假)向学生开放计算机房,吸引学生在校参加网上活动,开发健康益智的游戏软件,引导学生远离不良网络内容。同时,提倡学校以"一卡通"等形式开放机房和活动设施。开展各种网络培训与竞赛活动,让网络更贴近未成年人,真正达到让未成年人在网络活动中得到体验,在体验中得到启发、受到教育的目的。

四是实行德育导师制,注重提高中小学思想品德课的实效性,发挥学科教学的思想道德教育功能。首先,实行德育导师制。"德育导师制"的重点是动员多方面力量,整合多种资源对学生进行思想道德、心理健康、行为规范等方面"一对一"的指导。要实行"德育导师制",就要树立全员德育、全社会德育的观念,以班主任为核心,以学校教师为主体,适当招募热心为未成年人服务又有一定专长的退休教师、家长代表、社会各界人士,组成德育导师队伍;通过师生双向选择的方法,使道德教育贴近学生实际,贴近学生心理,贴近学生生活,形成全员育人、全面育人、全程育人的良好的育人模式。其次,注重提高中小学思想品德课的实效性。思想品德课是向中小学生比较系统地进行直接和专门德育的一门课程,是我们学校教育具有社会主义性质的一个重要标志,也是中小学进行思想品德教育的重要形式。要上中小学的思想品德课,应注意:第一,课程目的要切合学生实际;第二,每堂课的课题要小一些,灵活一些;第三,教学要点要简单明了,要有针对性,讲究实效;第四,材料要生动形象,做到思想性、知识性、趣味性和实践性相结合;第五,坚持启发式教学。最后,发挥学科教学的思想道德教育功能。通过思想品德课之外的其他各科教学向学生进行思想品德教育是最经常的、最基本的途径。教学本身具有教育性。中小学各科教材都是根据教育方针和培养目标编写的,它具有丰富的思想教育的内容。中小学各科教学是为学生学习系统的文化科学知识打基础的,也只有掌握了基础知识才能逐步形成科学的世界观和良好的道德品质。所以,学科教学和思想品德教育是紧密相关的,要充分发挥学科教学的德育功能。

参考文献：

[1] 中共中央国务院关于进一步加强和改进未成年人思想道德建设的若干意见（2004年2月26日）[N]. 中国教育报，2004-03-23.
[2] 丁玉才，启东明. 民族地区思想道德建设的特点、原则与途径 [J]. 理论研究，1998（5）.
[3] 王杨. 重视发挥未成年人的主体作用 [N]. 光明日报，2004-08-17.
[4] 李放滔. 对体验教育的认识 [J]. 新疆师范大学学报：哲学社会科学版，2003（4）.
[5] 卢海泉. 未成年人思想道德建设的障碍及其学校治理对策 [D]. 长沙：湖南师范大学，2005.

道德关系的发展及其对道德建构的意义

张治库

(海南大学政治与公共管理学院，海南海口，570228)

摘　要：在人类的道德建构与道德发展中，道德关系作为支持并推动人类道德建构与道德发展的重要基础，其发展与变化，不仅推动并支持着人类在不同历史发展阶段的社会道德建构，从而使人类的道德发展在不同的历史形态中呈现出不同的道德生活面貌，而且也不断地推动着人类社会道德的建构与道德生活的面貌由封闭、单一的低级形态逐步走向开放、多元与现代的高级形态。因此，一定时期人类社会道德的建构，一方面必须与之相应的道德关系的发展状态相适应，另一方面也必须体现并反映人类在一定时期的共同生活对共同利益诉求所提出的期望与要求。

关键词：道德关系；道德建构；意义

作者简介：张治库，男，甘肃靖远人，现为海南大学政治与公共管理学院院长、社会科学研究中心主任，教授，博士，主要研究方向为人学理论与哲学人类学、思想政治教育学原理与方法。

　　道德是调节道德关系的基本原则，因此，道德是随着道德关系的出现而出现的，也是随着道德关系的发展而发展的。但是，道德关系的发展并不能代替道德自身的发展。相对于道德关系而言，道德具有相对的稳定性，因而也表现出一定的发展滞后性。尽管一定的道德原则是建立在一定的道德关系之上的，但是由于道德关系与人类社会生产、生活与交往较之道德具有更为直接的关系，因而道德关系的发展总是先于道德的发展。道德的发展，也只有在一种新的道德关系成为该社会主导道德关系的时候，与之相应的道德才能够在人们的交往活动中自然生成。

一、道德与道德关系发展的历史追溯

　　一事物与他事物的关系是客观存在的。但是，在人类诞生之前，所有关系的存在只不过是客观世界万事万物确证自己的自然表达，并不具有道德意义。有道德意义的关系是在人类及人类社会诞生之后才产生的，并且这种关系也是随着人类生产、交往及生活方式的变迁而不断增生与发展的。有道德意义的关系之所以与人类及人类社会的诞生及发展具有同一性，乃是因为这种关系本身就是人类及人类社会的基本特性，是人类价值性行为的体现，其发展水平既表征着人类自觉的程度，同时也表征着人类社会的文明与进化程度。

1. 原始的及宗教的道德与道德关系

对人类道德及道德关系发展的历史追溯，无疑应该从对原始社会时期人类道德关系与道德生成的考察入手。这不仅是因为原始时期的道德与道德关系是人类道德及道德关系的初始形态，更重要的是我们可以通过这种考察发现人类道德及道德关系生成的根源与方式。

道德关系是从人类的生产关系与交往关系中产生的，是人类社会所特有的一种关系形式。但是，一种关系到底是如何生成为道德关系的，道德关系的推衍又是怎样推动着相应的道德建构的？对这一问题的探索与回答，无疑是解开人类道德生成之谜的根本之所在。然而，要对这一问题进行有效的探索，其关键就在于找到解决这一问题的最佳路径。显然，探索这一问题的最佳路径，无疑必须从人类道德关系与道德生成的历史过程中去追溯。也就是说，必须从历史的还原中追寻问题的答案。

无论在东方还是在西方，人类道德关系及道德的萌芽，均与原始时期的图腾崇拜和自然拜物教的盛行与发展有着直接的关系。之所以如此，乃是因为人类早期的社会关系未经充分发育而极为简单，与之相反，与自然的关系却极为密切。在早期人类自然生成的基本关系（血缘关系、地缘关系和人与自然的关系）中，人与自然的关系是最基本也是最重要的关系。由于早期人类生存对于自然具有高度的依赖性，因而人与自然的关系就成为所有关系中最为重要的关系，具有其他关系所不可超越的重要地位。正因为如此，人与自然所建立的初始关系并非一种自觉自为的关系，而是一种被动的他为关系。这种关系在形式上表现为原始人对各种自然物的崇拜，但其本质乃是人的力量的虚幻的对象化的反映。正如恩格斯在《反杜林论》中所指出的："一切宗教都不过是支配着人们日常生活的外部力量在人们头脑中的幻想的反映，在这种反映中，人间的力量采取了超人间的力量的形式。"[1]因此，在原始人与自然所建立的关系中，实际上已蕴含着人类道德关系的基本内容。根据法国社会学家爱弥尔·涂尔干的研究，人类道德构成的基本要素有两个：一是基于个体自由与权利之上的对一定规范或纪律之权威的尊崇，二是基于个体与群体（国家或民族）共同利益之上的对群体的依恋。涂尔干在这里所提出的道德构成的两个基本要素，显然是从一定的道德关系内容中推演与概括出来的。前一个要素所基于的是个体对一定的行为关系规范或纪律的自觉服从，后一个要素所基于的是个体对自我与群体利益互动关系的自觉维护与依赖。倘若以此观之，原始时期人类与自然所建立的崇拜关系，在形式上虽然是一种人与物的关系，但就其本质而言，乃是一种基于人神（各种自然力的神性化）虚拟关系之上的人人关系。这种关系所蕴含的正是对权威（神化的自然力）的自觉服从和对个体与群体（族群）共同利益的自觉维护，因而是一种道德关系。但是，与世俗的道德关系不同，原始人在对各种自然力崇拜中所建立的道德关系不是一种现实的直接的道德关系，而是一种内隐的虚拟的道德关系，是人类道德关系的一种特殊形式。

从原始人的图腾崇拜到现代宗教的产生，人类对异己力量的崇拜不仅在形式上发生了一定的变化，而且在内容上也有了很大的拓展。在形式上，由实物虚拟崇拜形式演变为人神纯粹虚拟崇拜形式；在内容上，由多神崇拜演变为一神崇拜，由仅仅对自然力的崇拜演变为对各种异己的社会力的崇拜。这样，宗教也就由人与物的自然交往关系中走进了人与人交往的社会关系中，成为支配并统治人们的重要的社会力量。如同原始社会一样，宗教社会中人神之间所形成的关系，同样也是一种虚拟的道德关系形式。这种道德关系的终极指向也并非人们观念中虚幻的上帝、佛陀或真主，而是一种反映在人们头脑中的异己的力量。在人神关系中，通过这种异己的力量，所规约的其实是人们自身的心灵和行为。涂尔干说："从根本上说，基督教是一种人的宗教，因为上帝献身的目的是人性的救赎。基督教教导我们说，人对上帝负有的主要义务，就是爱他的邻人。""毫无疑问，上帝仍然在道德中扮演着重要的角色。只有上帝，才能保证人们尊重道德，压制违反道德的行为。违反道德就是冒犯上帝。"[2]在佛教和伊斯兰教的教义中，大量的教义或劝谕都是针对人的心灵及行为的律条和规约。尤其是在人的主体意识不断觉醒、提高和宗教逐渐世俗化的背景下，人对神的义务及诸种繁琐的宗教仪式本身逐渐弱化，道德的主体地位日益彰显，并获得愈来愈多的自主性。由此，人神关系的宗教意义逐渐被人—神—人关系的道德意义所代替。宗教世俗化与边缘化的结果，一方面使社会道德的主体性地位得到确立，另一方面也迫使宗教的神学色彩逐渐弱化而道德意义进一步提升。

人神关系是人类在蒙昧和自觉的主体意识未能彰显时期所形成的一种自我与异己力量之间的虚拟关系，其本质是一种虚拟的道德关系。正是在这种虚拟的道德关系之上，人类建构了最初的道德原则。由于这种虚拟的道德关系是以人对神或神性化了的图腾物的崇拜为基础的，因此，在这种道德关系之上所形成的道德律令或原则具有二重性。一方面，作为对神的崇拜，任何宗教都有着一定的禁忌、程序和仪式（制度），这些禁忌、程序和仪式（制度）无疑对人们具有一定的规约作用，这种规约作用具有外在客观化的特征，是故黑格尔将之视为"客观的宗教"[3]；另一方面，任何宗教都是人类生活理想或幻想的外在寄托，主要表现为特定的、情感的和程序化的信仰、情怀和观念，因而是一种基于个人内在德性基础之上的自觉信仰，对人们具有内在的规约作用，这种内在的规约作用被黑格尔称之为"主观的宗教"[3]。值得指出的是，宗教的道德规约的二重性虽然是宗教本身所具有的，但却并不是一开始就分化出现的。在人类原始生活中，宗教与道德是不存在明确的界限的，人类对图腾物崇拜的道德意蕴是与与之相应的宗教仪规密切相联的。原始宗教与原始道德的无区别性，使得宗教仪规本身构成了原始人宗教崇拜的重要内容，从而也成为原始道德的重要内容。但是，随着人类主体意识的觉醒和宗教自身的发展，宗教道德规约的二重性开始出现并获得了发展。一方面，宗教的禁忌、程序和仪式等客观外在的规约日渐蜕变为纯粹的宗教仪规，其神学的色彩增加而道德的意蕴退化；另一方面，作为一种观念、情怀与信仰的宗教，其道德的意蕴却得到进一步的彰显，正是在这一意义上而言，宗教是作为一种信仰伦理在人类的社会生活中发挥着重要作用的。

2. 封建的及人伦的道德与道德关系

人类在蒙昧时期与自然交往的过程中所建立的人神道德关系，是一种虚拟的内隐的道德关系。由于这种道德关系是基于人对自然力或社会力的神性（人类对象化的异己力量）崇拜而建立的，它所反映的是人类对理想生活所寄予的情怀、观念与信仰，因此，在这种道德关系之上所生成的道德是一种信仰道德或信仰伦理，乃是人类道德的一种特殊形式。与之相反，人类在熟人关系（血缘关系、地缘关系、业缘关系和学缘关系）中所建立的道德关系，是一种直接的现实的道德关系。这种道德关系，是人类在走出蒙昧时代，伴随着自我意识尤其是族群生存意识的觉醒，以及社会生活的世俗化发展而逐渐建立的。与早期人类基于简单的自然交往关系所建立的人神道德关系不同，人类在封建时代基于熟人关系所建立的道德关系不是一种指向宗教性对象的人神关系，而是指向人与人之间现实性对象的人人关系，因而是一种世俗化的人伦关系。

人伦道德关系的生成与发展，乃是伴随着人类社会生活的世俗化、人类劳动与职业生活的逐渐分化而展开的。在这一过程中，一方面，人类自我意识尤其是基于群体生存需求与经验而生成的族群意识的觉醒，在促使人类逐渐摆脱由对纯粹自然力量盲目崇拜而生成的神性关系束缚的同时，也为人类由家庭及其族群为主导的世俗化生活的推衍打开了必要的空间；另一方面，人类劳动与职业生活的逐渐分化，尤其是采撷业向种植业的转变，在促使人类现实的生存由随缘为生的游居式转变为农耕种植为生的定居式的同时，也为人类稳定而现实的社会关系的建立奠定了必要的基础。①

由此可见，导致人类原始宗教道德关系逐渐走向解体或者说影响和决定人类封建的及人伦的道德与道德关系的生成与发展的根本因素主要有两个方面：一是种植业的发展所导致的人类农耕生产方式的出现，从根本上转变了人类此前随缘而居的游动性生存方式，促使人类由原始的狩猎、采撷为主导的游居生存方式逐渐转变为以种植业与农耕为主导的定居性的生存方式，从而为人类新的社会关系包括新的道德关系的建立奠定了重要的社会基础；二是以种植业与农耕为主导的定居性生存方式的出现及其发展，在促进人类族群意识觉醒的同时，也为人类以血缘与地缘关系为基础的宗法人伦关系的建立及其发展创造了必要的条件与基础。

由于人伦道德关系的生成与发展是以人类血缘为主导的家族伦理关系及其相对稳定的地缘关系的形成为基础的，因此，建立在这一道德关系基础上的道德准则或者说道德原则，其调节的对象自然主要是建立在生物性血缘关系基础之上的人伦关系。当然，人伦道德关系的生成虽然是以人类的生物性特征或者更准确地说是以人类族群的血缘关系为基础的，但是，这一道德关系的演化及其在人类道德生活过程中意义的获得，同时还与人类新的社会生产与社会生活方式即以种植业为主导的农耕生产方式和

---

① 关于农耕时代人类生存方式的论述，可参见周海林、谢高地著《人类生存困境——发展的悖论》第二章"关于人与自然交往的报告"，社会科学文献出版社2003年版。

以血缘、姻亲、地缘关系为主导的定居性的生活方式的出现有着直接的关系。因为在农耕生产方式与定居性的生活方式之下，人类赖以存在与发展的组织方式必然会发生相应的变化，从而也必然会导致人类新的社会关系与新的道德关系的生成。一方面，人类在原始时代基于图腾崇拜和自然拜物教而产生的人神道德关系伴随着人类新的家庭关系的出现和族群意识的觉醒而逐渐遭到解体与弱化；另一方面，伴随着农耕与定居性生存方式的出现及其发展，人类在现实的生活过程中所建立的社会关系也逐渐突破了纯粹生物性界域的限制而变得日益丰富化、多样化，并且也愈来愈趋向稳定化。是以，在这一背景下，一种基于血缘、地缘和稳定的生活方式而生成的世俗化的道德与道德关系即封建的人伦道德与道德关系对于原始的宗教道德与道德关系的代替，自然就成为一种历史的必然。

历史地来看，人伦道德关系以及建立在这一道德关系之上的道德的产生及其发展，是人类社会生产生活方式转变、社会关系分化与发展、群体意识觉醒所导致的必然结果，因而可以说是人类道德关系发展与道德进步的重要表征。因此，无论从其产生的基础，还是从这一道德关系基础之上人类所确立的道德准则来看，人伦的道德与道德关系都与早期人类基于简单的自然交往关系及其原始的图腾崇拜所建立的人神道德关系以及宗教伦理存在着本质的不同。这种不同或者说区别主要体现在以下几个方面：

第一，二者的性质不同。在本质上而言，人伦的道德关系并非一种虚拟的宗教型社会关系，而是一种基于人类家族化与地域化生存而建立的世俗化的社会关系。这一道德关系的生成，乃是适应人类家族化与地域化生存对人伦为基础的熟人关系发展的要求而出现的，具有一定的历史必然性，是人类世俗化或者说现实社会关系发展的必然结果。

第二，二者生成的基础不同。人神的道德关系生成于原始人对自然神灵的崇拜，其生成是以原始人在与自然万事万物交往过程中对象化的宗教性虚拟关系的建立为基础的，而人伦的道德关系则不同，它不是人类在现实的生存过程中与自然所建立的一种虚拟性的对象化关系，而是一种现实的人与人之间的社会关系，是封建时代或者说农耕为主导的传统社会背景下人类家族化与地域化生存所生成的现实的人伦性熟人关系。因此，对于人神的道德关系而言，其生成的基础是原始人基于生物性主导的自然性生存方式；而对于人伦的道德关系而言，其生成的基础则是人类基于家族化与地域化主导的社会性生存方式。

第三，建立在二者基础之上的道德原则的功能及其调节的对象存在着一定的差异性。我们知道，建立在这一道德关系基础之上的人类道德原则，其所调节的对象，无疑都不过是人的现实的社会关系及与之相应的行为方式。但是，由于不同道德关系基础之上人类所建构的道德原则存在着一定的差异性，因而其所具有的功能及其调节的对象，也就具有一定的差异性。如果说建立在人神道德关系基础之上的原始的宗教性道德规约主要调节的是人类生存与大自然的关系的话，那么，人类在封建的及人伦的道德关系基础之上所建立的道德原则，则主要调节的是人类家族化与地域化生存而生成的伦理性社会关系。

值得指出的是，无论是人神的道德关系，还是人伦的道德关系，其本质都不过是人类在现实的生存活动过程中基于某种特定生活或者特定社会关系与生活秩序建立的需求而生成的一种文化性的基本生存关系，是人类社会性生存在不同的发展阶段所创造的文化性关系的反映。只不过，人神的道德关系主要是人类基于自然性生存的需求而创造的一种社会文化性关系，人伦的道德关系则主要是人类基于家族化形式的社会性生存的需求而创造的一种社会文化性关系。当然，在本质上而言，人神的道德关系与人伦的道德关系是具有一定的共同性的，它们都是人类在一定形式的社会生活过程中所创造并建立的一种社会文化性关系，反映着人类作为一种社会文化性生存之生命现象的特殊性。

3. 主体间的及个体的道德与道德关系

主体间的及个体的道德与道德关系是在工业化的发展、城市文明的兴起导致人类以血缘为纽带的家族化生存的解体、个体从对生物性群体依附关系中分化而成为独立自由的存在体之后所出现的一种道德与道德关系。由于这种道德与道德关系是建立在个体作为独立自由的主体生存与发展的基础之上的，是人类个体生存以及为了调节个体生存关系而创造并建立的一种社会性的关系以及行动准则，因而我们可以称之为主体间的及个体的道德与道德关系。显然，主体间的及个体的道德与道德关系，无论其生成与建立的基础，还是其内涵的功能指向，都与人类已往历史发展过程中所经历并建立的道德与道德关系存在着巨大的差异。

自由而独立的个体的产生以及由此而决定的个体主体地位的确立，是人类主体间的及个体的道德与道德关系生成的基础，也是导致人类道德及道德关系由传统走向现代的根本性标志。自由而独立的个体的产生，是人类专业性劳动分工、社会生活分化、主体性意识觉醒与发展的必然结果，是人类由纯粹依赖自然与生物性依附关系生存走向依赖文化创造与社会性协作关系生存的重要表征。如同种植业的诞生与发展导致人类家族化与定居化生存方式的出现从而结束了人类原始的纯粹依赖自然化的生存方式一样，工业革命的兴起及其向全球化的扩衍，不仅极大地促进了人类城市文明的发展和个体协作性生存方式的出现，而且也彻底摧毁了人类在传统农业时代所建立起来的家族化与地域化的生存方式，从而逐渐终结了人类主要依赖自然与生物性依附关系而存在的生存方式。人类生存方式的变革，从根本上而言，乃是由于人类技术的进步所导致的社会劳动的专业化发展、生产方式的变革所引致的。在这里，无论是社会劳动的专业性分化，还是生产方式的变革，无疑都必然会导致人类社会生活关系的变化。与之相应，新的道德关系以及建立在这一道德关系基础之上的道德准则，则必然也会应运而生。主体间的及个体的道德与道德关系，正是在这一历史背景下生成并获得迅速发展的。

自由而独立的个体的产生以及由此而决定的个体主体地位的确立，不仅催生了人类新的道德关系与道德原则的生成，而且也使得人类的道德与道德关系逐渐突破了生物性依附关系或者说熟人关系的限制，第一次将人类的道德与道德关系置于全球人类共同生存的命运境遇之中。正是在这一意义上而言，主体间的及个体的道德与道德关系的生成与发展，无疑揭开了人类现代道德发展的序幕。由于主体间的及个体的道德与道德关系是在人类社会的发展进入到大机械生产主导的工业化时代而出现的，因而无论其生成的基础，还是其所具有的功能指向及其适用的范围，都与之前人类已经历的道德与道德关系存在着巨大的区别。其区别主要在于：

第一，从生成的关系性基础来看，主体间的及个体的道德与道德关系的生成，是以人类个体的分化、主体地位的确立和个体社会生活尤其是专业性劳动协作关系的发展为重要基础的，而原始的及宗教的道德与道德关系、封建的及人伦的道德与道德关系的生成，则是以人与自然的对象化的虚拟性关系以及家族化、地缘化的熟人关系尤其是人伦关系的诞生及其发展为基础的。显然，相对于原始的及宗教的道德与道德关系、封建的及人伦的道德与道德关系的生成对于人类生存生物性关系的依赖而言，主体间的及个体的道德与道德关系的生成，则更多地依赖于人类实践所创造的社会文化性关系。

第二，由于原始的及宗教的道德与道德关系、封建的及人伦的道德与道德关系的生成更多地依赖于人类在生存实践活动过程中所结成的生物性关系基础，因而无论是原始的及宗教的道德与道德关系，还是封建的及人伦的道德与道德关系，无疑都具有一定的自足性、单一性与自我封闭性。与之相反，建立在现代专业性劳动分工与个体社会生活协作关系基础之上的主体间的及个体的道德与道德关系，则是在人类的生存逐渐突破生物性关系的限制并创造出复杂而多样的社会文化性关系的条件下生成的，因而形成了开放性与多样性的特征。

第三，如果说原始的宗教性道德主要是通过对人的内心的规约而实现对人与自然关系的协调，封建的人伦性道德主要是通过对人的行为的规约而实现对人的家族性、区域性的伦理秩序关系的调节的话，那么，主体间的个体性道德则主要是通过对人的社会行为的规约而实现对不同主体之间的社会伦理性关系的调节。正因为如此，原始的宗教性道德主要是由一系列信仰体系或者说关于自然万事万物的意识体系所构成，封建的人伦性道德主要是由一系列反映宗法伦理关系的礼仪体系所构成，而主体间的个体性道德则主要是由一系列规约人的社会行为的制度与规则体系所构成。

第四，在道德调节功能指向的范围上，无论是原始的宗教性道德体系，还是封建的人伦性道德体系，由于其生成基础的生物性特征的制约，因而其调节功能指向的范围无不受到人类活动生物性、地域性特征的限制。原始的宗教性道德体系与封建的人伦性道德体系在本质上而言，乃主要是基于人类自然性与地域性生存关系发展的需求而建立的一种具有浓厚自然性伦理色彩的道德体系，是以其调节功能指向的范围则必然生成自我封闭性的特征。但是，主体间的个体性道德体系则与之完全不同。由于主体间的个体性道德体系是在自由而独立的个体之间生成的道德关系的基础上建构的，这一道德体系在本质上而言，乃是一种基于人类主体性生存关系发展的需求而建立的具有浓厚个体社会伦理色彩的道德体系，因而其调节功能指向的范围相应形成了开放与自组织发展的特征。

应该说，人类在历史发展过程中所建立的任何道德关系以及与之相应的道德准则，无不呈现着历史性与发展性的特征，因而道德与道德关系的发展，一方面呈现着时代的差异性，另一方面也呈现着历史的继承性。从差异性的角度而言，人类在历史发展的不同时期或者阶段所建立的道德与道德关系之所以呈现着一定的差异，根源就在于人类在不同的历史发展时期通过实践所创造的生存方式以及相应的生存关系存在着巨大的差异。这种差异性的出现与存在，正是形成或者说导致不同历史发展时期人类道德与道德关系之间相互区别并发展变化的根本原因。从继承性的角度而言，尽管不同历史发展时期人类道德与道德关系之间存在着一定的差异性，但是，由于基于人类实践发展的生存方式与生存关系的变革始终是一个持续不断的过程，因而建立在这一基础之上的人类道德关系与道德原则，也就不可能出现完全断裂的现象，而是始终呈现着一种扬弃性的特征，即既继承又发展。也正是因为这一特征的存在，才使得人类在不同历史发展阶段的道德与道德关系之间，既具有一定的差异性，同时也具有一定的历史承续性与贯通性。

二、道德与道德关系发展的基本动因

我们说，一定的道德原则总是建立在一定的道德关系基础之上的，它既是调节人类道德关系的准则，也是一定的道德关系在人类道德生活、道德行为中的体现与反映，因而这就意味着人类道德生活实践中所秉持的道德观念以及遵循的道德行为准则，都与决定或导致其生成、显现的基础——一定的道德关系具有高度的一致性。因此，在根本上而言，推动人类道德与道德关系发展演变的根本动力具有同一性。只不过，在这一动力传导的链条中，对于建立在一定道德关系基础之上的人类道德而言，道德关系是作为动力的传导与中介而出现的。

道德关系在本质上而言，是人类在自身现实而具体的生存实践中所创造的一种社会文化性关系，是人类作为一种智慧型生命物质存在并区别于其他一切生命物质的本质特征之一。由于人类存在与发展的一切关系（包括人与自然的关系、人与他人或与社会的关系、人与自我的关系）无不是在人类现实而具体的生存实践中创造并建立起来的，因而可以说，人类在为实现一定的生存与发展而展开的现实而具体的实践活动，才是推动人类一切存在关系生成与发展的根本驱动力。人类道德与道德关系的发展，同样也是如此。当然，这是从终极意义上而言的，具体到某种特定关系的发展，实践发展的驱动也呈现着一定的复杂性。

1. **生存方式的变革是人类新的道德关系生成与发展的深层驱动力**

人类为实现一定的生存与发展而展开的现实而具体的实践活动作为人类存在的基本方式和获得生命本质力量并得以现实表达的重要途径，不仅是导致人类生存方式（生产方式和日常生活方式）持续发展与变革的根本驱动力，而且也是导致人类新的社会文化性关系包括新的道德关系生成与发展的根源。因此，在根本上而言，道德与道德关系的演变与发展，根源于人类为了实现一定的生存与发展而组织并展开的实践活动的发展对于人类生存方式持续变革的推动。因为没有生存方式①的变革与发展所导致的人类新的生存关系的生成及其多元化的发展，则不可能有人类新的道德关系的产生，因而也可能有基于新的道德关系基础之上的人类新的道德观念、道德行为准则的出现。当然，生存方式的变革与发展对人类道德关系与道德发展的推动，并非直接性的，而是间接性的，并且也存在着一定的复杂性。

在人类道德与道德关系的发展演变中，人类生存关系的丰富与多样化发展尤其是新的生存关系的生成，对于促进人类新的道德关系的生成以及与之相适应的道德行为准则的确立，无疑具有重大的意义。一般而言，人类在不同历史发展阶段所建构的道德关系与确立的道德准则，都是由与之相适应的人类特定的生存方式所决定的，是不同生存方式在人类道德生活领域的体现与反映。从历史发展的事实来看，早期人类道德生活领域产生的原始的及宗教的道德与道德关系，乃是基于人类原始的自然性生存与宗教性崇拜而建立的，其基础是人类原始的自然性的生存方式；农耕时代人类道德生活领域所建立的封建的及人伦的道德与道德关系，则是基于人类家族化与地域化生存对于特定的人伦关系的协调而建立的，其基础是人类封建的家族化的生存方式；工业时代人类道德生活领域所建立的主体间的及个体的道德与道德关系，则是基于人类个体性生存与个体社会生活合作关系尤其是劳动协作关系协调的需求而建立的，其基础是人类在工业与城市化发展过程中所诞生的个体化的社会生存方式。

生存方式的变革与发展，之所以能够导致人类新的道德关系的生成与道德行为准则的确立，根本的原因就在于生存方式的变革与发展是改变和促进人类道德与道德关系生成基础变化或发展的重要根源。我们知道，生存方式的变革与发展，既是人类为实现一定的生存与发展而展开的现实而具体的实践活动发展的结果，也是人类新的实践活动、新的实践关系生成的重要基础。这就意味着，生存方式的变革与发展，必然会引起或导致人类实践活动以及相应关系的变化。或者更确切地说，一种新的生存方式的出现，必然会导致人类新的实践活动以及相应的活动关系的生成，即人类新的生存关系的出现或者生存关系出现新的变化与发展。而人类新的实践活动以及相应的活动关系的生成，则必然会对人类道德与道德关系的发展提出新的要求，从而引致人类道德与道德关系也发生巨大的变革。因此，在这一意义上而言，生存方式的变革与发展，则必然会成为驱动人类新的道德关系生成、新的道德行为准则确立的内在推动力。

这里，我们需要指出的是，由于人类生存方式的变革与发展是一个伴随着人类实践活动的发展而持续演变的过程，新的生存方式对于旧的生存方式的替代无疑是一个持续演变与发展的过程，因而这就决定了基于生存方式的变革与发展基础上的人类道

---

① 所谓生存关系，指的是人类在自身的生存实践过程中创造出来的规定自身存在和如何存在的基本关系，包括人与自然的关系、人与他人或社会的关系，以及人与自身的关系。人类道德关系的生成，既根源于人类创造的生存关系，但同时又区别于这些生存关系，其区别就在于道德关系内含着人类共同生活应然关系的文化性期待。

德与道德关系的发展，自然也就是一个逐渐变化与更新的过程，期间必然存在着一定的时空差异性与实际演变的复杂性。毫无疑问，这一差异性与复杂性，也必然会反映到人类道德与道德关系的发展变化之中，从而使人类道德与道德关系的发展同样呈现出一定的时空差异性与变化的复杂性。

2. 社会生活的分化是人类道德关系丰富与发展的重要推动力

道德关系作为人类在自身现实而具体的生存实践过程中所创造并建构的一种社会文化性关系，它的生成与发展不仅与人类实践活动所创造的生存方式的变革与发展有着本质的关联性，而且也与人类社会劳动的专业化分工、社会生活的分化发展存在着直接的关系。如同生存方式的变革与发展对于人类道德与道德关系演变与发展的驱动一样，社会劳动的专业化分工、社会生活的分化，不仅为人类新的生存实践活动领域的拓展、新的实践活动关系的生成不断创造着愈来愈广阔的现实基础，而且也为人类在新的社会生活境遇下新的道德关系的生成与发展以及与之相应的道德准则的确立奠定了必要的社会基础。正是在这一意义上而言，我们说社会劳动的专业化分工、社会生活的分化同样是人类道德关系丰富与发展的重要推动力。

作为人类道德关系丰富与发展的重要推动力，社会劳动专业化分工程度的不断提升与社会生活的持续分化，无疑会不断地改变人类既存道德与道德关系的基础并为人类新的道德关系的生成以及与之相应的新的道德行为准则的确立创造出更为丰富与多样的社会关系基础。其推动主要体现在以下两个方面：其一，社会劳动专业化分工程度的不断提升与社会生活的持续分化，必然会日益改变人类既有的生存方式并为人类新的生存方式生成创造出新的社会现实基础，而人类新的生存方式的诞生，也就意味着新的生存关系的生成；其二，社会劳动专业化分工程度的不断提升与社会生活的持续分化，乃是人类新的生存关系尤其是社会文化性关系生成、丰富与多样化发展的根本原因之所在，而人类新的生存关系尤其是社会文化性关系的生成、丰富与多样化发展，则必然会引致新的道德关系的生成以及新的道德行为准则的确立。

从人类道德与道德关系演变与发展的历史轨迹来看，人类道德与道德关系发展所出现的每一次重大转折或者变迁，毫无疑问，都与人类社会劳动专业化分工的发展、社会生活的持续分化所导致的人类新的生存方式的诞生与新的生存关系的生成，有着直接的关系。在人类道德与道德关系由原始的及宗教的道德与道德关系向封建的及人伦的道德与道德关系的发展转变中，种植业或者说农业从采撷业、畜牧业的分离以及由此而导致的人类定居化生存方式以及以家族血缘与姻亲关系为主导的人伦关系的出现，无疑起到了重要的奠基作用；在封建的及人伦的道德与道德关系在向主体间的及个体的道德与道德关系的发展转变过程中，工业从农业的分离以及由此而导致的人类个体的生成与个体化生存方式的诞生以及以自由个体劳动协作关系为主导的社会权益关系的出现，则起到了至为关键的作用。显然，社会劳动专业化分工程度的不断提升、社会生活的持续分化以及由此而导致的人类新的生存方式、新的生存关系的出现，乃是导致人类道德与道德关系发生重大转变的根源之所在。

3. 对共同生活利益的诉求是人类一定的道德关系结成的直接驱动力

如果说社会劳动分工的发展、社会生活的分化以及由此而导致的人类生存方式的变革与生存关系的丰富化发展是推动人类道德与道德关系不断演变与发展的客观力量的话，那么，在人类集群或者说社会化的生存过程中对共同生活利益的诉求，则是推动人类道德与道德关系不断演变与发展的重要主观力量。我们知道，一定的道德与道德关系作为人类生存实践的一种创造物，其生成、演变与发展固然与人类为实现一定的生存与发展而展开的现实而具体的实践活动自身的发展有着密切的关系，但是，倘若失去了人类生存与发展对共同生活利益的诉求，则人类生存不仅丧失了一定的道德关系结成和一定的道德行为准则确立的必要性，而且也必然会失去以群体或社会的形式组织并开展生存实践活动的现实必要性。在这一意义上而言，我们认为，人类在自身生存与发展的过程中结成的任何一种道德关系以及建构的与之相应的任何道德原则，都无不是人类自身生存与发展对于共同生活利益诉求的体现与反映。

人类作为一种智慧性的生命存在物质，其生命的维持、延续与种的繁衍，不是仅仅依赖于种的生物性特征的遗传，而是主要依赖于人类自身在为实现一定的生存与发展而展开的现实而具体的实践活动过程中对于自身生命的创造、丰富、提升与发展。因此，人类的存在与发展与物的存在与发展之间存在着本质的区别。这种区别，一方面划界了人类存在与物的存在的根本分野，另一方面无疑也规定了人类存在与发展对于不同于物的生命特征获得的必然性。其一，人类是以群或社会组合的形式而展开自身的生命活动的，这就决定了人类生存对于共同生活利益诉求的必然性；其二，人类在自身现实而具体的生存实践中创造了怎样的社会组合与社会生存方式，也就意味着人类自身可能获得怎样的发展，这就决定了人类生存对于共同生活利益诉求的发展性。显然，对于共同生活利益诉求的必然性，决定了人类道德与道德关系生成及建构的必要性；对于共同生活利益诉求的发展性，则决定了人类道德与道德关系丰富与发展的必然性。

从人类道德与道德关系演变与发展的历史过程来看，人类道德与道德关系发展的每一次重大的转变，都与人类在不同生存方式之下所出现的对于共同生活利益诉求的变化有着直接的关系。原始的及宗教的道德与道德关系的生成，是基于原始时代人类生存对于大自然高度依赖的共同诉求而建立的；封建的及人伦的道德与道德关系的出现及其发展，是基于农耕时代人类生存对于家族与地缘关系高度依赖的共同诉求而建立的；主体间的及个体的道德与道德关系的生成及其发展，则是基于工业时代人类生存对于个体自由劳动协作关系的高度依赖这一共同诉求而建立的。由此可见，人类道德与道德关系的丰富与发展，既是人类为实现一定的生存与发展而展开的现实而具体的实践活动对自身生存关系不断创造、丰富与发展的结果，同时也是人类社会化实践性生存特征对于共同生活利益诉求发展变化的体现与反映。

三、道德关系的发展对道德建构的价值与意义

在总体上而言，人类道德的建构与道德关系的发展有着高度的一致性，即人类在自身的生存实践中创造出什么样的道德关系，就会有什么样的道德建构以及相应的道德体系的生成。但是，由于人类道德建构以及相应道德体系的确立是一个涉及诸多因素且充满变动的复杂过程，因而在一定的道德与道德关系之间并非存在着线性的必然性逻辑关系，同样存在着一定的差异性与非确定性。而且，在道德建构与道德关系的发展演变中，人类的道德建构始终不可能超越于道德关系的发展而只能滞后于一定的道德关系的生成。这一特征的存在，无疑使得人类道德的建构充满了诸多的不确定性，也为人类对这一问题的认识制造了一定的障碍与困难。

1. 道德建构及其内在根据

作为一种特殊的生命现象，人的社会文化性的存在决定了人自身存在与发展的建构性。因此，无论是反映人的存在与发展的社会文化性关系的道德关系，还是反映人的存在与发展的社会文化性特征的道德体系，无疑都具有一定的建构性的特征。当然，相比较道德关系的生成与发展而言，人类在社会生活过程中生成与发展的道德体系，其所具有的建构性特征则更为凸显。纵观人类道德生成、演变与发展的历史，我们会发现，无论是原始时代人类基于图腾崇拜与人神关系所建立的宗教性伦理，还是农业时代人类基于地缘、血亲与姻亲等熟人关系所建立的宗法性伦理，抑或是工业时代人类基于自由个体的劳动协作关系所建立的责任与权益性伦理，都无不呈现着一种基于人类自身生存与发展特定诉求的文化建构性特征。

所谓道德建构，指的是一定时期人类基于一定的道德关系、道德生活现实化发展的诉求而对人类共同生活必须信仰、接受与遵循的道德观念、道德意识与道德行为准则等社会道德体系进行自觉建构的活动与过程，其基本的内涵主要包括两个方面：一是基于人类自身生命本质构成及其展示的内在社会性体征即人性特征生成诉求的个体道德体系的建构，二是基于人类共同生活合理秩序生成、维系与发展诉求的群体或者说民族道德体系的建构。前者我们可以视之为一种社会道德观念与个体德性伦理的建构，后者则可以视之为一种社会关系性与秩序性伦理的建构；前者是一种观念性与品质性即德性层面的道德建构，后者则是一种关系性与行为性即伦理层面的道德建构。因此，完整的道德建构必然包含着互为关联且彼此制约的三个层面的内容。这三个层面的内容主要包括：一是适应一定时期人类道德关系发展要求的道德观念、道德意识系统的建构，二是与一定时期人类道德关系发展要求相适应的道德行为准则或规范系统的建构，三是体现并反映一定时期人类道德关系发展要求的道德行为方式、行为惯性系统的建构。

虽然道德建构如同人类从事的任何一种生命活动都体现并深刻地打下人的主观意

志的烙印一样,是一种体现并反映人类主观意志的活动过程;但是,人类在任何时期的道德建构,都不可能完全是一种脱离客观现实要求而凭空想象与建构的过程,而是与之相反。事实上,人类在共同生活过程中建构的任何道德体系,都无不是主客观彼此互动作用的结果。由此可见,人类道德的建构始终存在着使其所以然的内在根据。这一根据主要反映在两个方面:一是人类在自身现实而具体的生存与发展过程中建立了什么样的生存关系尤其是形成了什么样的道德关系,这一关系构成了人类道德建构的内在客观基础;二是人类在自身现实而具体的生存与发展过程中生成了什么样的共同利益诉求以及这一共同利益诉求对人类自身社会文化性的形成提出了什么样的要求,这一利益诉求及其对人类自身发展所提出的要求,则构成了人类道德建构的内在主观根据。可以说,正是以上两个方面因素的有机统一,方构成了人类道德建构的事实性根据。而二者的变化,则形成了人类道德不断变化与发展的强大驱动力。

2. 道德建构的复杂性

如同人类的文化创造一样,道德建构既不是一个纯粹的道德自然发展的过程,也不是一个纯粹的道德主观建构的过程,而是一个在影响人类特定道德与道德关系生成诸因素有机统一的基础上自觉自为的演变过程,其间必然存在着诸多的不确定性与复杂性。这种不确定性与复杂性的出现,一方面使得人类在共同生活中的道德建构呈现出愈来愈鲜明的选择困难性,另一方面也使得人类道德生活的面貌日益呈现出愈来愈多样与纷杂的态势。

人类道德建构复杂性的生成,归根结底,乃是由于人类在自身现实而具体的生存与发展过程中所创造的构成人类道德建构基础的内在根据诸要素始终呈现着持续变动与多样化发展的态势而导致的。正是这一状况的存在,才使得人类道德的建构在总体上呈现出愈来愈复杂的景象。具体而言,人类道德建构过程中所存在的复杂性主要反映在以下几个方面:

第一,相对于道德关系发展而言的道德建构的滞后性。道德关系作为人类道德建构的基础,其发展虽然有着与道德建构同样的内在根据,但是,相对于一定的道德建构而言,人类道德关系的生成与发展始终呈现着一种前在性与引导性。前在性与引导性一方面成为人类新的道德体系建构的基础,另一方面也使得人类已建构的道德体系日益呈现出一种相对的滞后性。

第二,相对于道德关系多元性生成而言的道德建构的差异性。人类道德关系的生成与发展,在根本上而言,是由人类在共同生活过程中所创造的生存方式与生存关系决定的。由于人类共同生活产生的基础最初是由地缘与族群关系的黏结而缘起的,因而不同地缘与族群关系中共同生活的人类必然会创造出不同的生存方式与生存关系,并由此而生成多元性的道德关系与道德建构的基础,从而使人类的道德建构始终呈现出一定的地域与民族差异性。

第三,相对于道德关系多样化发展而言的道德建构的多样性。任何一个地域或者一个民族人们的共同生活,始终是一个伴随着人类实践活动的发展和生存方式的变革而不断丰富与发展的过程。在这一过程中，人类必然会创造出愈来愈多样化的生存关系并由此而建立起愈来愈多样化的道德关系，从而也必然使得人类的道德建构日益呈现出愈来愈多样性的特征。

第四，相对于道德关系生成与发展而言的道德建构的自然性。人类的道德建构，既是一个基于共同生活利益的诉求而自觉建构的过程，同时也是一个基于生存方式与生存关系变革尤其是道德关系的发展而自然生成与演化的过程。在这里，任何时代、任何地域、任何社会人类道德的自觉建构，都不可能超越于时代发展所赋予的道德建构的基础性与条件性。因此，任何时代，人类道德的建构都始终呈现着自然演化与发展性的特征。

3. 道德关系发展对道德建构所具有的价值

无论是作为人类道德建构的内在根据，还是作为人类道德建构复杂性生成与出现的重要根源，显然，道德关系的发展对于人类道德的建构而言，无疑内含着至为重要的价值。一方面，在一定意义上而言，没有共同生活过程中一定的道德关系的生成，则既不可能有人类基于一定道德关系要求的道德建构活动的出现，当然，也更不可能有人类的道德生活以及相应的道德体系的生成与确立。另一方面，人类在自身现实而具体的生存与发展过程中创造并建立了怎样的道德关系，也就意味着人类共同生活会有怎样的道德建构及其相应的结果；而道德关系的发展，也就必然意味着人类共同生活过程中的道德建构及其相应结果的发展。

考察道德关系发展对于道德建构所具有的价值，我们以为主要表征在以下三个方面：

第一，道德关系作为人类道德建构的基础，它既决定了人类道德建构活动的生成及其结果的现实呈现，同时也决定了人类道德建构活动如何展开以及建构怎样的道德生活体系。纵观人类社会生活的历程，人类在道德生活领域中所出现的每一次巨大变化与重大转变，都无不与人类共同生存方式、生存关系的转变所引致的道德关系的重大变化有着直接的关系。没有封建的及人伦的道德关系的出现，也就不可能有人类宗法性伦理的产生及其对宗教性伦理的解构；没有主体间的及个体的道德关系的生成，则不可能有人类责任与权益性伦理的产生及其对宗法性伦理的解构。

第二，道德关系的丰富与发展，是推动人类道德建构活动及其相应结果日益趋向复杂化、多样化发展的重要驱动力，从而在根本上决定了人类道德生活多元化与丰富化发展可能实现的程度。从人类道德生活演进与发展的历程来看，人类的道德生活并不是静止不变的，而是相反，它始终呈现着一种日益丰富与多元化的态势。之所以如此，根本的原因就在于人类道德关系日益丰富与发展的驱动。没有道德关系的丰富与发展，自然也就不可能有道德建构的复杂性及其结果的多元性特征的呈现。

第三，道德关系内涵文化性的提升，是推动人类道德建构活动及其相应结果日益趋向进步与文明发展的重要驱动力，从而在根本上决定了人类道德生活现代化发展可能实现的程度与达至的水平。人类文明程度的提升，与社会道德进步的整体程度有着直接的关系，是以，道德的现代化发展与演变，不仅是人类自身文化性不断提升与不断丰富、发展的要求，而且也是人类社会整体道德水平由低层级向更高层级持续发展的要求。由于一个社会人类道德建构及其结果的现实呈现归根结底取决于其所依赖的道德关系发展的状态，因而人类在一定的道德关系的建构过程中是否结成或者创造出了具有丰富的且内涵优秀文化性特质的道德关系，则在根本上决定了人类的道德建构及其结果可能实现的现代化程度与状态。

这里，我们必须指出的是，虽然人类道德关系的丰富与多样化的发展对于一定时期人类社会道德的建构及其结果的现实呈现产生着重大的影响，但是，道德关系的多元与丰富化的发展并不必然引致人类社会道德发展水平与道德现代化发展程度的提升。因为决定人类社会道德建构与发展质量的根本要素并非丰富与多样化发展的人类道德关系，而是蕴涵在一定道德关系之中能够支持并生成人类优秀道德品质与道德素样的文化性特质。因此，对于人类的道德建构与道德发展而言，道德关系的形式发展与内涵发展的有机统一，才是至为关键的。

参考文献：
[1] 马克思恩格斯选集：第3卷 [M]. 北京：人民出版社，1995：666.
[2] 爱弥尔·涂尔干. 道德教育 [M]. 上海：上海人民出版社，2001：10.
[3] 黑格尔. 黑格尔早期神学著作 [M]. 北京：商务印书馆，1988：116.

四、网络思想政治教育研究

虚拟社会的形成发展及其本质的探究

曾令辉

(广西师范学院马克思主义理论研究基地，广西南宁，530001)

摘　要：基于互联网络所构成的社会不是单个人在互联网络虚拟空间中无序的简单的集合，而是人们基于互联网络的虚拟空间，在虚拟实践中按照一定的方式彼此发生的各种虚拟社会联系和关系的领域。虚拟环境、虚拟实践和虚拟社会关系是构成虚拟社会的基本要素。探究虚拟社会本质问题，对更好地适应虚拟社会生存和发展具有重要的价值。

关键词：虚拟社会；虚拟环境；虚拟实践；虚拟关系

作者简介：曾令辉，男，博士，教授，硕士生导师，广西师范学院政法学院院长、马克思主义学院院长，广西师范学院马克思主义研究基地教授，全国大学生思想政治教育发展研究中心特约研究员，主要从事网络思想政治教育理论与方法研究。

基金项目：国家社科基金项目"新媒体环境下思想政治教育关系整体性研究"（13XKS026）、广西高校党的"十八大"精神研究专项课题"新媒体环境下思想政治教育关系整体性研究"（DS-BD132D012）阶段性成果。

互联网络是工具还是社会、是网络社会还是虚拟社会等，一切都在争议。互联网络何以构成社会，又如何来界定其内涵和揭示其基本规律？要回答这些问题，需要进一步探究互联网络形成社会的本质问题。

一

互联网络最初并不是以社会性的形式存在，而是以工具性和空间性的形式存在，因为互联网络要发展成社会，需要同时满足两个基本条件：一是在一定空间环境下有人的存在，这是形成社会的必要条件；二是在这个空间环境中的人，不是以单子式的方式存在，而是以群居的方式存在，即人与人相互之间通过活动结成比较稳定的相互联系和关系，这是形成社会的充分条件。互联网络起初只是人们交流沟通信息的工具，只有当互联网络作为"工具"退到幕后，而作为"人们生存和发展空间"显现出来时，互联网络的"社会性"才被突现出来。因此，基于在互联网络的虚拟空间有人的存在是形成社会的前提，但是在虚拟空间有了人存在，还只是社会形成的必要条件，还必须在虚拟空间有人以群居方式的存在，这是形成社会的充分条件，只有满足这两个条件，互联网络才能在真正意义上形成社会。互联网络发展成为社会，经历了三个基本发展历程。

互联网络形成社会的最初级形式是BBS，是"类社会式"的原始社会。从严格意义上说，最初的互联网只是一种工具性的存在，人们只是通过互联网收发信息（E-mail），交流信息，但不是群居，只是一种个体间的交流活动。只有当BBS出现，即出现公告板系统时，基于互联网络的虚拟空间内才出现人的群居式的生活方式，才产生基于互联网络的原始式的社会。因为人们在BBS空间里不再是个体间的行为活动，而是一种群体性的行为，人们在BBS空间里相互进行思想感情交流、传达信息、讨论问题等，通过这些行为活动将人们相互联系在一起，形成各式各样的BBS主题群体。

随着网络技术和信息技术的发展，在BBS空间的基础上，BBS的活动方式已经不能满足人们在基于互联网络虚拟空间中生存和生活的多种需要，便产生了在线聊天室。在线聊天室的出现，产生了社会最基本的细胞——虚拟人和虚拟人的群居行为活动，即虚拟实践和虚拟交往，推动了互联网络向社会进一步的发展，形成了基于互联网络类似古代现实社会的"城邦式"或"广场式"的社会。人们在在线聊天室里生活，一方面，获得了人性的自由与解放；另一方面，也将人性中丑恶的一面带进了虚拟生活，如欺骗、漫骂、黄色、黑客等丑恶行径也相继出现。为了维护在线聊天室的秩序，对付破坏在线聊天室规则的捣乱分子，产生了"踢人"的功能，便有了人与人的斗争，也形成了等级。偶尔在在线聊天室里生活的只是过客，不能成为在线聊天室的居民，只有那些经常在在线聊天室生活的人们，才成为在线聊天室的居民，即成为虚拟的人。同样，人们在在线聊天室里生活像现实社会一样，人与人之间所拥有的生存和发展资源是不同的，级别越高，能使用的资源就越多。网管是在线聊天室等级最高的人，有绝对的权力，掌握着在线聊天室部落中的生杀大权，是最尊贵的人；在网管下面具有踢人权力的高等级人，负责虚拟社会的日常秩序和治安。这里当然也有较强的民主气氛，他们通过投票的方式产生或罢免滥用权力的高等级人的权力。

随着信息网络技术进一步发展，人们基于互联网络类似古代现实社会的"城邦式"或"广场式"的社会基础上，发展成真正意义上的"社区式"的社会。社区式的虚拟社会出现，是基于互联网络的原始、城邦式的社会基础上发展出来的新社会形式，但不是简单地将BBS、各种论坛、聊天室、游戏集合在一起，而是一个功能较为齐全的社会，同样也不是一个绝对自由和平等的社会，既有正义的社会维护者，也有非正义的社会破坏者。这个"虚拟社区式"的社会既需要确定作为虚拟社区公民的身份证，也有比较健全的民主制度，如最高权力机构是社区管理委员会，负责社区内日常管理事务，管理委员会首长是站长，过去的网管成了负责各项具体事务的管理员，等等；也有比较完善的社会结构和功能，能够满足人的生活、学习、工作等多方面的需要，如有市场信息、健康生活、网络精选、时尚生活、婚介交友、牵手论坛、房屋租借等版区，还有银行、学校、医院、娱乐场所、投诉中心、报社、电台等。一个真正意义上人们基于互联网络虚拟社区生存和发展的虚拟社会便形成和发展起来。

较早使用"虚拟社会"概念的是美国网络社会学者莱恩格尔（Rheingold Howard），他在 1993 年出版的 *The Virtual Community* 一书中提出了"虚拟社会"。[1]之后，美国学者卡尔·谢尔顿（Karia Sheton）于 1997 年出版了 *Virtual Communities Companion*，书中将"虚拟社会"描述成："想像一个城市，它有一个法院、一个警察局、一个学校、一个杂货店、一个电影院、一个有棒球场的公园。没有人，就等于什么没有。Internet 是一样的。有多少服务或多少领域并不重要；没有人来形成内容，互相交流，它还是没用的。"[2]在中国最早使用"虚拟社会"这个词的是学者阮美勤。1997 年他在《科技之友》发表《虚拟社会，胜似人间》[3]和以"小阮"署名在《中国科技信息》发表《虚拟社会，媲美人间》[4]，文章中使用了"虚拟社会"的概念，并描述了虚拟社会中的虚拟空间、虚拟企业、虚拟监狱、虚拟生产、虚拟电影院、虚拟画廊、虚拟旅游和虚拟战争等活动场景。但是最早对虚拟社会概念进行详细描述的，是 1999 年学者徐晨在其学术论文《虚拟社会》中认为："我们人类收集着闪光的新技术就像松鼠搜集松果，但关键不是技术而是人。是人为 Internet 提供了内容和数据。是人在那建立了虚拟社会，打开了社会的大门让我们加入。……虚拟社会要求有两个关键的成分，通信和通信的人。""从'虚拟现实'，我们得到'虚拟社会'这个叫法。但当你打破它时，这处在发展中的网上社会正在孕育着真正的友谊，真正的联系，真正的社会精神。……它并非虚拟。'虚拟社会'与'网上的真正社会'是同意词。"[5]同年，学者茹宁在其学术论文《虚拟社会伦理初探》中认为："虚拟社会与现实社会不是对立的，它们将交融共存"，并认为虚拟社会具有自由性、开放性、虚拟性和非人性化等特征。[6]

随后，我国学者从不同的学科领域用不同的概念来命名这个基于互联网络所形成的新的社会形式。目前主要从如下三个不同的视角来命名基于互联网络所形成的社会：一是从构成的技术基础——计算机与网络技术来命名，如网络社会、网络世界等[7]，认为它的生成是建构在计算机与网络技术基础之上，用其来命名较好地体现出现代科学技术发展的新方向，能反映该领域的建构技术价值；二是依据事物在虚拟空间存在的形式和方式来命名，如数字化社会、数字化世界等，认为一切事物在计算机网络虚拟空间中都要经过"数字化"的过程，以"数字化"方式存在，用"数字化"来命名有利于揭示事物在计算机网络中存在的形式；三是从计算机网络虚拟空间基本构成单位——比特来称谓，如比特社会、比特世界等，认为在计算机网络中一切信息的加工、传输和存储都是以二进制数的方式进行，即用二进制的两个数 0 和 1 来表示，把二进制数的一个位像称为一个"比特"，它是构成计算机网络虚拟空间的基本单位，用"比特"来命名表明该领域是信息化的领域，也是数字化的领域。虽然上述概念后都标示有"社会"、"世界"等，但无论是网络社会、数字社会、比特社会，还是网络世界、数字世界、比特世界，都是从技术的视角来进行命名的，只能体现出其工具性，对于这一人类生存和发展新的场域，却不能很好地反映出其价值性，不能反映人在该领域的活动范畴。通常我们讲，社会是以共同的实践活动为基础而相互联系的人类生活的有机体。据此，笔者认为使用"虚拟社会"来命名，可以较好地揭示基于互联网络建构出的人类生存和发展新空间的本质。从技术层面来看，虚拟社会体现了互联网络建构，人赖以进行活动的互联网络空间的最根本特性——虚拟性；从人文和社会价值层面来看，也反映了人在互联网络空间的存在方式、活动方式以及联系方式的根本特性——虚拟性。如人在互联网络空间的存在是虚拟存在、人的活动是虚拟活动、人与人之间的关系是虚拟关系等。因此，虚拟社会范畴既揭示基于互联网络建构社会的技术基础，也揭示了其人文社会基础。同时，用"虚拟社会"来命名，不仅能体现其比较丰富的内涵，而且还具有相对稳定的外延，可以与网络社会、现实社会在概念使用上作较好的区分。

二

社会是什么？马克思指出："社会——不管其形式如何——是什么呢？是人们交互活动的产物。"[8] 所谓社会是指在一定地域有一群生活的人，并且人们在这个地域互动，建立起人与人之间的联系，进而构成彼此比较稳定的联系方式，按照一定的规则行事，构成一个共同体，我们就把这个地域和这个地域上的共同体的群体统称为社会。[9] 只有当人们在一定环境空间内交互活动，并结成相互联系和关系，这个环境空间才被赋予社会性，才形成社会。虚拟社会同样是人们交互作用的产物，只不过人们交互作用的空间不是在物理空间，而是在互联网络所形成的虚拟空间，交互作用的方式不是人与人之间现实的直接作用的方式，而是一种以数字化符号间接交互作用的方式，即人与机或人—机—人的交互方式。人们在互联网络虚拟空间从事着各式各样的活动，形成了虚拟认识、虚拟实践和虚拟交往。人们在虚拟认识、实践和交往活动中逐步形成比较稳定的虚拟社会联系和关系，进而人们通过虚拟空间所建构起的联系和关系越来越紧密，当交互作用的频率达到一定的程度时，便构成了人的活动的虚拟社会。正如齐美尔所说："当人们之间的交往达到足够的频率和密度，以至于人们能够相互影响并组成群体或社会单位时，社会便产生和存在了。"[10] 如果互联网络的虚拟空间中没有人，没有人的虚拟活动和虚拟关系，也就无所谓虚拟社会。虚拟社会是基于互联网络的虚拟空间，以虚拟的人为中心，以数字信息生产、交换为纽带，在虚拟认识方式、虚拟实践方式和虚拟交往方式的基础上形成各种虚拟联系和关系的人化的场域。因此，虚拟社会不是单个人在互联网络虚拟空间中无序的简单的集合，而是人们基于互联网络的虚拟空间，在虚拟实践中按照一定的方式彼此发生的各种虚拟社会联系和关系的领域（cyber society or virtual society）。

关于基于互联网络所形成的社会的界定，学界更是从不同学科领域分别加以界定和论述，主要集中在以下方面：一是从技术工具的层面来界定其内涵，认为"网络社会以计算机网络为依托，……是由成千上万台各自独立的计算机在一定的协议之下（传输协议和网络间协议即 TCP/IP）并通过各种线路（有线或者无线、电话线或光纤等）连接而成的计算机网络系统，它旨在将处于各个节点的资源（人、计算机、信息等）连接起来，以实现网络资源的自由传输和具有访问权限的网络主体对这些资源的共享"[11]。二是从人的实践活动界定其内涵，认为基于互联网所形成的社会是人在虚拟世界中"交互活动的产物",是人的本质体现[11],并认为"网络世界是由人所组成的,有了虚拟人就为虚拟社会的产生创造了条件,但并不是说这就形成了真正的虚拟社会。只有当人们在网络世界中群居,即虚拟人之间群居,有称'网络虚拟社区'或'虚拟社群',诸如BBS、聊天室等的产生时,虚拟社会才真正诞生。在网络空间中,人所面对的并不是有血有肉的真实实体"[12]。三是从人的社会关系的角度来界定其内涵,认为虚拟社会"是人们利用IT硬件所架构的网络进行彼此的人际联系,进而形成比较稳定的社会联系方式,并按照一定的规则相互行动以达到所预期的生活目的。……网络社会只是其中人们生活的地域,彼此发生社会行为的地域是一个比较特殊的地域,是在互联网络,……网络社会只是现实社会中人们彼此互动联系的特殊场域,是人类社会本身再生产出来的一个特定人类活动空间,是人类社会大系统的一个子系统"[13]42。在网络交往所形成的网络社群中,明显地受到了经济旨趣的影响,其中可能包括大量以信息作为商品交易,然而,网络最终所能带来的社会变化并不只是建立一个信息市场,而在于形成长久的个体关系和群体关系。并认为虚拟社会"表面上看起来虽然只是许多个人电脑和网络站点的集合,但是,这种形式使得一台台个人电脑的使用者有机会使其形成一个有生命的社会活动空间,而且这个社区也同样地具有沟通情感与传递信息的功能。"[13]43四是从政治学的角度来界定虚拟社会,认为虚拟社会并不是一个独立存在的社会,而是基于因特网的社会。借助于因特网的网络空间而建立的网络社会,是不受某一集中权力机构管制的条条框框束缚即可运行的社会;认为虚拟社会的出现,"既改变了人们以往接受、处理和发送信息的方式,也改变了信息本身的产生和存在方式;既拓展了人们交往的空间,也重新调整了人与人、人与社会乃至人与自然的关系"[14]。

虚拟社会有广义和狭义之分,基于互联网络虚拟空间所构成的社会,我们称之为广义虚拟社会;基于虚拟现实技术所构成的社会,我们称之为狭义的虚拟社会。从整体上来说,基于互联网络虚拟空间的"虚拟社会"内含有基于虚拟现实技术的"虚拟社会"。但是,从微观层面来看,它们所指是有区别的,具有不同内涵。一是构成技术基础不同。广义的虚拟社会是依托WEB技术、文件传输技术、即时通讯技术、移动网络技术、虚拟技术、电子邮件、电子公告板、博客等在内的网络通讯技术群,狭义的虚拟社会主要依托虚拟现实技术。二是构成空间环境不同。广义虚拟社会主要依托的是网络技术群所建构的虚拟空间环境,虚拟空间环境是一个与现实物理空间相互连通的开放环境,人们根据自己生存和发展的需要,可以在虚拟空间与现实物理空间自由地转换。姚红玉等学者认为,在虚拟空间中可以对现实物理空间的纯自然事实和社会事实进行模拟而不能复制,但对制度性事实则可以本体性地复制。[15]狭义虚拟社会主要依托的是虚拟现实技术构造生成的虚拟空间环境,不是以线性的方式呈现虚拟环境,而是人通过与现实物理空间相对隔绝与封闭,依靠虚拟现实的技术(计算机软硬件以及各种传感器,如高性能计算机、图形图像生成系统以及特制服装、特制手套、特制眼镜等)的支持下生成一个逼真的、三维的,具有一定的视、听、触、嗅等感知能力的环境,使用户沉浸在虚拟环境中,以一种简便、自然的方法与虚拟环境中的虚拟对象进行交互的活动,并使用户产生一种身临其境的感觉,它对现实物理世界的纯自然事实、社会事实和制度性事实不仅可以模拟,而且可以复制。[15]三是人的交互作用的程度不同。社会是人交互作用的产物。广义虚拟社会涉及的领域、参与者的人数、跨越的地域范围、人的实践活动以及人与人之间交互作用的广度、深度都要比狭义的虚拟社会广泛得多;狭义虚拟社会由于受到虚拟现实技术的限制,其涉及的参与者人数、领域等都不是很广泛,至少对于目前的技术水平来说是这样的。如3D游戏,游戏者存在于游戏的情节之中,情节展开是在游戏者的不断参与下完成的。将来如果技术高度发展,3D游戏或虚拟现实技术与网络相结合,形成网络多用户3D游戏或网络多用户分布在虚拟社会时,狭义的虚拟社会才能真正发挥其价值。关于狭义的虚拟社会有待于进一步的研究。因此,广义虚拟社会与狭义虚拟社会所指是有差异的,但我们都可以归纳概括为一种"人工的社会"或"人造的世界"。本文所称的虚拟社会是专指广义虚拟社会。

三

　　虚拟社会和现实社会既是一对历史范畴,又是一对分析范畴。作为历史范畴,虚拟社会是人类社会发展到信息化时代的一种社会形式,既是现实社会信息化的产物,也是现代科学技术发展的产物,其根本是社会和个人生存和发展的利益需求场域的拓展。虚拟社会的本质特征是人的现代化发展的利益存在。作为分析范畴,虚拟社会是对人在虚拟空间活动的抽象,它是与作为现实空间抽象的现实社会相对应。自人类进入信息化时代,随着科学技术的发展,特别是计算机技术、网络技术和通讯技术的发展,整个社会开始逐步分化为虚拟社会和现实社会两个供人类生存和发展的领域。但是虚拟社会和现实社会这种逻辑上的分离并不意味着它们在现实中也始终是分离的,这种分离是相对的而不是绝对的,是表面的而不是根本的。恰恰相反,在信息化社会中,现实社会和虚拟社会是并存交织、互动发展的,都是"人交互作用的产物",也都是人类赖以生存和发展的空间和人存在的方式。同时,这种分离也并不意味着它们之间的根本冲突,从终极意义上说,虚拟社会与现实社会统一于人类整个社会。

　　虚拟社会和现实社会是双向互动的关系:一方面,现实社会是虚拟社会存在和发展的基础;另一方面,虚拟社会的发展必然作用于现实社会,形成现实社会的新的特点。[16]虚拟社会既依赖于现实社会,但又不同于现实社会,是虚拟与实在的范式,其形态是多元的,主客体是易变的。虚拟社会与现实社会的主要区别表现在:首先,存在基础不同。现实社会以自然界为活动的空间,其存在、发展以及人类活动都是以自然环境为基础,对自然环境具有依赖性和不可选择性。虚拟社会以互联网络虚拟空间为活动场域,其发展直接依赖于科学技术的发展,是一个人化的社会,其环境可以由计算机专家事先运用计算机软件技术创制存于计算机网络中,也可以由虚拟社会主体依据自己的兴趣和需要自己创设适合自己的新环境,具有多重性和可选择性。其次,存在方式不同。现实社会以客观实在的方式存在,现实社会中,一切事物均以原子的方式存在,人的活动是以物质性为基础,其社会联系和社会关系也是一种现实的社会联系和社会关系。虚拟社会是以虚拟实在的方式存在，在虚拟社会中，任何人和事都是经过数字化、符号化了的虚拟实在方式存在，即以比特的方式存在，人是虚拟的人，人的活动是虚拟的活动，人的社会联系与社会关系是虚拟的社会联系和社会关系。第三，时空特性不同。现实社会的主体的存在及其活动都以时间和空间为存在标志，离开时间和空间，主体和事件就不存在，时间和空间是现实社会一切物质存在的方式。所以，现实社会的主体是明确的、清晰的，可以通过感觉、知觉直接感知其存在。虚拟社会是跨时空性的社会，时间与空间被高度挤压和延伸，时间与空间"脱域"（吉登斯语）存在。在时间上，实现了虚拟社会客体传播的即时性，与光的传播速度相当；在空间上，跨越了地域和国别、民族的界限，实现了"地球村"。主体和客体的存在不以时间和空间为定位标志，而是以虚拟方式存在，但可以通过感觉、知觉间接地感知其存在。第四，社会生产方式不同。现实社会存在与发展是以物质生产为基础，以改造和利用自然物为对象，所体现的主要是人与自然的关系。虚拟社会生产主要以服务和信息生产为基础，以精神生产为主，所体现的主要是人与人的关系。[18]

参考文献：

[1] Howard R. The Virtual Community [M]. Teading, MA: Addison Wesley, 1993.
[2] 卡尔·谢尔顿. 虚拟社会 [M]. 北京：中国水利水电出版社，1998：5.
[3] 阮美勤. 虚拟社会，胜似人间 [J]. 科技之友，1997（2）.
[4] 小阮. 虚拟社会，媲美人间 [J]. 中国科技信息，1997（4）.
[5] 徐晨. 虚拟社会 [J]. 计算机周刊，1999（Z1）.
[6] 茹宁. 虚拟社会伦理初探 [J]. 理论与现代化，1999（9）.
[7] 张运松. 网络的技术意蕴、特性与网络伦理 [J]. 科学技术与辩证法，2008（2）.
[8] 马克思恩格斯选集：第4卷 [M]. 北京：人民出版社，1995：532.
[9] 郭玉锦，王欢. 网络社会学 [M]. 北京：中国人民大学出版社，2005：42.
[10] 袁亚愚，詹一之. 社会学——历史理论·方法 [M]. 成都：四川大学出版社，1989：39.
[11] 欧仕金. 网络社会的哲学解析 [J]. 唐山师范学院学报，2004（1）.
[12] 张品良. 论网络虚拟和谐社会的构建 [J]. 理论学刊，2006（2）.
[13] 郭玉锦，王欢. 网络社会学 [M]. 北京：中国人民大学出版社，2005.
[14] 刘文富. 网络政治——网络社会与国家治理 [M]. 北京：商务印书馆，2002：4.
[15] 姚红玉，刘粤钳. 论虚拟环境的社会本体性质 [J]. 科学技术与辩证法，2005（5）.
[16] 赵辉. 虚拟社会与现实社会的关系研究 [J]. 哈尔滨市委党校学报，2005（5）.

网络生活的虚拟实践指导
——兼论虚拟实践与现实实践的关系辩证

孟源北

(番禺职业技术学院，广东广州，511483)

摘　要：实践过程不但必然伴随物质、能量的交换，而且随着实践的发展，实践过程包含信息的交换。实践既包含思维空间外的实践，也包含思维空间内的实践。文章将虚拟实践表征为"始于符号、终于符号的信息处理"。人的源于社会影响的观念思维活动即思维实践和人有目的的网络信息活动是两种典型的虚拟实践。文章最后从法律、道德及管理角度给出指导网络虚拟实践的对策。

关键词：网络生活；虚拟实践；现实实践

作者简介：孟源北，男，博士，教授，硕士生导师，番禺职业技术学院党委书记，中国职业技术教育学会理事，主要从事教育管理和思想政治教育理论研究。

　　进入21世纪，中国社会发展趋势具有以下特征：一是在社会整体环境中，经济驱动趋于信息化，政治管理趋于法治化，文化引领趋于市场化，社会服务趋于社区化；二是在政治生活领域，政治表达网络化，政治环境复杂化，精神生产民主化；三是在社会信息领域，传播渠道多样化，信息环境异质化，信息流通多元化，信息选择自由化。同时，在社会信息化和信息社会化的双向作用下，网络生活正趋于常态化。在这样的背景下，网络虚拟实践问题逐渐成为网络研究中的重点问题之一。

一、广义虚拟实践简析

　　实践是人类自由的、自觉的活动。"一个种的全部特性、种的类特性就在于生命活动的性质，而人的类特性恰恰就是自由的有意识的活动。"[1]46人的实践具有多种多样的形式，主要表现为：①物质生产实践；②变革社会、改造社会存在和社会关系的实践；③科学实践；④以感性形式或准实践形式表现出来的生产人所需要的精神产品的精神生产活动；⑤改造主观世界的实践。[2]625在实践过程中，"人作为实践的主体既不像唯心主义者主张的那样是什么纯精神的实体，也不像旧唯物主义者主张的是什么生物学意义上的自然存在物，而是以物质和精神的统一为基本特征的社会存在物"[2]627。实践的客体包括自然形式的客体、社会形式的客体和精神形式的客体。[2]626人类的实践具有显著的社会化特征,"实践的社会化使实践由经验型向智能型、科学型转化,由地域型向跨地域型、全球型转化,使人类的实践活动在越来越大的范围和规模上成为一个动态发展的复杂系统,其整体化的特征表现得越来越突出"[2]626。随着社会的发展进步,实践方式的变革深刻影响到人类的生存方式、管理方式、行为方式、生活方式和思维方式。"一定的实践方式的形成并在一定社会中占统治地位有其客观的社会历史方面的原因,它受实践活动系统中各种物质要素的发展程度的制约,其中,对一定实践方式的形成具有决定影响的是实践的工具、实践的手段,它成为表征不同时代实践水平和实践方式的客观标志。"[2]627 "特定时代的实践方式一经形成,它就要影响到人们的行为方式、思维方式、生活方式,影响到社会的物质生活和精神生活。这些特定的行为和思维方式等等反过来又强化着一定的实践方式,使既有的实践方式保持相对的稳定性。"[2]627

上述关于人类实践的分析表明,实践是人的主观的、感性的活动,是主观见之于客观的能动的活动,也是客观反映于主观的适应——认识活动,包含客观对于主观的必然(包含自然规律、社会规律)及主观对于客观的必然(即认识规律)。作为马克思主义经典作家之一,马克思主要强调人的社会实践,强调实践的社会性。"这样,生命的生产,无论是通过劳动而达到的自己生命的生产,或是通过生育而达到的他人生命的生产,就立即表现为双重关系:一方面是自然关系,另一方面是社会关系;社会关系的含义在这里是指许多个人的共同活动,至于这种活动在什么条件下、用什么方式和为了什么目的而进行,则是无关紧要的。"[1]80恩格斯则在其自然哲学中提出,人的思想产生于劳动,即人的主观意识产生于人的实践行为,同时人的主观意识反作用于客观存在。在共时态状况下,实践既包含思维空间外的实践,即自然空间和社会空间条件下的实践,也包含思维空间内的实践。实践不仅是人与物质的交换过程,而且是一个人与外部环境,主要是与实践对象之间物质、能量和信息的全面交换过程,如果说物质生产实践主要是人与物质的交换过程,那么精神生产实践则主要是以信息作为劳动对象,接受、加工处理外部信息和创生新信息的过程。任何实践过程都包含着人的体力和脑力的消耗,都包含着物质、能量和信息的交换。实践不能脱离思维和认识独立存在,实践需要思维产生的实践意识作指引,思维需要认识获得的知识(或者信息)作基础,没有思维和认识就没有实践,实践、思维和认识是统一的整体。

从中介角度看,人类实践的中介既可以是实体,也可以是符号。因此,实践包含以下几种样式:一是从符号到实体的实践模式,这个过程是理论抽象(或观念抽象)—抽象具体—实体具体;二是从实体到符号的实践模式,这个过程是实体具体—理论抽象(或观念抽象)—抽象具体;三是从符号到符号的实践模式,这个过程是理论抽象(或观念抽象)—抽象具体—新理论抽象(或新观念抽象),或者理论抽象(或观念抽象)—新理论抽象(或新观念抽象)—抽象具体;四是从实体到实体的实践模式,这个过程是实体具体—抽象具体—新实体具体。笔者认为,从符号到符号的实践模式是一种典型的虚拟实践。虚拟实践相对于马克思主义的社会实践而言，指的是始于符号、终于符号的信息处理。它有两种典型的表征方式：一是人的源于社会影响的观念思维活动，二是人有目的的网络信息活动。思维实践和网络信息活动是典型的虚拟实践。

二、网络虚拟实践探析

网络虚拟实践首先涉及什么是虚拟的问题。虚拟（virtual）在当代语境中的现代用法直接产生于计算机科学，其本义是指"在一定条件下没有实体，但又有实体功能的一种技术"[3]。虚拟表征当代数字化的表达方式、构成方式和超越方式，是我们时代的数字化的生存方式、发展方式、实践方式和创造方式。"虚拟作为一种符号文明、规则文明和数字化构成，它既指向现实性，更指向各种可能性、不可能性和不存在性。"[4]虚拟的含义随着主体的情境不同而变化。[5]其一，作为客观实在的反思主体思考虚拟现实时，虚拟现实是计算机仿真创造出来的实在，而不是真实的客观实在。其二，作为虚拟现实的直接体验者，虚拟现实与客观实在对人的感官刺激一致。其三，作为虚拟现实的反思主体借助虚拟现实反思客观实在时，虚拟现实是反思者精神上的客观存在。"虚拟的本质是人的本质力量的数字化。每一个人作为人都有其本质力量，作为人类的类存在也有其本质力量。这种本质力量蕴藏于人体之内，包括人的体力和脑力。这种本质力量的基本表现方式就是对象化，即通过劳动形成某种客观化的存在从而确证自己存在的合法性与本质。虚拟在本质上也是这样一种对象化的活动，一种以数字化这种特殊方式表现出来的对象化。"[6]

目前关于虚拟实践的探讨处于百家争鸣阶段，尚未形成比较统一的虚拟实践认识论。观点既同又异，例如："虚拟实践第一次使人的实践对象不再是纯粹的外部物质世界，而是以信息符号处理转换为实践手段，将在人工智能和感官体验的基础上扩展的语言符号系统'再造'成虚拟的语言符号系统来建构人的创设对象。"[7]"虚拟实践是人利用符号化或数字化中介超越现实性的感性活动。在广义上，虚拟实践泛指人们利用符号化手段有目的地进行的超越现实的感性活动。在狭义上，虚拟实践则是特指人在虚拟空间利用数字化中介手段进行的有目的的、双向对象化的感性活动，是人利用数字化中介手段对现实性的感性超越。"[8]"所谓虚拟实践，就是指人们运用虚拟现实技术在网络空间中有目的进行的能动地改造和探索虚拟客体的一切客观活动。"[9]"所谓虚拟实践，即主体按照一定的目的在虚拟空间运用数字化手段进行的双向对象化（表现为主体客体化、客体主体化的主客体交互作用）的感性活动。"[10]"虚拟实践是主体按照一定的目的在虚拟空间使用数字化中介手段进行的双向对象化的感性活动，是前数字化时代人类虚拟活动和实践活动的进一步发展、延伸和升华。"[11]"虚拟实践是指虚拟社会主体在虚拟领域中对虚拟社会客体的加工、整合、优化、创造等活动过程。即主体对虚拟领域中碎片式的信息进行合规律性和合目的性地加工、整合，然后经过优化，创造出新信息的过程。"[12]"所谓'虚拟实践'，实际上指主体和客体之间通过数字化中介系统在虚拟空间进行的双向对象化的感性活动。"[13] "虚拟实践,一般是指主体运用虚拟技术、网络技术等现代信息技术的数字化中介手段,在虚拟空间有目的、有意识地进行的能动性的改造和探索虚拟客体的感性活动过程,是一种主客体双向对象化的感性活动。"[14] "虚拟实践是人类从一般的符号化实践扩展至数字化实践的生动体现,是人类的实践活动从过去以物质和能量为基础的活动平台延伸到以计算机网络为基础的信息平台。"[15]以上摘述表明,关于虚拟实践的认识,很多学者将网络虚拟实践理解为虚拟实践。

笔者认为,网络虚拟实践是人类新的实践方式,表征人的新的存在方式。网民以生活化的方式将人的各种社会性行为灌注于网络,形成独具个人特色的网络生活。正如马克思所说:"个人怎样表现自己的生活,他们自己就是怎样。因此,他们是什么样的,这同他们的生产是一致的——既和他们生产什么一致,又和他们怎样生产一致。"[1]67-68网络虚拟实践表征为信息生产实践、网络交往实践、虚拟科学实践等。信息生产实践从事信息的生产、加工和改造,生产出人们在实际中需要的各种各样的信息。信息生产是一种最基本的虚拟实践活动。网络交往实践已成为社会交往的重要形式,网络突破了时空的限制,网络交往是网民生活的基本形式。虚拟科学实践开辟了人类进行科学实验的新形式。在普遍意义上,网络生活的实质是人的信息处理活动。信息处理活动是人的本质力量对象化和对象(信息)人化的相互转化过程。无论从自然科学角度,还是从社会科学角度看,信息像物质和能量一样都是人的必然需要。"符号化的思维和符号化的行为是人类生活的代表性特征之一,而且整个人类文化的发展都不容置疑地取决于这些条件。"[16]通过网络信息处理活动,网民发展了人类实践的新形式——虚拟实践。

网络虚拟实践是现实实践的丰富和发展。

其一,从实践动力学角度分析,现实实践是网络虚拟实践发展的内在源泉。首先,网络虚拟实践以现实实践为基础,依赖于现实实践。其次,由于网络虚拟实践活动不是直接作用于物质对象,其结果的正确性、有效性和合理性要依赖现实认识及实践来检验。

其二,从实践目的角度分析,网络虚拟实践以人的自由全面发展为目标。马克思、恩格斯认为,人的全面发展是"人以一种全面的方式,也就是说,作为一个完整的人,占有自己的全面的本质"[17]。它的内涵包含三个方面:首先,是人的活动、职能、能力、需要的全面发展;其次,人的社会关系的全面发展;最后,是人的个性的全面发展。无论是现实实践还是网络虚拟实践,归根到底都是为了现实人的发展。"在这里,人不是在某一种规定性上再生产自己,而是生产出他的全面性;不是力求保留在某种已经变成的东西上,而是处在变易的绝对运动之中。"[18] "人的本质不是单个人所固有的抽象物,在其现实性上,它是一切社会关系的总和","社会生活在本质上是实践的"。[1]56

网络虚拟实践表征人类本质的发展。首先,网络表征人的本质力量的发展。网络的发展使人的社会关系内容不断丰富,使人的本质不断地充分表现出来,影响、促进人的发展,是人们新的存在和发展方式。网络是人的本质力量的体现。其次,网络表征人的本质力量的对象化。马克思主义认为,作为主体的人的本质力量由活动(运动)的形式转化为物质存在物,创造出外在于人的一定客体存在。即是说,人通过实践把自己的需要、目的、意志、意识以及能动性等内在力量凝聚在一个外在的客观对象上。这些力量从此不再作为人的机体所直接固有的力量归他支配,而成为离开主体相对独立的力量。网络是人的理性思维力量的物化,或者说是物化了的人的意识和思维能力。故而言之,网络所具有的计算机能力,接受、选择、处理和加工信息与知识等,本质上都是人类的相关本质力量的客体化。

三、关于指导网络虚拟实践的对策

在网络虚拟实践过程中,"虚拟实践有高度抽象性、适人性、智能性和不变性特征,对人的生存和社会发展有双重意义和影响"[19]。其中,虚拟异化是网络负面影响的重要表征。虚拟异化与个体过分地依赖网络相一致,渐至丧失应有的理性,从而导致人对虚拟世界的依赖和对现实世界的排斥。"在虚拟世界中生存的人成了技术的奴隶,背叛了人之为人的本性,人丢失了自身,成为了'他者'。"[20]另外,网络已经成为重要的信息平台与交流工具,因此,网络信息行为在很大程度上是一种社会公共信息行为。可惜的是,网络暴力、网络色情、网络欺诈、网络恶搞、网络黑客、网络病毒、网络赌博、网络知识产权纠纷等也屡见不鲜。在网络社会中,虚拟与现实是一对辩证统一的范畴,网络社会的本质属性是形式上的虚拟性和本质上的现实性的统一,人在网络社会中的活动也必须遵循这一原则。因此,网络秩序之于网络社会,就像规矩之于方圆。正如列宁所说,即使在阶级对抗的社会,也存在着"多少世纪以来人们就知道的、千百年来在一切行为守则上反复谈到的、起码的公共生活规则"[21]。美国学者戴森一针见血地指出:"网络不具有独立的存在。它之所以重要是因为人们把它作为一个互相交流、经营生意和分享见解的地方,而不是因为它是一个不依赖于外界的神秘的实体。……它必须与国家制度、文化及语言差异和有形的基础设施建设共存。理论上讲,它能够消灭空间,但众多现实都会对它的这种能力发生影响。"[22]

网络信息行为不仅要遵守虚拟社会的各种技术与伦理规范,更要遵守现实社会秩序。有序的网络信息行为是建构和谐网络的重要条件,也是网络健康发展的必要前提,也是国家现代化和公民文明程度的重要标志。对于网络信息行为来说,维护其公共秩序的手段包括道德、法律和技术管理等基本手段。网络公共信息行为领域越扩大,公共秩序就越复杂,道德、法律和技术管理的作用就越突出。

关于指导网络虚拟实践的法律对策。缺乏针对网络虚拟实践的法律观念和法律意识,是当前网络虚拟实践的主要危机之一。"自由是对必然的认识和对客观世界的改造。只有在认识必然的基础上,人们才有自由的活动。这是自由和必然的辩证规律。"[23]实际上,对网络虚拟实践的法律管理早已形成。网络法规通过授权性指引、禁止性指引、义务性指引为网民提供一种既定的行为模式,引导网民在法律范围内活动;网络法规通过预测功能告知网民某种行为所具有的,为法律所肯定或否定的性质以及它所导致的法律后果，使网民可以预先估计到自己行为的后果，以及他人的行为趋向与后果；网络法规通过评价功能告知网民的网络行为是否合法；网络法规通过强制功能保障其自身得以实施；网络法规通过教育功能影响网民思想，培养和提高网民法律意识，引导网民依法进行网络活动。人不单是有生命的自然存在物，更是社会存在物，既有能动的、自由的、有意识的一面，又有受限制、受制约、不能自由地实现自己意识活动的一面，而这些又是在与社会成为一体的情况下表现的。概而言之，网络法规通过强制方式引导网民自觉地遵守网络信息行为准则。

因此，指导网络虚拟实践的法律对策关键在于宣导网络法规的立法原则和立法目的。其立法基本原则包括：一是促进网络发展与加强监督相结合的原则，二是信息自由与社会公共利益有机结合的原则，三是与现代网络发展相适应、与传统法律规法相协调的原则。其立法目的旨在：保障互联网的运行安全，维护国家安全和社会稳定，维护社会主义市场经济秩序和社会管理秩序，保护个人、法人和其他组织的人身、财产等合法权利。但是，法律的属性决定它不可能把复杂而广泛的网络信息行为全部纳入其调控的范围，它只能调节网络信息行为中的一部分，因而其发挥作用的范围是有限的。

关于指导网络虚拟实践的伦理对策。道德发挥作用的领域更加广泛，它能够调整许多法律效力所不及的问题。当前网络虚拟实践的主要危机包括缺乏针对网络虚拟实践的道德观念和道德意识。网络行为缺乏责任感，是非标准不清，甚至误入歧途。"良心是由人的知识和全部生活方式来决定的"，"特权者的'良心'也就是特权化了的良心"。[24]道德不仅可以渗透到各种各样的网络信息行为中，而且可以深入网民的精神世界。针对网络信息行为，道德发挥作用的范围是广泛的，道德通过调整人的内心世界，影响人的外部行为。道德引导网民通过道德修养不断提升自己的道德意识，产生自律，自觉把行为保持在社会允许的范围内。由于人是社会存在物，因此人的生命表现要通过人的社会生活表现得到确证。因此，强调人的自律，让网民意识到自己是社会存在物，是道德宣导的核心。

综上所述，指导网络虚拟实践的伦理对策关键在于引导网民正确使用网络工具，健康进行网络交往，自觉避免沉迷网络，养成网络自律精神。要让网民懂得：善行合法及符合道德，恶行违法或者背德；善行是进步的，符合社会发展规律，恶行是退步的，阻碍社会进步；善行有利于民族的发展，恶行阻碍民族发展；善行利人利己，恶行损人不利己；善行是公正的，恶行是不公的；善行是负责任的，恶行是不负责任的。

关于指导网络虚拟实践的管理对策。在网络活动过程中，对虚拟实践的管理是隐性的。根据 ISO 在 ISO/IEC 7498-4 文档中的定义，网络管理包括网络故障管理、网络配置管理、网络性能管理、网络计费管理和网络安全管理等五个方面。其中网络安全管理即针对网络行为进行管理。涉及网络对象的安全管理具有以下功能：①网络资源的访问控制，通过管理路由器的访问控制链表，完成防火墙的管理功能，即从网络层（IP）和传输层（TCP）控制对网络资源的访问，保护网络内部的设备和应用服务，防止外来的攻击；②告警事件分析，接收网络对象所发出的告警事件，分析与安全相关的信息,如路由器登录信息、SNMP（即"Simple Network Management Protocol"的缩写,中文意思指"简单网络管理协议"）认证失败信息,实时地向管理员告警,并提供历史安全事件的检索与分析机制,及时地发现正在进行的攻击或可疑的攻击迹象;③主机系统的安全漏洞检测,实时地监测主机系统的重要服务（如WWW、DNS等）的状态,提供安全监测工具,以搜索系统可能存在的安全漏洞或安全隐患,并给出弥补的措施;④其他网络安全管理措施;等等。上述管理功能表明,网络行为管理的隐身性不等于没有网络安全管理。

可见,指导网络虚拟实践的管理对策关键在于让网民意识到第三者隐身性在场。网络管理后台中具有无数看不见的手、看不见的眼在实时监控网络的运行。第三者隐身性在场是网络行为中的常态行为。人—网之间的关系表征并反映社会物质、精神的诸关系。因此,"任何一种解放都是把人的世界和人的关系还给人自己。政治解放一方面把人变成市民社会的成员,变成利己的、独立的个人,另一方面把人变成公民,变成法人"[25]。网络是人的客观世界,网络行为"改造客观世界,也改造自己的主观世界——改造自己的认识能力,改造主观世界同客观世界的关系"[26]。"在实践上,人的普遍性正表现为这样的普遍性,它把整个自然界——首先作为人的直接的生活资料,其次作为人的生命活动的对象（材料）和工具——变成人的无机的身体。自然界,就它自身不是人的身体而言,是人的无机的身体。人靠自然界生活。这就是说,自然界是人为了不致死亡而必须与之处于持续不断地交互作用过程的、人的身体。所谓人的肉体生活和精神生活同自然界相联系,不外是说自然界同自身相联系,因为人是自然界的一部分。"[1]45主观世界和客观世界之间共生共荣关系是人—网之间的应有关系。

参考文献:
[1] 马克思恩格斯选集:第1卷 [M]. 北京:人民出版社,1995.
[2] 李淮春. 马克思主义哲学全书 [M]. 北京:中国人民大学出版社,1996.
[3] 林在高,等. 英汉计算机百科辞典 [M]. 北京:电子工业出版社,1999:1873.
[4] 张世英,陈志良. 超越现实性哲学的对话 [J]. 中国人民大学学报,2001 (3).
[5] 曾国屏,等. 塞博空间的哲学探索 [M]. 北京:清华大学出版社,2002:56.
[6] 张再兴,等. 网络思想政治教育研究 [M]. 北京:经济科学出版社,2009:125.
[7] 章铸,吴志坚. 论虚拟实践 [J]. 科学技术哲学,2001 (4).
[8] 张明仓. 虚拟形态:从虚拟思维到虚拟实践 [J]. 福建论坛:人文社会科学版,2002 (5).
[9] 韦吉锋. 从人自身本质发展维度理解网络的本质 [J]. 青海社会科学,2005 (2).
[10] 贺善侃. 论虚拟实践的哲学依据 [J]. 上海师范大学学报:哲学社会科学版,2006 (4).
[11] 黄红煜. 虚拟实践的哲学新探 [J]. 甘肃理论学刊,2006 (1).
[12] 曾令辉,郑永廷. 马克思主义自由观视阈下人的虚拟自由 [J]. 思想教育研究,2008 (6).
[13] 张中卫. 虚拟实践的产生、结构与意义 [J]. 安庆师范学院学报:社会科学版,2008 (4).
[14] 张国艳. 虚拟实践论 [J]. 学理论,2009 (2).
[15] 韦民伟,覃泽宇. 虚拟实践的本质及其对教育游戏设计的启示——从信息哲学的视角探析

[J]. 软件导刊·教育技术, 2009 (10) (下半月).
[16] 恩斯特·卡西尔. 人论 [M]. 李琛, 译. 北京: 光明日报出版社, 2009: 26.
[17] 马克思恩格斯全集: 第42卷 [M]. 北京: 人民出版社, 1979: 123.
[18] 马克思恩格斯全集: 第46卷 [M]. 北京: 人民出版社, 1979: 486.
[19] 李白鹤. 虚拟实践探析 [J]. 上饶师范学院学报, 2002 (5).
[20] 徐世甫. 虚拟生存的哲学反思 [J]. 南京社会科学, 2003 (2).
[21] 列宁选集: 第3卷 [M]. 北京: 人民出版社, 1995: 191.
[22] 埃瑟·戴森. 数字化时代的生活设计 [M]. 海口: 海南出版社, 1998: 17.
[23] 毛泽东著作选读: 下册 [M]. 北京: 人民出版社, 1986: 833.
[24] 马克思恩格斯全集: 第6卷 [M]. 北京: 人民出版社, 1961: 152.
[25] 马克思恩格斯全集: 第1卷 [M]. 北京: 人民出版社, 1956: 443.
[26] 毛泽东选集: 第1卷 [M]. 北京: 人民出版社, 1991: 296.

五、就业理论与指导

"五业一体"：我国高校就业指导与职业规划教育的显著特征及其优势

郝登峰

（中山大学，广东广州，510275）

摘　要：我国高校开展就业指导与职业规划教育虽然时间不长，但是已经逐渐形成了自己的特征和优势。在学习借鉴西方国家的理论与实践基础上，根据我国经济社会发展情况与文化传统，以及大学生的实际情况，提出了在就业指导与职业规划教育时，要指导学生正确对待专业、努力提升学业、提高就业能力以顺利就业，并为学生今后的职业发展和事业成功奠定基础，将专业、学业、就业、职业和事业结合起来统筹考虑（此即"五业一体论"），并通过学校领导、专业教师、辅导员、学生和校友的实际行动，使之成为有别于西方高校大学生就业指导与职业规划教育的显著特征与特殊优势。本文从实践历程、背景原因、理论观点、主要做法、组织保障、主要优势、今后努力方向等几个方面进行了讨论。

关键词：高校；就业指导与职业规划教育；辅导员；"五业一体论"

作者简介：郝登峰，男，湖北省公安县人，中山大学珠海校区党工委书记，博士，研究员，硕士生导师，主要研究方向是大学生思想政治教育、大学生就业指导与职业服务。

一、背景原因：我国高校就业指导与职业规划教育的特殊性

第一，我国高校职业指导与教育的发展历程。1949年以前，我国高校曾经有过职业指导与教育。1949年以后，我国高校基本上实行国家统一包办大学毕业生分配工作的就业制度，因此大学生自己不必担心就业问题，所以高校没有开展职业指导与教育。到了1980年代中后期，我国一些高校开始改革试点，由高校进行推荐，让大学毕业生与用人单位进行双向选择，直到1998年，全国才开始实行大学生自主择业制度[1]，高校才开始全面推行职业指导与教育工作。至今虽然只有10多年，但是大约经历了两个阶段。[2]第一阶段是1998年至2001年，就业指导期。这一时期，主要是指导学生"如何找到一份工作"，如教毕业生如何撰写求职信、简历，如何准备求职面试，等等。随着1999年中国高校大规模扩招，2001年开始毕业生人数激增（高职高专学生两年即毕业，这几乎占据扩招学生的一半），大学生对专业、学校的选择，以及顺利就业和职业发展的问题更加突出，迫切需要就业指导与职业规划教育。

于是进入第二阶段。第二阶段为2002年至今，职业指导与职业规划教育期。按照教育部要求[3]，各高校开始对大学毕业生进行职业生涯与职业意识、职业发展规划、提高就业能力、求职过程指导、职业适应与发展、创业教育等六方面的教育和指导。在教学形式方面，采用了课堂教学、使用测评工具、案例分析、分组调查、课堂讨论、经验交流、小组训练等，以及课外训练、职场人物访谈、模拟面试、实习见习、创业计划大赛等。

第二，我国文化传统与价值观。1998年，大学生就业指导与职业规划教育才真正在我国高校逐渐推行开来。经过十几年的理论研究和实践探索，学者们发现，虽然在西方国家已经推行长达近百年的一些理论和做法，不能完全照搬照抄到中国来，因为中国有其特殊的国情。任何理论都植根于一定的土壤。西方的职业指导与教育理论，如特性因素论强调人的个性与职业要求相匹配，这些理论之所以产生，是因为有其土壤：一方面，西方的价值观和文化传统是提倡个人自由、自我实现的个人主义价值观，因此他们希望做什么工作、适合做什么工作，就会找什么样的工作，而不太顾及社会和他人的想法；另一方面，西方国家尤其是欧美发达国家，经济社会发展比较平衡，地区和行业差异较小，因此在哪里就业、在哪个行业就业，他们的收入与社会保障等差别不大。这就客观上保证了大学毕业生想在哪里做什么工作，就能够做，而没有后顾之忧。但是，与此不同的是，中国提倡服从集体、奉献社会的集体主义价值观，而且由于处在社会主义初级阶段，不同地区和行业的经济社会发展差异很大，工资收入与社会保障等也差距显著，因此，大学生找工作时，既要考虑自己想做什么、适合做什么，还要顾及社会舆论、家长希望与他人的看法等，更为重要的是，首先要考虑这份工作所在地区、所在行业，因为即使是相同的职位（如高中教师），其收入待遇与社会保障等在不同地区甚至同一地区都有差距。所以很多大学生就业时，首要考虑的是自己工作的地区，其次是行业，而这个职位是否与自己的个性相匹配，则是在前两者都满足的情况下才加以考虑的因素。由此可见，西方的就业指导与职业规划教育的理论不完全适合我国国情，我们只能在借鉴的同时，重新建构自己的理论观点。

第三，我国大学生缺乏职业规划的启蒙教育。我国中学生没有经过专业选择和职业规划方面的教育。当他们进入大学的时候，有的学生出于高考分数的考虑选择学校和专业，比如高分考生，就选择重点大学的一些热门专业如金融、管理、计算机等，甚至是一些名字好听的专业如国际贸易、电子商务等；如果考分不高，他们就只得选择比较冷门的专业。有的学生是根据老师、家长或者学长的建议来填报学校和专业，可是等他们到了大学，才发现自己根本不喜欢这所学校，不喜欢这个专业，或者是没有能力读这个专业（如数学基础差而无法读金融）。还有的学生几乎没有什么原因，纯粹是对专业进行个人想象，因为他们既不知道自己的专业兴趣何在，也不知道这个专业将要学什么内容、可能做什么职业，等等，所以随意地填报专业。当然，还有一些考生，则是由于大学录取时没有被自己感兴趣的专业录取，而被调剂到自己不喜欢的专业。

第四，我国大学缺乏完全的学分制。大学生不能根据自己的专业兴趣完全自主地选择专业，而且，转专业、选修、辅修、读双专业等，也往往由于种种原因而不能够实现。例如异地多校区办学，使得一些专业不在一个校区甚至不在一个城市，或者师资力量有限不能开设这么多专业选修课，或者因为该专业学生太多，不能容纳其他院系学生选修这门专业课，等等。这样就限制了学生对专业的自主选择。一些学生由于对自己的专业不感兴趣，因而对学业也失去了兴趣，荒废学业，不思上进，有的沉迷网络，热衷游戏，有的患上抑郁症等。这些都严重影响了今后的就业。

综上所述，我们对大学生进行就业指导与职业规划教育的时候，既要弥补学生对选择专业、完成学业这些"课"，还要教育他们如何将自己的顺利择业就业和职业发展与事业成功，与国家富强、社会进步等结合起来。因此，有学者提出了"五业一体论"[4]。

二、"五业一体"：我国高校就业指导与职业规划教育的理论观点

"五业一体论"的主要观点是，在对大学生进行职业指导与教育的时候，应该将大学生如何对待专业、提升学业、顺利就业，与今后的职业发展和事业成功结合起来，统筹考虑，既促进学生个人成长成才，又为服务国家和社会奠定基础。具体来说，大学生就业指导与职业规划教育应该包括如下几个方面的内容：

第一，要正确对待专业。如何正确对待专业？一是进入大学前，应该了解大学专业，了解自己的专业兴趣，要根据自己的兴趣选择专业，而不是根据专业的好坏、冷热、是否好就业以及高考的分数等其他因素来选择专业，也不要完全听从家长、老师等别人的意见而选择专业。只有学生喜欢不喜欢、适合不适合这个专业的问题，而没有好专业和差专业的问题。二是如果大学生喜欢自己就读的专业，就一直坚持该专业，以这个专业作为今后顺利就业和职业发展的方向；如果不喜欢该专业，就要努力提升学业，或者转专业、辅修、考研等，或者就业时转行，不要因为不喜欢专业就荒芜了学业，浪费了时光。三是攻读不同专业不造成人的职业发展差异，如薪酬收入，不同行业的毕业生有区别，但是不同专业的毕业生薪酬收入没有显著区别。[5]四是要改变当前大学生专业教育的误区，主要是让学生喜欢自己所读的专业，无论是否真正有兴趣；要做到"学一行，干一行，爱一行，钻一行，终身不要转行"。[6]

第二，要努力提升学业。学业是包括专业在内的所有大学期间的学习所获，包含我们常常所说的综合素质，乃至于心理承受力的提高、身体素质的增强，甚至于经商创业的经历、人际关系与情感体验，等等，都是学业。大学生的主要任务是努力完成学业。大学生不能因为不喜欢自己的专业就荒废了学业。越是不喜欢现在所读的专业，就越要做其他有益的事情，就越要提高学业，提高自己的身心素质。

第三，要注重提高就业能力以促进顺利就业。就业能力是顺利就业的基础。大学生的就业能力主要受学校、专业和学业等因素影响，其中，专业是关键就业能力，学业是综合就业能力，学校影响就业能力。[7]就业是职业发展的基础，没有顺利就业，就谈不上今后实现自我价值，服务国家和社会。在当今就业竞争激烈之时，尤其是目

前无法实现自己满意的就业时,最好先就业,积累经验,然后通过跳槽等方法,选择中意的职业。此所谓先就业,后择业。

第四,要为职业发展和事业成功奠定基础。大学的专业选择、学业提升,乃至于顺利就业,都要着眼于今后的职业发展和事业成功。因为所有的前期准备(如专业选择与学业提升),无非都是为今后的职业发展和事业成功奠定基础。既然职业规划是以现状为起点,以目标为终点,那么,对于大学生而言,目前的专业、学业显然是起点,而最后的职业发展顺利、事业有所成功,才是其终点。所以,大学生的职业指导与职业规划教育,一定要以大学生的专业学业起点开始,以其职业事业这个终点为结束。所谓事业,就是为国家、为社会、为人民多做有益的事情,促进国家、社会的发展,将自己的价值实现与促进国家民族发展统筹起来。[4]

三、主要做法:高校教师、学生和校友等共同参与

在我国高校,不仅有专门负责学生事务的辅导员从事职业指导与教育工作,而且,很多教师、学生也被动员参与其中。主要做法是:

第一,要求教师主动参与。首先,系主任要在学院里吸引更多的学生选修自己的专业,他们就必须宣传自己的专业,尤其是在新生入学之初,或者大一结束之前学生即将分专业之时。其次,在教学过程中,特别是在新课讲授之前,教师会非常详细地讲解该专业的主要教学内容、学习方法,以及这些内容与今后可能就业之间的关系,等等。最后,在学生毕业前夕,很多教师尤其是研究生导师会直接帮助学生就业,如提供就业信息、修改简历、介绍实习单位、推荐雇主等。当然,一些专业教师,尤其是人力资源管理、政治教育、心理学等专业的教师,他们甚至会被邀请或者被要求给学生直接上就业指导与职业规划方面的课程,或者开设选修课,或者做专题报告。

第二,让学生广泛参与。大学、各个院系、各个班级,都有学生参与职业指导活动。例如,大学、院系都有学生会,而学生会大都设有就业部,学校或者校区还有学生职业发展协会等组织[8],甚至班级也有学生就业互助小组。这些学生团体帮助学校就业中心或者学院负责就业的辅导员搜集就业信息、更新就业网站、协助接待雇主、参与招聘活动、发布招聘信息、组织模拟招聘,或者邀请雇主讲解求职技巧等。他们自愿参与其中,既为学校老师和雇主服务,又锻炼了自己的能力,也获取了不少的职业指导与教育的知识。这一做法是我国高校非常注重倡导学生"自我教育,自我管理,自我服务"的最好体现。

第三,要求所有辅导员都直接参与。除了职业指导师外,负责大学学生事务的所有职员、心理咨询师都会直接参与就业指导与职业规划教育工作。因为对于一个院系而言,所有辅导员都受一个副书记领导,尽管这些辅导员可能有的只负责低年级学生,有的只负责心理咨询工作,有的只负责学生事务管理,但是,副书记常常会召集所有辅导员开会,研究学生的就业工作。实际上,这个院系的所有辅导员都关心、关注该院系所有学生的就业问题,只是角度、侧面、领域和手段不同罢了。

第四，将就业指导与职业规划教育工作与政治教育、道德教育、心理咨询和学生事务等工作结合起来。例如，在指导学生选择专业和职业、进行职业规划时，辅导员会引导学生根据他们的兴趣，鼓励他们选择国家最需要的专业领域，到国家最需要的地方（如到西部欠发达地区，到农村，到基层，到落后地区）就业，奉献国家，服务社会，这就将学生的职业发展与促进国家发展结合起来。同时，教育学生在求职过程中，要相互帮助、坚守诚信。对于学业不好、经济贫困、就业困难等的学生，教师、辅导员还会特别关注，建立专门的就业档案，对他们进行跟踪，提供特别服务，如提供就业信息、单独进行辅导、给予经济资助、推荐实习和介绍雇主等。这种实实在在的帮助对学生的引导和教育更加有效果。

第五，将职业指导与教育工作与校友工作结合起来。这主要有两个原因。首先，校友往往是大学毕业生未来就业的潜在雇主，很多校友的企业会到自己母校招聘。因为中国人总是比较喜欢自己的母校，尤其是优秀大学的校友，他们愿意优先"照顾"自己的学弟学妹，大学的领导、教师也总是鼓励校友多多照顾学弟学妹。很多大学都进行"企业家校友招聘活动"，即邀请企业家校友到母校来招聘新员工。其次，高校的校友工作也往往是由院系主管学生工作的副书记作为负责人，辅导员都要参与校友工作，而且有些学院的就业指导与职业规划教育工作办公室也与校友工作办公室合并办公。一般来说，大学的校友工作不只有向校友募捐，而更多的是向校友了解其职业发展与事业成就、推介学校发展情况等。例如，很多大学都会邀请一些校友回到母校做报告，向学弟学妹们介绍学习和求职的经验，甚至给在校学生上职业指导方面的课程。另外，一些大学还有采访校友的活动，让学弟学妹采访校友，了解校友在大学期间如何获得优秀的学业、如何顺利找到自己的职业、在职业发展生涯过程中如何做到成功等，这样可以给学弟学妹以启发和借鉴。同时，大学生也从采访校友的过程中，认识社会，认识自己，加深自己对专业、学业和就业的理解，促进对今后职业生涯的规划。

从以上可以看出，无论是大学的领导、专业教师，还是广大学生和校友，以及就业中心职员和院系辅导员，他们都积极参与学生的就业指导，从不同的角度，用各自的方式，形成合力，促使大学生在整个大学学习期间，接受有关专业、学业、就业、职业和事业方面的指导和教育，自觉地思考并统筹规划自己如何选择专业、如何提高学业、如何顺利就业，甚至今后树立职业发展与事业目标。如此一来，"五业一体"不仅是一种观念，而且成为了一种已经顺利实施的实践活动，因而成为我国高校就业指导与职业规划教育的显著特征。

四、保障机制：我国高校特有的管理体制和文化传统

"五业一体"之所以能够顺利实施，是因为我国高校有其特殊的体制机制、我国特有的思想文化传统，以及整个国家的高度重视。

第一，我国高校现行的管理体制。我国高校现行的是校、院（系）二级管理体

制[9]，尤其是以学院（系）为主体，院长（系主任）负责本院系，辅导员具体负责就业工作。教师被要求参与就业指导与职业规划教育工作，既是作为考核其工作的一个内容，也是作为教师的应有职责。学生则总是踊跃参与其中，因为对他们自己大有好处。辅导员全部分布在院系中，是就业指导与职业规划教育的主体，而学校就业指导中心只是起到管理、协调、服务的工作，很少直接参与学生的指导与教育。在开展就业指导与职业规划教育时，往往是院系的辅导员居于中间地位，他们可以联系学校就业中心、学院领导和教师职员，取得他们的支持，也可以调动广大学生和校友积极参与，从不同角度、以不同方式，共同对学生的专业、学业、就业、职业和事业提供指导与帮助，共同参与就业指导与职业规划教育工作。这是管理体制的一个方面。另一方面，是院系辅导员制度的特殊性。院系的学生工作一般由一个领导（副书记）负责，所有辅导员，无论是专门负责就业工作，还是负责其他学生事务，以及心理咨询、校友工作的，他们都在一个办公室工作，都一起开会、讨论、解决学生的所有问题，包括经济资助、心理咨询、职业辅导、校友工作等，所以几乎所有的辅导员都会参与学生的就业指导与职业规划教育工作。可以说，在副书记的直接领导下，院系辅导员完全负责该院系所有学生的教育（如政治教育、道德教育）、管理（奖励与惩罚、档案资料管理、学籍事务管理）、服务（如经济资助、心理咨询等）等全部学生事务工作，就业指导与职业规划教育工作只是其中之一。这种被称为"谁家孩子谁家抱"（即某院系的教师、职员应对该院系所有学生的学习、生活、就业等负责）的管理体制，实际上就是辅导员对学生的思想问题、学习问题、就业问题等都负有责任，对学生的专业、学业、就业、职业、事业等问题都需要给予指导与教育，因此是"五业一体论"得以实现的最强有力的组织保障。

第二，中国文化传统作为保障。中华文化强调的是混一、浑一、定于一、一元化，是整体。[10]中国历来具有整合、统合、融合外来文化，并建立新的文化为我所用的思维传统。例如，产生于印度的佛教，传到中国后，经过多次改良，形成了广为中国人接受的中国佛教；产生于西方的马克思主义，也被中国共产党人加以吸收发展，创造出了中国特色社会主义理论体系。此外，中国也有善于发动群众、广泛参与、团结协作、群策群力、大胆探索、摸着石头过河的文化传统和经验做法。所以，对于西方职业指导与教育的众多理论体系，中国人习惯地加以批判性吸收，即要根据自己的实际情况进行统合，进行加工、修正，使之成为符合中国实际情况的理论。而且，对于像大学生就业指导与职业规划教育这样的新生事物，当大家都不太熟悉的时候，我们尤其注重倡导全体教师、职员和学生积极参与，团结协作，发挥团队力量，集中大家的智慧，在大胆实践、勇于探索、不断总结的过程中，找到适合我国国情的理论观点和实践方法。这正是改革开放以来，中国人在坚持文化传统的同时，不盲从西方，敢于面对新问题、新挑战，大胆求实创新的最佳体现。因此不难理解，虽然我国高校目前仍没有成熟的就业指导与职业规划教育的理论，也没有成熟的经验，但是，广大教师和辅导员甚至学生，都在以各种不同的实践方式，努力研究、不断探索，试图建立适合我国国情的职业指导和教育的理论体系和方式方法。显然，这是"五业一体论"得以提出并实现的文化条件和观念前提。

第三，国家高度重视。很显然，大学的领导包括院系的领导非常重视学生的就业工作，是因为就业不仅关系到学生的未来，关系到学生的成长成才，也关系到大学的招生、培养等工作，关系到大学的改革与发展。此外，国家也很重视大学生的就业工作，无论是党的最高领导的报告[11]，还是教育部文件[3]，都要求高校做好大学生就业指导与职业规划教育工作，那是因为大学生就业问题还关系到全社会的稳定和发展，大学生的就业问题乃是民生之本[11]。此外，如果大学生不能顺利就业（包括就业率和就业质量），就会成为社会不稳定因素，也造成人力资源的巨大浪费。所以，各级领导都能充分意识到职业指导与教育工作的重要意义。这种高度重视还体现为各级领导负责制。例如，辅导员要向院长负责，院长要向大学校长负责，而大学校长要向教育部负责。这种领导重视、层层负责、狠抓落实的工作机制，是"五业一体论"得以实现的制度保障。

第四，辅导员自身的职业特点。无论是国家，还是大学，乃至于辅导员自身，他们都希望辅导员成为学生的良师益友，既是一个真心服务学生、帮助学生的知心朋友，又是一个能够教育学生爱国、引导学生发展的职业引路人。事实上，辅导员也是努力按照这个要求来做的。在学生希望解答疑惑、得到帮助的时候，而不管是在周末，还是在八小时之外，他们都会积极提供服务。这种观点已经深入所有辅导员的内心，成为他们的固有观点和职业习惯。因为他们把辅导员工作作为他们实现自己价值的事业，而不仅仅是一份可以谋生的职业。辅导员这种以自己的职业习惯和事业追求服务学生、辅导和教育学生，对实践"五业一体论"起到了良好的示范作用和保障作用。

由此可见，上述四种机制，既引导了广大教师、职员、学生积极参与职业指导与教育工作，又引导了参与该工作的内容和途径，使得"五业一体论"得以真正贯彻实施。

五、显著优势：相对于西方国家的积极意义

相对于西方国家就业指导与职业规划教育的理论体系和传统做法，我国高校的"五业一体"观点及其实践时间很短，还需要经受历史的考验，也需要进一步提炼和升华。但显而易见，这个观点和做法已经在我国高校普遍实施开来，初步显示出其生命力。它相对于西方国家而言，具有显著的优势，对于西方国家可能也有一定的启示和借鉴作用。包括：

第一，有利于整合资源，形成合力。无论高校领导、教师、职员，还是学生，或是广大校友，都有一个共同的目的，就是培养学生成长成才。这就需要全体教师、职员和学生，以及广大校友们的共同努力，整合资源，形成合力。我国高校开展就业指导与职业规划教育时，形成了以院系辅导员为中心纽带，领导、教师、职员、学生和校友广泛参与的模式，这种模式最大的优势就是整合了资源，集中了力量，共同为学生就业问题群策群力。这种模式显然比西方国家要好，因为西方国家只有职业辅导师

参与，而教师和其他职员、学生是很少参与的。

第二，有利于促进学生全面发展。我国高校强调以学生为本，在就业指导与职业规划教育中也有生动的体现。例如，由于院系的辅导员、教师同大学生的相处贯穿整个大学学习时期，对学生的情况都非常熟悉，特别是辅导员，在进行就业指导与职业规划教育时，非常注重学生的家庭背景，甚至是家乡经济社会发展状况，学生个人的个性特征、学习成绩、发展潜力、职业目标等，将这些因素综合考虑，而且将爱国教育、道德教育等结合起来，辅导学生，教育学生，既促进学生个人的发展，又促进国家和社会的发展。这种做法，显然比单方面指导学生就业和职业更有利于促进他们的全面发展。这是以学生为本、促进学生发展的一个方面。

第三，有利于促进大学的改革。对于大学而言，这种教师、辅导员、学生广泛参与职业指导与教育工作，将学生专业选择、学业提升、促进就业、职业发展与事业成功等结合起来统筹考虑的做法，同时也将大学的招生规模、专业设置、人才培养模式、教学改革等高校改革发展结合起来，有利于促进高校发展。进一步，对于辅导员、教师和学生而言，也有利于促进他们彼此加强合作与理解，建立融洽关系，形成和谐校园氛围，这既是高校改革发展需要依赖的重要条件，同时也是改革发展的重要目的。

第四，有利于雇主利益和社会进步。在高校里，大学生毕业之前，除接受专业知识与技能方面的教育外，还要接受过多次的意识形态方面的教育，尤其是爱国教育、道德教育；在接受职业指导与教育的过程中，学生们更是要接受诸如如何处理好与员工、与老板的关系，如何正确对待跳槽等问题，如何更好地为雇主服务、为社会奉献，等等。总之，他们被要求将自己的专业知识技能的发挥、个人价值的实现，与促进雇主的发展、社会的发展结合起来，以实现个人价值和社会价值的高度统一。

六、改进目标：不足之处与努力方向

我国高校就业指导与职业规划教育起步很晚，目前仍然处于探索阶段，与西方国家相比，还有很漫长的路要走，需要学习借鉴西方国家最新理论和先进经验，尤其是如下几个方面需要不断改进，努力提高：

第一，要进一步加强学术研究，丰富和完善中国特色的就业指导和职业规划理论体系。目前，我国高校对职业指导与教育的理论研究还很不够，尤其还缺乏专门的研究队伍、研究机构、研究平台，现有的研究力量也还是分散在教育学、人力资源管理、学生事务等学科领域之中，这就限制了师资培养和理论探索。应在借鉴西方国家理论的同时，在实证研究和理论研究两个方面加强探索，更加深入研究我国大学生就业和职业规划的实际情况与特殊规律，进一步探索适合我国经济社会发展和文化传统与价值观的基本国情、反映我国大学生就业与职业发展实际情况的指导理论。从这个角度上看，"五业一体"的理论观点还有待进一步研究，还需要进一步提炼、完善。

第二，要建立一支高素质的、相对稳定的、年龄结构合理的专业队伍。目前，我国高校就业指导与职业规划教育存在的最大困难，是缺乏一支有专业背景、有丰富经验、相对稳定的职业指导师队伍。目前这支队伍的主要成员为院系辅导员，他们大多是大学毕业后就从事这项工作，以前并没有接受过这方面的专业训练，因此年龄轻，工作经历匮乏，专业水准低，流动性也高。应该说，院系辅导员是实践"五业一体"的主力军，他们不仅直接接触学生，是对学生的专业、学业、就业、职业和事业问题提供咨询和指导的直接实施者，也是连接院系领导、专业教师、广大学生和校友之间的桥梁和纽带，是重要的资源整合者，是实践"五业一体"的组织者。所以，对院系辅导员加强教育培训，提高他们的专业水准，稳定这支队伍，是实践"五业一体"的重要组织保证，也是今后的当务之急。

第三，进一步改进技术手段和物质条件，提高就业指导与职业规划教育的专业水平。目前我国高校辅导员开展就业指导和职业规划教育时，注重定性的、宏观的指导与经验说教，缺乏定量的、具体的指导与科学测评，尤其是在接受咨询、开展辅导、引导学生自助服务、利用多种测评工具和网络手段等方面，与西方发达国家高校的职业指导师相比还有很大差距。因此，我们需要向西方高校学习，充分利用各种技术手段和物质条件，提供更加积极主动、优质便捷的服务，开展更加专业、更加科学的咨询辅导与教育。

参考文献：

[1] 自主择业：高校毕业生稳步走进市场 [N]. 光明日报，1998-01-03.
[2] 郝登峰. 高校就业指导与职业规划教育的实践历程和理论探索 [M] //王仕民. 德育研究：第1辑. 广州：中山大学出版社，2013：205.
[3] 教育部办公厅关于印发《大学生职业发展与就业指导课程教学要求》的通知 [OL]. (2007-12-28). http://www.moe.edu.cn/publicfiles/business/htmlfiles/moe/moe_745/200802/11260.html.
[4] 郝登峰，等. 大学生就业创业理论与方法 [M]. 北京：人民出版社，2010：5.
[5] 岳昌君，等. 求职与起薪：高校毕业生就业竞争力的实证分析 [J]. 管理世界，2004 (11).
[6] 郝登峰. 关于大学生专业思想教育的反思——基于大学毕业生专业兴趣对就业起薪影响的实证研究 [J]. 广西教育学院学报. 2012 (5).
[7] 邹海贵. 就业思想教育：高校德育新的着力点与切入点 [J]. 教育理论与实践，2004 (2).
[8] Vincy J. Sun, Mantak Yuen, & Dengfeng Hao. Advancing on a University Career Center in Guangzhou, China [J]. Asian Journal of Counselling, 2012, 19 (1-2): 97-114.
[9] 吴静. 高校二级管理模式下宏观调控实现方式探析 [J]. 中国高教研究，2005 (5).
[10] 王蒙. 中餐与西餐 [N]. 广州日报，2013-09-26.
[11] 胡锦涛. 高举中国特色社会主义伟大旗帜 为夺取全面建设小康社会新胜利而奋斗——在中国共产党第十七次全国代表大会上的报告 [N]. 光明日报，2007-10-15.

六、探索与争鸣

孔子是个什么"家"?
——关于对孔子评价与《论语》定位的学术辨析

刘社欣

(华南理工大学马克思主义学院,广东广州 510641)

摘　要:儒家创始人,就是被尊崇为世界上最著名十大思想家之一并荣居榜首的孔子。从汉代以后,孔子的儒家学派思想成为两千年来封建文化的正统,影响极大,历代封建统治者把孔子尊奉为圣人。研究孔子及其《论语》,具有重要的现实意义。

关键词:孔子;评价;《论语》

作者简介:刘社欣,男,博士,教授,博士生导师,华南理工大学马克思主义学院院长,广州市新岭南文化中心重点研究基地主任。主要研究方向:思想政治教育合力、中外比较德育文化、文化软实力建设。

孔子(前551—前479),名丘,字仲尼,春秋末期鲁国陬邑(今山东曲阜市东南)人。孔子父叔梁纥,母颜氏。因父母曾为生子而祷于尼丘山,故名丘,字仲尼。鲁国是周公儿子伯禽的封地,素有礼乐之邦之称。鲁国根深蒂固的礼乐传统对孔子有深刻的影响。

一、孔子其"人"

我们中华民族的传统文化源远流长、博大精深,从哲学思维到治国之道,从文学艺术到科技创造,都皓如红日,光彩四射。2013年11月26日,习近平总书记参观考察孔府、孔子文化研究院时强调,中华优秀传统文化是中华民族的突出优势,中华民族伟大复兴需要以中华文化发展繁荣为条件,必须大力弘扬中华优秀传统文化。[1]发扬优秀传统文化,有助于"推陈出新",也有助于增强民族凝聚力和向心力。"中华文明绵延数千年,有其独特的价值体系。中华优秀传统文化已经成为中华民族的基因,植根在中国人内心,潜移默化影响着中国人的思想方式和行为方式。"[2]儒家文化作为中国传统文化的主流,对构成中华民族的思想情感、心理纽带、政治思想,尤其是对民族形式、民族风俗和民族特色的形成,起了重要作用。修身、齐家、治国、平天下的儒家主张,内圣外王之道,重视教育的传统,可以说是华人治国安邦之道和安身立命之本。

孔子学说在历史上能产生深远影响，不是偶然的，除了客观原因之外，更为重要的还在于孔子学说自身的内容特点和顽强的生命力。和诸家学说相比，孔子重视文化教育，没有墨子"蔽于用而不知文"的偏颇和短视；孔子主张积极有为，没有道家的消极情绪；孔子比较重视人民的愿望，没有法家的残酷奴役人民的专制主义[3]，其学说有利于华夏文化的发展。对教化的重视，是孔子也是儒家的特色和优势，它更是以生物遗传的形式，深深地融化在中华民族的思想意识和行为规范之中，内化为人们的一种文化心理和性格，并渗透到中国社会、政治、经济，特别是精神生活的各个领域。因而对孔子思想教育的理论和方法进行研究具有特别意义。正如张岱年先生所说的："时至今日，可以说，尊孔的时代已经过去了，反孔的时代也已经过去了。现在的任务是以科学的实事求是的精神来研孔、评孔。通过批判继承，综合创新，促进符合新时代精神的新文化的建立。"[4]13 因为虽然孔子生存于二千多年前，他所面临的问题是二千多年前的问题，他不能为二千多年后的问题提出任何解决方案，但是，孔子的思想中也有些具有一定普遍意义的观点。孔子对中华民族的思想情感和政治思想影响很大，贡献很大，所以世人对他的评价也相当高，但又相当杂乱。我们不能不以负责的态度对世人对孔子的评价进行认真梳理，不能不为此做一番辩析功夫，以还历史本来面目。

二、孔子其"谓"

孔子早年丧父，家境中落，在贫贱生活中长大。青年时当过"委吏"（管理仓库、会计事务）和"乘田"（看管牛羊）等小官。50岁时由鲁国的地方官中都宰升任司寇，掌管司法，还代管过短时期的相事。不久罢官而去。孔子是儒家学派创始人。他的思想核心是"礼"和"仁"，主张按周朝礼制办事，提倡实施"仁政"。孔子打破了西周以来"学在官府"的旧传统，开创了大规模私人讲学的风气，三十岁时开始授徒讲学，讲学数十年。凡能交一点学费的，他都收为学生，打破了只有贵族才能受教育的局面。他广收学生，一生培养弟子三千余人，其中身通六艺（礼、乐、射、御、书、数）者七十二人。孔子55岁时带领一批学生，离开鲁国周游卫、宋、陈、蔡、楚等国，宣传他的政治主张，寻找从政的机会。可是，各国诸侯都没有重用他。孔子在各国奔波了13年，经受了不少劳累困厄，最后失望地回到鲁国，专门从事教育弟子和整理编订古代文化典籍的工作。孔子先后对《诗》、《书》、《礼》、《乐》等进行了全面整理，还修编了《春秋》。孔子的言行由弟子整理成《论语》一书，为中国传统文化中"四书"之一，成为后世儒家学派的经典。从汉代以后，孔子的儒家学派思想成为两千年来封建文化的正统，影响极大，历代封建统治者把孔子尊奉为圣人。唐朝时当政者封孔子为"文宣王"，宋代尊他为"至圣文宣王"，元代称其尊号"大成至圣文宣王"。

世人对孔子的评价很多，也很复杂。就笔者所见就有以下一些称谓：中国历史上最著名的最有影响的哲学家、伟大的社会科学思想家、中国历史上影响最大的思想家、历史上最大的教育家、我国古代第一个提出系统的教育方法的教育家、伦理学家、博学家、文献整理家、政治活动家、文艺理论家、大宗教家、世界上最早的教育心理学家、中国古代心理学思想的鼻祖、中国古代领导学的奠基人等等。有人觉得单个评价似乎不足以反映孔子全貌，就或综合或笼统地表述之。如日本文艺家协会理事长井上靖即称"孔子是乱世造就的古代学者、思想家、教育家"[4]962。近代学者周予同称"孔子是一位中国古代人格完满发展的圣人；他是一位实际的教育家，他是一位不得意的政治思想家，他是一位专研道德问题的伦理学家"[4]213；谷牧等人称孔子是中国古代伟大的思想家、政治家、教育家；历史学家范文澜先生则把孔子定位为"教育家"，说"孔子基本上是个大教育家"[5]。但孔子作为教育家，又有学者对此进行了具体分析，如张健就认为孔子不仅是伟大的教育事业家，而且是伟大的教育思想家。崇敬之意溢于言表，又极尽夸张之能！

三、孔子其"实"

盛名之下，其实难符。这本是一个基本常识。然而究竟应如何公正客观和实事求是地给孔子一个人物定位呢？首先应当承认，以上所有这些评价无疑都是能够成立的。在自然科学不发达、科学分支不细密的古代社会，"百科全书"是古代学者的特征之一。中国古代是如此，古希腊同样如此。与孔子基本同时代的亚里斯多德就被人称为"最博学的思想家之一"[6]，在他留下的学术著作中，内容涉及哲学、伦理、历史、逻辑、心理、语言、政治、法律、诗学、经济、教育以及物理、动物、天文等诸多学科。孔子除在逻辑、法律等学科上稍逊于亚里斯多德之外，笔者认为，他在政治学科的建立上、思想领域的影响上和教育事业的成就上，不但早于而且远远大于这位西方的先知先觉者。因此，由于孔子所处时代的久远以及他的博学，很多学科的确立的确都可以在他那里找到历史渊源。正如列宁所说："因为社会生活现象极端复杂，随时都可以找到任何数量的例子或个别的材料来证实任何一种意见。"[7]但如果据此判断和评价一个古人，给他冠以那么多"家"，笔者认为则又难免有厚古薄今、以偏概全之蔽了！是很不科学、很不合适的。

评价一个人的性质，应当综合把握以下两个原则：一个是"终生践履原则"，即要看他一生中念念不忘的目标和孜孜以求的事业是什么；另一个是"成就最大原则"，即要看他在哪些学科领域或何项事业中成就最大。前者属于主体的主观范畴，后者属于主体的客观范畴。故这两项原则不可割裂，应紧密结合、综合考察。也就是说，只有达到了主体的主观愿望与客观效果的和谐统一，才能得出对主体性质的正确评价。根据以上思路，虽然孔子已被世人冠以许多称号（12余种之多），甚至有人断言孔子是我国古代最伟大的思想家和教育家，这已经是一个无须论述的问题，但笔者认为，如果我们根据"终生践履原则"和"成就最大原则"综合考虑，那么，与其说孔子是这个"家"、那个"家"，还不如说他是"中国古代最早的思想教育家"；

或者说，孔子既是这个"家"、那个"家"，但更是一位"思想教育家"。

第二，从"终生践履原则"看，孔子"仁以为己任"（《论语·泰伯》），他一辈子孜孜以求的是通过从政达到实施"德政"，最终"克己复礼"（《论语·颜渊》）而"至于道"（《论语·雍也》）的理想社会，所以，孔子首先应是一个政治家。尽管他自信"天生德于予"（《论语·述而》），"苟有用我者，……三年有成"（《论语·子路》），尽管他在仕途上也有过辉煌的时候，"由中都宰为司空，由司空为大司寇"，终至"行摄相事"，政绩不凡，不但"四方皆则（效法）之"，也令其他诸侯国颇为紧张，"鲁用孔丘，其势危齐"（《史记·孔子世家》），但他毕竟是个政治上的失意者。为了寻求一个能推行其"德政"学说的国君，他率一批学生疲马凋车，"席不暇暖"（韩愈《争臣论》），周游列国。前后到达过卫、陈、曹、宋、蔡、楚、匡、蒲、仪等国家和地区，拜访过大小封君七十余人。人间冷暖，世道炎凉，尽在品尝之中，终究是"莫能用"！政治生涯的落魄，使他重新回到了"人能弘道，非道弘"的思路。他壮志未酬，风范不减，穷且益坚，老当益壮，守道弥坚，将满腔忧患和希望寄托在读书游艺之中，寄托在"弘道"的教育事业上。可见，孔子毕生一切言行，都是为了变天下无道为天下有道……为了行道，他主张为政以德，并努力于教育。因此从这个意义上来看，孔子首先应是一个政治家，其次是一个思想家，然后才是一个教育家。因为他"毕生一切言行，都是为了变天下无道为天下有道"，教育其实只是他"弘道"的一个手段。

第二，从"成就最大原则"看，他首先应是一个教育家。也就是说，孔子在教育上的成就是第一位的，思想理论和政治业绩则较之逊色。正是孔子不但开了中国古代私学之先河，率先打破了"官学"的教育管理体制，使平民阶级的子弟有了求学的机会（孔子创建的大规模聚徒讲学的学术团体，比古希腊柏拉图于公元前387年创立的学园要早整整200年），而且他"弟子弥众"，培育了三千弟子、七十二贤人，他所创建的儒家学说更是成了中华民族思想和智慧的精神源泉。他所创造并实际运用的一些思想教育原则和教育方法对中华民族的教育教学影响至深、意义重大。可以说以儒家为代表的中国传统文化中，蕴涵着丰富的思想教育的合理内核，其学说至今闪耀着光辉。也就是说，孔子在政治上虽不得志，在教育上却成就了辉煌业绩。因此从其成就这个方面来看，孔子首先是个教育家。

第三，我们接下来要思考的是，孔子教育的目的又是什么呢？其实就是为了扩大自己的政治影响，传播自己的政治主张，以实现修身、齐家、治国、平天下的伟大理想。所以他又不是一般意义的教育家或教书匠！其实，孔子高讲于"杏坛之上"（《庄子·渔父》），"习礼大树下"，"讲诵弦歌不衰"，以至于"弟子弥众，至自远方，莫不受业"（《史记·孔子世家》），并非进行一般的知识传授活动。事实上，"子以四教：文、行、忠、信"（《论语·述而》）；孔子主张："行有余力，则以学文"（《论语·学而》），"骥不称其力，称其德也"（《论语·宪问》）。这说明孔子主要是在进行思想政治的教育和伦理道德的教育。正如冯天喻先生所说："孔子的'德政'从广义上讲，包括全部政治思想教育，从狭义上讲，是指的道德教育"。[8]孔子教育的目的主要是从思想上和政治上提高教育客体的素质，以便通过他们来扩大自己的政治影响，传播自己的政治主张，以实现修身、齐家、治国、平天下的伟大理想。基于此，1974年出版的《新不列颠百科全书》中就称孔子为"中国第一个企图利用教育作为工具去改良社会的教育家"。日本学者宇野哲人认为：孔子之教，集古来之政治道德说之大成，其特色，为修己治人之道，即在于伦理道德与政治经济也，实可谓代表中国民族之思想。这再一次证明，孔子首先是个教育家，但却是一个思想教育家，然后才是个政治家。可见，主观与客观相脱离，必定导致评价的混乱性。因此，根据上述两个原则的结合来看，笔者认为，评价孔子为"思想教育家"是比较合适和恰当的。

四、《论语》其"位"

我们今天研究孔子思想所依据的史籍，主要是这部《论语》。按《汉书·艺文志》中的解释，《论语》是"孔子应答弟子时人及弟子相与言而接闻于夫子语也。当时弟子各有所记。夫子既卒，门人相与辑而论纂"。即《论语》是孔子弟子及后人记述孔子言行的语录体著作，写成于战国初期（公元前475年前后）。《论语》一书的内涵，据清贺兴师注宋王应麟《三字经·论语条》云："论者议论，语是答语。此书是孔子传道之书，在鲁国与弟子论学、论治、论礼、论乐之书也。分为二十篇……皆是孔子弟子所记善言也"。即《论语》记述了孔子的社会政治思想、哲学思想、伦理思想、教育思想等各方面，甚至记载了他的生活习惯和细节。全书大体是孔子弟子及其后人所记，是研究孔子的基本资料。

《论语》自唐立"十三经"之后，是读书人发蒙必读的教科书；宋朝的朱熹又立"四书"、"五经"之议，从此，《论语》更成为科举仕进的敲门砖。《论语》之所以产生如此深远的影响，绝非偶然。其原因就在于《论语》的教育作用十分明显，特别是他的思想教育作用重大而深远。但世人对于《论语》的评价也有很多，而且很杂乱，有必要给予厘清和匡正。比如日知认为"《论语》是世界最早的一部政治学"[9]，陈元晖说"《论语》是中国最早的教育学专著"[4]213，而日本现代儒学家、京都大学名誉教授宫崎市定说：《论语》是形成伦理观念与价值观念最有影响的一本书，张玉玲认为《论语》"是我们今天对全民进行思想政治教育的最好辅助教材"[10]。鉴于《论语》中所包含的思想教育学说，特别是它所反映的孔子关于思想教育的理论与方法最系统、最丰富，意义十分深远，因此笔者认为，评价《论语》"是中国古代最早的一部《思想教育学》"则比较允当。

参考文献：

[1] 中共中央宣传部. 习近平总书记系列重要讲话读本 [M]. 北京：学习出版社，2014：99–100.

[2] 习近平谈治国理政 [M]. 北京：外文出版社，2014：170.

[3] 张岱年. 中华的智慧——中国古代哲学思想精粹 [M]. 上海：上海人民出版社，1992：4.
[4] 张岱年. 孔子大辞典 [M]. 上海：上海辞书出版社，1993.
[5] 范文澜. 中国通史简编：第1编 [M]. 北京：人民出版社，1964：88.
[6] 徐大同. 西方政治思想史 [M]. 天津：天津人民出版社，1984：39.
[7] 列宁全集：第22卷 [M]. 北京：人民出版社，1985：182.
[8] 冯天喻. 孔丘教育思想批判 [M]. 北京：人民出版社，1975：48.
[9] 日知. 孔子的政治学——《论语》[M]. 长春：东北师范大学出版社，1990：2.
[10] 张玉玲. 论语的教育作用新议 [J]. 邵阳师专学报，1991（1）.

七、青年论坛

传统医药文化的精神价值及现代启示

朱白薇

（广东药学院人文社科部，广东广州，510006）

摘　要：传统医药文化的精神价值是在长期的实践过程中凝练而成的，主要表现为求真精神、崇善精神、达圣精神。在医药行风出现问题、医患关系紧张的今天，传统医药文化的精神价值更应得到彰显，启示当今从事医药行业者必须在术上精益求精，在德上以仁为本，在精诚中实现医患和谐。

关键词：传统医药文化；精神价值

作者简介：朱白薇，女，江西九江人，广东药学院人文社科部副教授，法学博士。

基金项目：广东药学院医药人文专项研究课题（YYRW10）成果之一。

中华传统医药文化绵延数千年，它孕育于几千年的传统文化之中，至今仍有顽强的生命力，并且影响愈来愈显著，散发着恒久魅力。我国医药卫生领域目前面临着医患关系紧张、医疗纠纷增多、患者和社会对医疗卫生系统的不信任感增强、医务人员行为扭曲、职业吸引力下降等系列问题，挖掘传统医药文化内在的精神价值对于当前全面深化和推进卫生医疗领域改革有一定的启示意义。

一、精神价值

人的需要基本上可以分为两大类：一是物质生活的需要，二是精神生活的需要。价值是人在实践活动过程中，与客体进行相互作用，从而对人的需要产生的一定满足关系的体现。因此，满足人的物质需要的称为物质价值，满足人的精神需要的称为精神价值。精神价值是相对于物质价值而言的，是人在精神活动过程中，与客体进行相互作用，从而对主体的精神需要具有满足作用的综合体现。值得注意的是，"物的价值"不等同于"物质价值"，"精神的价值"也与"精神价值"是两码事。因为在人的现实实践活动中，物质与精神经常是不可分割的，"物质可以变精神，精神可以变物质"，就比如我们每天穿的衣服、吃的食物、住的房子等，不只是具有提供遮羞蔽体、挡风遮雨、防止挨饿受冻等物质价值，人们也愈来愈考虑其赋有的审美和文化等精神价值。传统医药文化的精神价值是在长期的实践过程中形成的，一方面通过人的社会实践得以实现，即用现有的精神现象或产品哺育并提升人的精神境界，完善人的发展；另一方面人们又在实践中创造精神价值，创造更加优质的精神产品，促进社会的发展和人类文明进步。

二、传统医药文化的精神价值

传统医药文化是我国各族人民在数千年的生产、生活实践中，不断与疾病作斗争而积累下来的宝贵的医药学知识与经验，其内蕴的精神价值长期滋养着中华民族，总的来说，主要有求真精神、崇善精神、达圣精神。

第一，传统医药文化的求真精神。自由地探求真知是人类精神生活的本性与方式之一，奥妙无限的人体、复杂多变的疾病、绚烂多彩的生命是医药学永远的认识对象，求真精神即是一种不盲从、不迷信、与时俱进的精神，是在不断批判谬误和破除迷信中达到对真理的认识。我国医药文化萌芽很早，最初就是自身在不断实践的过程中摸索而得。据《帝王世纪》记载，伏羲冒险"尝百药而制九针，以拯夭枉焉"。据《淮南子·修务训》记载："神农……尝百草之滋味，水泉之甘苦，令民知所避就。当此之时，一日而遇七十毒。"与此类似的说法还出现在《史记·三皇本纪》，文中记载："神农氏……尝百草，始有医药。"这种求真务实的科学精神被中国历代医药学家所传承，为中国医药学的发展奠定了坚实基础。

古代医药学家把精通医理、药理作为从业的一个基本条件，医药人员要在学术上达到博学、精通和专约。因此众多医药学家刻苦专研，勤奋好学，知难而进，持之以恒，精益求精。比如药王孙思邈学问渊博，对内、外、妇、儿、五官、针灸各科很精通，就在于他"博极医源，精勤不倦"，《备急千金要方》和《千金翼方》两部医学巨著从药物的采集、炮制到性能认识，从方药的组合配伍到临床治疗，倾注了他大量的心血才得以完成。明代医药学家李时珍自1565年起，为了完成修改本草书的艰巨任务，几乎走遍了名川大山收集药物标本和处方，参考历代医药等方面书籍925种，记录上千万字札记，弄清了许多疑难问题，1578年终于完成《本草纲目》的初稿。

科学的求真精神还包含勇敢的怀疑和批判精神，只有不迷信书本和任何权威，敢于冲破阻力，大胆怀疑一切，求证一切，才能达到对真理的认识，推动医药科学的发展。在编写《本草纲目》的过程中，最使李时珍头痛的就是由于药名混杂，往往弄不清药物的形状和生长的情况。于是，他既"搜罗百氏"，又"采访四方"，深入实际进行调查。比如他追根究底，亲眼观察到捕蛇、制蛇的全过程，写出《蕲蛇传》；通过实地考察，发现穿山甲不是由鳞片张开来诱捕蚂蚁的，而是"常吐舌诱蚁食之"，进而修订了《本草经集注》穿山甲捕食的错误记载。清代医学家王清任通过亲自验证，发现此前一些著名医家、医学经典对人脏腑的描述与事实不符，于是他敢于疑经，指出了《黄帝内经·素问》、《黄帝内经·灵枢》、《难经》等经典文献中存在的错误。王清任说，"前人创著医书，脏腑错误；后人遵行立论，病本先失。病本即失，纵有绣虎雕龙之笔，裁云补月之能，病情与脏腑，绝不相符"；"倘病不知源，方不对症，是以活人之心，遗作杀人之事，可不畏欤"。（《医林改错》）王清任在求真精神的指引下，通过多种途径，遍查脏腑，不畏陋俗，不惧权威，呕心沥血42年，终于完成了《医林改错》。我国传统医药文化中这种不畏艰难的求真精神是一种优秀的品质，是医药学者的必备素养。

第二，传统医药文化的崇善精神。医药乃仁术，是以治病救人为本的一项神圣事业，医药学家必须以济世救人为己任。我国传统医药学"以病人为中心"，强调医的是"病的人"而非仅仅"人的病"，医药学家求真的目的也正在于施善于人。传统医药文化中的崇善精神可以从普同一等的医患观和淡泊名利的义利观中体现出来。

一是普同一等的医患观。中国古代医药学家均把普同一等、一视同仁视为自己的行医准则。孙思邈提出："大医治病，必当安神定志，无欲无求，先发大慈恻隐之心，誓愿普救含灵之苦。若有疾厄来求救者，不得问其贵贱贫富，长幼妍媸，怨亲善友，华夷愚智，普同一等，皆如至亲之想。亦不得瞻前顾后，自虑吉凶，护惜身命。见彼苦恼，若己有之，深心凄怆。勿避险巇，昼夜寒暑，饥渴疲劳，一心赴救，无作功夫形迹之心。如此可为苍生大医。反此则是含灵巨贼。"（《备急千金要方·大医精诚》）对待患者没有贵贱之分，不计较利益得失，不惧怕行医路途的艰险，均全力施救。在治疗过程中，"推己及人"，学会换位思考，只有体恤病家之苦痛才会生一心赴救之念。清代著名医学家王士雄在《言医选评》里说到："医以活人为心，视人之病，犹己之病，凡有求治，当不啻救焚拯溺，风雨寒暑勿避，远近晨夜勿拘，贵贱贫富好恶亲疏勿问。即其病不可治，亦须竭心力以图万一之可生。……不如是，安得谓之医而以仁术称？"因为医乃仁术，必须顺应仁心，以仁心作为医事活动的主宰。孙思邈提出为病人诊治时，应"先发大慈恻隐之心"；宋代官修大型方书《太平圣惠方》中说到在审证、诊病、开方的过程中要"常怀拯物之心"；元代著名的儿科医生曾世荣在著作《活幼心书》中要求"尝存救治之心"。在传统医药学家的观念里，依据仁心去行医施治，医事才会成为生人、活人之事。也正是在崇善向善的仁心仁术的医事活动中，医患之间形成了直接、稳定、良好的互动关系。

二是淡泊名利的义利观。古代医药学家尊崇"君子义以为上"的价值判断，重义轻利成为古代中医药家的主流价值取向。孙思邈在《大医精诚》中亦强调："医人不得恃己所长，专心经略财物，但作救苦之心"。"若一涉利心，则贫富歧视，同道相攻，伪药欺售，置人命于脑后矣。"（《笔花医镜》）医药学家是以治病救人为职责。"治病既愈，亦医家分内事也。纵守清素，藉此治生，亦不可过取重索，但当听其所酬。如病家亦贫，一毫不取，尤见其仁且廉也。"（《医学入门·习医规格》）"听其所酬"、"任其自酬"反映出古代医家的不避酬和不贪利，并且还强调对穷困患者应尽力帮扶。如果行医以只求利为出发点，唯利是图，"乘人之急而诈取货财，是则孜孜为利，跖之徒也。岂仁术而然哉"（《孙氏医案》）。这种卑劣行径完全违背了仁心仁术的宗旨，因而绝不能挟技邀财。总的来说，古代医家恪守"医虽为养家，尤须以不贪为本"的原则，通过增进医术是可以义利并进，要虚心笃心，"学日进，则每治必愈，而声名日起，自然求之者众，而利亦随之。若专于名利，则名利必两失"

(《医学源流论》)。正是医药学家淡泊名利、济世救人，才有"杏林春暖"、"橘井泉香"的佳话。

三是传统医药文化的达圣精神。医药科学既入世又出世，一方面无法远离世俗生活，另一方面又追求出世的圣洁，因为医药学是与人的宝贵生命紧密联系在一起的科学。人的生命是宝贵的、神圣的，自《黄帝内经》起，中医药学就开始对人的生命现象进行思考，提出了"人贵"的观念："天覆地载，万物悉备，莫贵于人"(《黄帝内经·素问》)。"生命至重"成为后世医药学家对待生命的基本态度，医药学家的使命即是尊重生命、敬畏生命、保护生命。唐代孙思邈特别把自己的著作取名为《备急千金要方》，正在于"人命至重，有贵千金，一方济之，德逾于此，故以为名也"(《备急千金要方·序》)。因此在行医用药过程中，必须审慎、谨慎。寇宗奭《重刊本草衍义》指出用药和用刑一样，不能有丝毫的错误，因为这是人命关天的事，所以诊疗时须详尽而谨慎："用药如用刑，刑不可误，误即干人命。用药亦然，一误，即便隔生死。然刑有鞫司，鞫成然后议定，议定然后书罪。盖人命一死，不可复生，故须如此详谨。"史堪《史载之方》指出："何则？受病有浅深，使药有重轻。度其浅深，分毫之不可差，明其轻重，锱铢之不可偏。浅深轻重之间，医者之精粗，病者之性命，差之毫厘，失之千里。得失之间，死生性命之所系，医之道，不得不为之难也。"意为人的生命之重贵于千金，而医术关乎人的生命，更须谨慎行医。又如"信夫执术为医，荷术至重，其或轻举，有乎得失，稍失其理，如盲索途，事致疏虞，呜呼！断不复续，死不复生，哀哀之诚，谁与罹叹？"(《活幼口议》)审慎用药、诊疗，这都表明了中国传统医药学家对生命的神圣价值的敬畏。医药学广博复杂，"天布五行，以运万类，人禀五常，以有五藏，经络府俞，阴阳会通，玄冥幽微，变化难极"(《伤寒论》)。为了尽最大能力济世救人，医药学家都必须勤奋刻苦，孜孜不倦，"勤求古训，博采众方"，"上以疗君亲之疾，下以救贫贱之厄，中以保身长全，以养其生"。(《伤寒论》)必须广泛深入地研究医药学资料，绝不能道听途说，在一知半解的情况下去擅自用药。"故学者必须博极医源，精勤不倦，不得道听途说，而言医道已了，深自误哉。"(《备急千金要方·大医精诚》)，只有用心精微，才能在复杂多变的疾病面前做到对症下药。"故五脏六腑之盈虚，血脉荣卫之通塞，固非耳目之所察，必先诊候以审之。而寸口关尺有浮沉弦紧之乱，腧穴流注有高下浅深之差，肌肤筋骨有厚薄刚柔之异，唯用心精微者，始可与言于兹矣。"(《备急千金要方·大医精诚》)在对生命由衷的敬畏中，在对人身心健康的守护中，在对病人的终极关怀中，显现医药学家的达圣精神。

三、传统医药文化精神价值的现代启示

传统医药文化的求真精神、崇善精神、达圣精神在长期的实践过程中影响和激励着一代又一代的医药学家，在医药行风出现问题、医患关系紧张的今天，通过彰显这些传统医药文化的精神价值，倡导从事医药行业者在术上精益求精，在德上以仁为

本，在精诚中实现医患和谐。

在术上精益求精。传统医药文化的求真精神造就了众多的医药名家，铸就了体系完备、技术精深的传统医药文化，也指引着医药人员须专心致志、孜孜不倦，在理论与临床中不断进取、精益求精，绝不能在道听途说、一知半解的情况下浅尝辄止，否则就会成为"庸医杀人"。古代医药学家对草率敷衍的医疗作风给予严厉的批评，他们痛斥"粗工庸手，不习经书脉理，不管病证重轻，轻易投剂，陷人垂死，反谤正道，负恶不悛"（《轩岐救正论》）；强调"省病诊疾，至意深心。详察形候，纤毫勿失。处判针药，无得参差"（《备急千金要方》）；辨病辨证应精准无误，"善诊切，精察视，辨真伪，分寒热，审标本，识轻重"（《小儿卫生总微论方》）。纵观历代医药学名家，无不刻苦钻研，精研于术，甚至不惜献身于医药事业。当前，一些医药人员缺乏自我修炼，加之受社会不正之风的影响，不愿意沉下心专研医理药理，过分注重经济效益，甚至为了快速"吸金捞金"，出现歪曲事实，多开单、乱开单的现象。

在德上以仁为本。以仁为本就是医药工作者要以尊重人的生命为本，对人的生命有仁爱之心。在医药技术飞速发展的今天，人们看病就医的环境得到极大改善；同时，人的生命也被技术化甚至商品化。生命被技术化主要是指在医事活动中人只成为疾病的一个物质载体，医者往往借助各种仪器进行检查，只关注所得数据的科学性，而生命本身的情感、尊严被普遍忽视。生命被商品化则是指生命沦为了利益的工具，以求利获利为主导成为某些医药人员的"职业追求"，甚至有些病家因为无法承受这些医家的"消费价格"而付出"生命代价"。医乃仁术，尊重人的生命，以仁为本并不是对医药行业的一种价值设定，而是基于医药行业本身根本特性的一种价值诠释。诚如《物理论·论医》所言："夫医者，非仁爱之士，不可托也"。因此，以仁为本是从医从药者必备的一个前提条件，"以仁为本"并非仅仅是一种德性的要求，而是医药人员必须自觉自愿践行的准则。

最终在精诚中追求并实现医患和谐。传统医药文化中医家尊重病家生命，以济世救人为己任，追求达圣，医家与病家之间不是以经济关系为主，也不是依靠经济力量进行调节，而是依靠"仁心"这种道德力量进行指导和调节。医患之间的交往是基于一定的道德基础，医家基于内在自觉的仁心，在行医的过程中治病救人，实现了"成人与成己"的高度统一。相比之下，现今的医患关系在相当程度上已经变成了一定意义上的法律关系和经济关系，有的医院、医生在诊疗中不是以患者利益为出发点，而是出于自我利益的考虑，为了规避自身风险，有时夸大病情的严重性，"天价药单"、"过度医疗"屡见不鲜，造成医患关系紧张、医疗纠纷增多。因此，要实现"医不误患、患不困医"的和谐医患关系，医药人员就不能再"为利而利"、"为权而益"、"为名而生"、"为势而弃"，必须加强医患沟通，在尊重与信任的基础上，在仁心精术的过程中实现医患和谐互动。

总而言之，当今我们更应当通过吸收、提炼传统医药文化的精神，继续发扬中医药学的特色优势，使传统医药文化在与现代精神的交融中再现其巨大的时代价值，更好地推进我国医药卫生事业的改革与发展。

参考文献：

[1] 徐大椿. 徐大椿医学全书［M］. 北京：中国中医药出版社，1999.
[2] 寇宗奭. 重刊本草衍义（《中国医学大成》第 10 册）［M］. 北京：中国中医药出版社，1997.
[3] 萧京. 轩岐救正论［M］. 北京：中医古籍出版社，1983.
[4] 孙思邈. 备急千金要方［M］. 北京：中医古籍出版社，1999.
[5] 无名氏. 小儿卫生总微论方［M］//郭君双. 中医儿科名著集成. 北京：华夏出版社，1997.

多元文化对当代青年社会适应与超越的影响初探

胡梅花

（赣南师范学院政法学院，江西赣州，341000）

摘　要：青年在适应多元文化的过程中，面临着"儒化"倾向的影响、"西化"思潮的强烈冲击、宗教文化的扩张倾向、大众文化的感性化。究其原因，客观上是各种文化势力的乘虚而入，主观上则体现了一些青年文化辨别、选择能力的有限。文化的核心是价值观，文化选择的根本是要坚持核心价值观的主导。因此，需要从社会主义核心价值观，关注、关心、关爱青年，增强青年对社会主义文化的自觉认同，提高青年文化辨别、选择能力等方面着手，实现青年对多元文化的适应与超越。

关键词：青年；适应；超越；多元文化

作者简介：胡梅花，女，汉族，赣南师范学院政法学院讲师，博士，硕士生导师。研究方向：青年思想政治教育理论与方法。

基金项目：教育部人文社会科学研究青年基金项目（12YJC710021）、江西省社会科学研究规划课题（13KS11）阶段性成果。

文化是灵魂、是根本、是基石。青年作为未来社会的建设者和接班人，需要对社会主义文化主导地位的高度认同，这就是青年在多元文化中的适应与超越。当前，多元文化交流日趋频繁，交融日趋深入，交锋日趋激烈。多元文化代表的其实是多种不同的价值观。在多元文化激荡的背后，是不同价值观的较量。而多元文化并存，给青年的价值观选择提供了多种可能。青年正处于价值观的形成阶段，多元文化背景下青年价值选择的多种可能，形成了当代青年社会适应与超越面临的新课题。

一、多元文化对青年社会适应与超越的具体影响

在多元文化激荡中，青年重要的社会价值和处于成长的关键时期，使青年成为各种文化争夺的主要对象。多元文化的激荡，使青年的价值观难以确立，容易产生不知所选、迷茫困惑等不适应现象。

1. "儒化"倾向的影响

所谓"儒化"倾向，就是在多元文化交流、交融、交锋的过程中，试图坚持传

统文化的主导地位，在思想观念上以传统文化为指导，以传统文化来应对现实社会的难题，并化解由现实生活的紧张所带来的精神迷茫和困惑。"儒化"主导倾向的实质是主张儒学价值主导。文化具有传承性，作为我国封建社会的主导文化，传统文化对人们思想和行为的影响是持久而深远的。它融化到生活习惯、社会习俗、政治制度、行为规范、道德原则等之中，潜移默化地影响着当代青年的思想和行为。毫无疑问，在我国封建社会的漫长时期，传统文化最大限度地发挥了其自身的价值，曾一度使东方文化成为世界文化的中心，极大地推动了社会的经济发展。应当肯定，传统文化的确有其合理性与进步性，其对人文价值的重视的确能在一定程度上缓解现代社会的紧张，其某些思想依然可以为现实生活提供理论解答和现实指导。但是，从根本上来说，传统文化是与封建社会相适应的文化体系，它所体现的是封建统治阶级的价值目标、社会规范、生活方式，所代表的是古代封建社会的价值观，所维护的是封建社会的宗法血缘关系。对传统文化的盲目追随是历史的倒退。当前，在"儒学"倾向的影响下，大多数青年能够批判地继承传统文化；但是，也有少数青年由此产生了迷茫和困惑，甚至盲目追随。

2. "西化"思潮的强烈冲击

"西化"，就是西方化、资本主义化。"西化"思潮的冲击，不仅是指西方文化思潮作为一种客观存在所形成的不同文化体系的冲击，而且是指在多元文化的交流、交融、交锋中，西方敌对势力试图实现西方文化的主导。西方文化所代表的是资本主义的价值观，"西化"思潮的冲击实际上蕴含着资本主义价值主导的倾向。随着我国融入经济全球化进程的加快，社会的开放性日益增强，西方文化思潮如潮水一般涌入我国社会，这其中主要包含现代化和后现代文化思潮。西方文化思潮通过经济和科技优势渗透到我国社会生活的经济、政治、文化、教育等各个领域，对青年的价值观形成了强烈的冲击，影响了青年的社会适应与超越。应当肯定，西方国家作为先发现代化国家，他们在经济和科技上取得了很大的成绩。但这不意味着资产阶级价值观的普适与西方文化价值的无限可能。资产阶级价值观中的功利主义、个人主义、实用主义确实推动了西方经济、高科技的发展，但是在此过程中出现的生态危机、环境危机、精神危机、社会危机，以及个体的孤独与冷漠等等则意味着西方文化价值的有限性。必须承认，西方文化对于我国社会的发展具有重要借鉴价值。但是，西方思潮的涌入，难免泥沙俱下、好坏杂陈、良莠不齐，其中还不乏西方国家的"别有用心"。因而，面对"西化"思潮的冲击，要坚持批判与借鉴相结合。当前，大多数青年能够在"西化"思潮的冲击中正确认识和理性对待西方文化思潮；但是，也有一些青年表现出对西方资本主义社会的向往和对西方文化的青睐。

3. 宗教文化的扩张倾向

宗教，最初是以原始图腾崇拜的形式存在，反映的是人类社会生产力水平的低下和人类认识能力的有限。随着社会生产力的发展、科学文化知识的普及，宗教对人们的社会生活不再具有至高的统辖权。然而，各宗教势力为了维护自己的利益不断进行自我调整，努力增强宗教社会化，试图对当代社会的发展和人们的思想产生更大的影响和作用。在我国历史上，也曾多次出现宗教试图影响社会进程、实现社会宗教化的现象。当前，随着我国社会的开放、民主、多样化发展，人们的思想更加自由，信仰更加多样。宗教文化也以此为契机，试图扩大影响力，实现和保护自身的利益需要。当代社会，宗教文化对青年的影响主要来自国外和国内两个层面。国外层面的影响主要包括"国外与境外教会学校在学术交流过程中的影响，国外与境外宗教组织通过对高校师生的捐助、资助影响，一些出国留学人员受聘于一些高校或讲学的影响"[1]。据调查，对大学生群体影响最大的宗教因素，是生活在他们身边的信教人士的个人品质，正是这些人所追求的所谓至善道德，在当今社会的道德"重构"中引起了一些人的关注。这种道德的恪守者，不再被一些大学生视为"异端"，而在某种程度上被当作"楷模"，对大学生产生了强烈的感召。[2]作为国外宗教文化的传播者，传教士在宗教文化传播过程中的作用非常大。国内宗教文化对青年的影响主要是宗教书刊和网页的广泛影响以及对宗教的学术研究。社会信息化的发展，各种各样的书籍、刊物，方便快捷的网络，给青年造成了信息冲击，宗教文化的影响面扩大。宗教对于抚慰心灵具有一定的积极作用，对于宗教这一作用的研究和宣扬使青年产生了认识上的局限与偏见，从而产生了对宗教作用的价值认同，而忽略了宗教的历史局限性。马克思认为："一切宗教都不过是支配着人们日常生活的外部力量在人们头脑中的幻想的反映，在这种反映中，人间的力量采取了超人间的力量的形式。"[3] "宗教是还没有获得自身或已经再度丧失自身的人的自我意识和自我感觉。"[4]1宗教可以被一些人用以抚慰心灵，但它不能改变宗教文化追求虚无彼岸价值的根本性。当前，大多数青年能够正确认识宗教文化的本质，理性对待宗教文化；但也有少数青年信仰宗教，必须引起重视。

4. 大众文化的感性化

大众文化是现代工业社会的产物，是与市场经济发展相适应的一种文化形式。随着人们物质生活水平的提高，大众文化在我国逐渐形成并发展。从本质上来看，大众文化是借助现代传媒，依照市场运作规则批量生产，以都市大众为消费对象的消费文化，具有市场化、商品化、世俗性、娱乐消遣性等特点。大众文化依托市场化，市场或商品控制着大众文化的生产、分配、流通、消费，经济利益最大化成为大众文化的根本价值取向，这在一定程度上消解了文化的崇高精神价值与向度。大众文化通过刺激人们的物质欲望，使人们追求感官的、感性的、现实的物质享乐，这就是大众文化的感性化。当前，大众文化在市场经济的利益驱动和大众传媒的便捷性、受众广泛性支持下，以一种低廉的价格迅速占领文化市场，占领青年日常生活的各个角落，对青年的社会适应与超越产生了一定的影响。应该说，大众文化在一定程度上丰富了人们的精神生活和日常娱乐，甚至有时还起到宣泄极端情绪的作用；但同时也应该清醒地认识到大众文化的感性、利益取向。文化的本质决定了文化的属性，大众文化的经济物质本质决定了它的感性和肤浅。对这种感性和肤浅的长期沉迷，很容易陷入及时行乐的生活方式而忽视自我需求，很容易丧失思维的深度而导致人的理性淡化。当前，大多数青年能够意识到大众文化的感性化倾向，自觉追求文化的精神向度；然而也有一些青年在大众文化的感性化影响下追求物质享受，及时行乐。

二、青年适应与超越多元文化影响的原因剖析

多元文化背景下社会适应与超越的新课题，其形成原因是多方面的，既有社会的客观原因，也有青年自身的主观原因。认识社会适应与超越新课题的存在固然重要，但是要应对新课题，还必须深入剖析其产生的原因。

1. 青年适应与超越多元文化面临新课题的客观原因

其一，一些理论工作者打着弘扬民族文化的旗帜复古否今。民族文化既包括中国古代文化，还包括现代以来的革命传统文化。其中，中国古代文化主要是指传统文化中有现代价值的组成部分；革命传统是中国共产党人以马克思主义为指导，继承中华民族忠国爱民、艰苦奋斗、自强不息精神，领导人民在革命战争和社会主义建设的伟大实践中创造的宝贵精神财富，是民族文化的重要部分。马克思主义理论是我国社会长期以来坚持的指导理论。当前，一些理论工作者极力倡导弘扬民族文化，这是可取的。但他们往往简单地把民族文化直接等同于传统文化，把"国学"等同于古代文化，从而在弘扬民族文化的旗帜下复兴"儒学"，主张回到传统文化，试图以传统文化价值主导我国社会。对民族文化和传统文化的直接等同，实际上是拒绝马克思主义理论指导，否定民族文化中的革命文化和社会主义建设文化，也即否定传统文化之后的当代文化。这种打着弘扬民族文化的旗帜复古否今，结合社会转型的一些矛盾突出，加上一些党的干部腐败，使有些青年产生了对马克思主义理论科学性与价值性的怀疑，对社会主义道路的质疑，其后果之严重，必须引起足够重视。

其二，西方的经济、科技强势，携带着文化渗透与影响。正如美国《纽约时报》一则评论所说："WTO 的资格不仅是经济问题，而是关系到全球一体化，迫使中国根据西方式的贸易法律行事。它将使市场极大开放，从而使得更多的中国人能够接受外国思想的影响。"[5]以美国为首的西方国家从来没有放弃对社会主义国家的意识形态颠覆，我国作为最大的社会主义国家成为西方国家意识形态颠覆的主要对象。西方国家长期以来推行的"和平演变"策略、文化霸权主义，其主要对象就是青年。经济全球化条件下，作为先发现代化国家，西方国家拥有经济全球化的主导权，他们倚仗其经济、科技优势向非资本主义国家，特别是社会主义国家强势输入，"这主要表现在西方发达国家以其先进的科技，大量传播、输出文化产品，并以潜移默化的方式向我国传播生活方式、价值观念和政治制度"[6]。他们借助经济全球化，在帮助后发现

代化国家发展经济的同时强行推行西方的资本主义价值观;他们凭借科技优势,通过互联网、广播、电视等电子媒介传播西方的资本主义价值观;他们还通过生活方式的渗透使人们产生对资本主义价值观的向往。经济、科技强势下的文化渗透,使资本主义价值观以一种潜隐的方式蕴含在经济活动和信息活动中,容易使一些青年在毫无防备的情况下,不知不觉地产生对西方资本主义价值观的向往和认同。

其三,竞争激烈和所导致的差距明显使有些青年产生逃离现实和借助超现实力量的倾向而向往宗教。当代社会,竞争已经突破地域限制扩展到全球领域,超出经济竞争领域发展为社会竞争,并且结合社会信息化,使竞争无所不在、无时不有,社会竞争异常激烈。这给青年的生存与发展造成一种前所未有的危机感、紧迫感和压迫感,形成强大的竞争压力。在强大的竞争压力下,青年恨不能逃离现实,而宗教寄希望于彼岸世界的价值观正好满足了青年逃离现实的需要。同时,在社会竞争格局的作用下,社会资源的占有增加了竞争取胜的概率,而竞争取胜又能够占有更多的社会资源。在这种相互转化中,社会竞争所导致的人与人之间的差距日益明显并不断扩大,社会贫富悬殊且难于打破。由社会竞争所导致的差距明显,使青年的生存和发展倍感束缚、处处碰壁、饱受压迫,但又无可奈何。这时,宗教的超现实力量进入部分青年的视野,成为这些青年突破压迫和无奈的最后一根稻草。总之,宗教的彼岸世界提供了部分青年逃离现实的出口,宗教的超现实力量提供了部分青年突破无奈现实的窗口。应当肯定,宗教的确给一些人以心灵抚慰,但是这种消极逃遁和虚幻力量期待都将带来一种更深层次的不适应,并不具有适应社会的实践性。面对竞争压力及其所导致的差距明显,唯有理性看待,并付之以不懈奋斗,方能适应并超越。

其四,物质条件基本满足后自主文化娱乐使有些青年追求感性愉悦。当代青年,生长于改革开放稳步推进的时代,社会创造了丰富的物质财富,人们的物质生活条件显著改善,物质生活水平明显提高。因此,青年的物质生活需要得到了较为普遍的满足。经济基础决定上层建筑,物质条件的满足使青年转而追求精神生活的丰富。青年自我意识的增强,使他们具有很强的自主性。他们自主确定、自主选择精神满足的方式,并不希望被社会所干预。而大众文化的便捷性、感性化、感官性、刺激性充分满足了青年初涉社会的自由、感性和刺激性需要,并满足于强烈的视听感官效应。大多数青年在社会、学校和家庭的教育和关涉下,能够以一种适度的方式合理参与大众文化娱乐;但也有一些青年在感性愉悦的满足中身陷其中、不能自拔。

2. 青年适应与超越多元文化面临新课题的主观原因

主观原因,主要是指青年自身的原因。青年社会适应与超越的新课题,其实质是价值取向的选择问题,归因到青年的主观思想上则是正确价值观的确立问题,反映到外在行为上则表现为青年的文化辨别、选择能力。在多元文化的交流、交融、交锋中,文化视野的开阔、文化知识的丰富,使青年的文化辨别、选择能力得到了一定的提升。但是,面对强烈的文化碰撞和人为的文化风险,成年人尚且难于招架。因而,从总体上来说,青年的文化辨别和选择能力还有待提高。从价值观的确立来看,青年的价值观还处在形成和稳定之中,并未定型。这就容易使青年在多元文化的认识中难以把握其合理性的尺度,容易受其合理性成分的片面吸引,而忽视其局限性。因此,虽然大多数青年在社会、学校、家庭的教育引导下,提升了文化辨别、选择能力,但也存在一些青年过分注重自我,忽视社会价值观的教育与引导,从而使自身的文化辨别、选择能力不强。他们常常在多元文化的交汇激荡中不能自主,不知所选,陷于迷惘困惑。之所以各种文化势力可以影响青年,除了有各种文化势力本身的诱惑和吸引以外,更重要的是,青年在遭遇现实时,困惑和迷茫、无助与失落等消极情绪无以排解,而此时各种文化势力正好趁虚而入。或者说,青年对社会主义文化本身的理解、接受、认同有待提升。

三、青年适应与超越多元文化的具体路径

多元文化冲击实际上就是不同价值观的冲击。青年适应与超越多元文化面临的新课题,其实质是多种价值取向冲击下一些青年的不知所选。因而,青年对多元文化的适应和超越,应该从社会主义核心价值观、社会主义文化,以及青年自身等方面着手。

1. 以社会主义核心价值观引领青年文化选择

社会主义核心价值体系正是在人们价值观选择自主化、多样化的情况下,为了统一思想,协调行为,共同推进社会发展而提出来的。以社会主义核心价值观引领青年文化选择,是应对多元文化冲击的有力回应。

首先,要不断加强马克思主义理论对青年适应与超越多元文化的思想指导。思想适应是社会适应的前提和基础,对多元文化的适应与超越同样要从思想适应入手。并且,由于多元文化冲击实际上就是多种价值观的较量,因此对多元文化背景下社会适应与超越的思想指导尤为重要。马克思主义理论是社会主义核心价值体系的灵魂,是被我国革命和建设实践所证明了的科学理论,反映了我国社会的本质要求和正确发展方向。马克思主义理论的科学性决定了它对青年思想适应的指导作用。坚持马克思主义理论对多元文化的思想指导,就是牢牢掌握文化领域的话语权、控制权,牢牢掌握青年社会适应的正确方向。多元文化背景下,一些青年思想的迷茫困惑,其根源就在于轻视或忽视马克思主义理论的思想指导,在于没有用中国特色社会主义的理论武装头脑,指导实践。

其次,要继续深化中国特色社会主义共同理想对青年的目标吸引力、凝聚力,坚定青年的社会主义信念。目标是一个人的灵魂,只有目标坚定,才能方向明确,才能充满信心,勇往直前。中国特色社会主义共同理想,是当前阶段我国各族人民共同追求的社会理想。对中国特色社会主义共同理想的选择、认同和实践,能够为青年应对多元文化的价值选择提供目标引导,对青年社会适应与超越的思想和行为具有目标统

摄作用。理想信念与国家发展相适应是思想适应的核心。面对一些理论工作者的误导、西方敌对势力的别有用心以及宗教势力的扩张倾向，当代青年要坚定社会主义的信念，也即确立中国特色社会主义的共同理想。

再次，要充分运用民族精神和时代精神的有力驱动，激励青年积极投身于伟大祖国的现代化建设，在社会实践中实现自我价值。以爱国主义为核心的民族精神，是当代青年自主应对西方资产阶级价值观渗透的精神支撑。以改革创新为核心的时代精神，是当代青年积极应对社会竞争压力及其所导致的差距明显的动力支撑。两者共同构成促进青年社会适应与超越的精神动力，对于激励青年参与社会实践、勇于开拓创新具有重大推动作用。马克思曾说："人的思维是否具有客观的真理性，这不是一个理论的问题，而是一个实践的问题。人应该在实践中证明自己思维的真理性，即自己思维的现实性和力量，自己思维的此岸性。关于思维——离开实践的思维——的现实性或非现实性的争论，是一个纯粹经院哲学的问题。"[4]55青年是祖国的未来、民族的希望，任何的回避和逃避都不足以承担起历史的重任。只有勇于面对、敢于承担、敢于创新，积极投身于伟大祖国的现代化建设中，才能缩小与西方发达国家的差距，才能有力应对宗教势力的扩张倾向。

最后，要紧密结合社会主义荣辱观，规范青年日常生活的思想和行为。社会主义荣辱观是规范人们日常生活的思想和行为的基本道德准则。它涵盖了个人、集体、国家之间的关系，涉及政治方向、人生目的和态度、社会风尚、人们的道德操守和行为准则，明确了社会主义社会中的是非、善恶、美丑的界限，体现了正确的人生观、价值观、道德观和法治观的统一。多元文化的冲击总是以日常生活作为最后的外在体现，日常生活成为文化影响的重要领域。例如，一些理论工作者利用思维定势、习惯、习俗等方式诱导青年把古代文化错误地等同于民族文化，西方资产阶级价值观通过饮食、服饰、电影等形式潜移默化地使一些青年产生对西方社会的向往，宗教文化也总在青年遭遇挫折和失意时蠢蠢欲动，大众文化依托大众传媒切实影响着青年社会生活的方方面面。因此，青年要从日常生活做起，以社会主义荣辱观作为日常生活的基本道德规范、品德操守和安身立命、为人处事的行为准则，以一种积极向上的心态和高尚的行为准则要求自己，提高明辨是非的能力。

2. 切实关心青年，回应并解决青年的思想困惑和现实难题，增强社会主义文化的吸引力

解决思想问题要和解决实际问题相结合，要青年在文化选择中自觉坚持社会主义核心价值观的引领作用，自觉接受并认同社会主义文化在社会适应与超越中的作用，除了需要以社会主义核心价值观从指导思想、目标导向、精神驱动、行为规范等方面入手之外，还需要"关注、关心、关爱青年"，帮助青年正确认识社会现实，积极应对个人成长过程中面临的困惑和难题。只有这样，才能真正赢得青年，凝聚青年坚持社会主义文化主导的共识，从而形成服务国家大局的共识，而这正是青年社会适应与超越的体现。主观反映客观。当前，在复杂的社会现实面前，在人生成长的关键时期，在主体价值观尚未定型的特殊阶段，青年的内心可谓五味杂陈。他们强烈渴望成功，渴望成才，但在激烈的社会竞争中却又显得如此无助和弱势，因为他们缺乏社会经验，缺乏参与竞争的资本。他们也曾怀抱理想，可社会告诉他们"理想很丰满，现实很骨感"。在困惑、迷茫中他们不断呐喊"我要怎么办"、"我要往哪里去"。社会主义的本质是为人民服务，青年是未来社会的建设者和接班人。因此，我们需要关注青年的生存状态、思想动向，需要关心青年关心的问题，需要用实际举措关爱青年。这就需要国家和社会从总体、制度层面给青年的成长成才创造条件，切实有效地为青年排忧解难，从而实现青年对社会主义文化、对社会主义核心价值观的自觉认同。

3. 提高青年辨别文化是非和继承、借鉴、选择文化的能力

应对青年社会适应与超越的新课题，不仅要加强社会主义核心价值观的引领作用，切实关注、关心、关爱青年，最直接具体的是，要提高青年辨别文化是非和继承、借鉴、选择文化的能力。一种文化实际上代表了一种价值取向。青年辨别文化是非的能力，就是指从本质上认识各种文化的价值取向。传统文化虽有其现代价值，但代表的终究是古代价值取向；西方文化虽有其借鉴价值，但改变不了其资本主义价值观的本质；宗教文化虽然可以抚慰心灵，但却寄希望于彼岸世界；大众文化虽能满足感性需要，但受物质利益驱动的价值本性使青年随时面临陷入肤浅的可能。总之，我们既要认识各种文化的合理成分，更要清醒地看到其本质取向。青年社会适应与超越多元文化，不仅要在文化的大是大非上提高辨别能力，同时也要提高对多元文化的继承、借鉴、选择能力。文化，是人们社会实践的物质和精神成果，各文化都有其合理性方面，青年要以一种开放的心态面向多元文化，取其精华、去其糟粕，提高继承、借鉴、选择文化的能力，为更好地推进社会主义现代化建设和坚持社会主义文化主导提供服务。

参考文献：
[1] 郑永廷. 宗教、迷信对大学生的影响与对策研究 [R]. 2005.
[2] 王康. 在杭大学生宗教信仰问题调查与思考 [J]. 思想教育研究，2007 (7).
[3] 马克思恩格斯选集：第 3 卷 [M]. 北京：人民出版社，1995：666.
[4] 马克思恩格斯选集：第 1 卷 [M]. 北京：人民出版社，1995.
[5] 苑林娅. 从战略高度看中国加入 WTO [J]. 科学决策，2000 (1).
[6] 郑永廷，江传月，等. 主导德育论 [M]. 北京：人民出版社，2007：23.

八、研究综述

中华优秀传统文化与中国梦关系研究综述

詹小美

(中山大学马克思主义学院,广东广州,510275)

摘　要：中华优秀传统文化与中国梦的价值传承和价值认同的有机结合,是一项新课题。中国梦的优秀传统文化基因、中国梦价值传承、中国梦价值认同的研究具重要的理论意义和重要价值,对其前期的研究综述是其研究的前提。

关键词：中华优秀传统文化；中国梦；研究综述

作者简介：詹小美,女,中山大学马克思主义学院教授,博士,博士生导师,主要从事民族精神与民族文化研究、思想政治教育理论与方法研究。

基金项目：国家社会科学基金重点项目"弘扬中华优秀传统文化与中国梦价值认同研究"(14AZD007)阶段性成果。

一、关于中国梦的优秀传统文化基因研究

中国梦传承着中华优秀传统文化的基因,挖掘和吸收中华传统文化的精神涵养,是诠释中国梦价值内涵的逻辑基础。学者们从不同侧面归纳了中华优秀传统文化的精神内核、中国梦对中华优秀传统文化的传承,以及中华优秀传统文化对于实现中国梦的作用。

1. 中华优秀传统文化的精神内核

中华优秀传统文化是中华文明悠久历史的积累与沉淀,是中华民族的精神之根与文化之魂。高文兵(2013)在《从优秀传统文化中汲取实现中国梦的精神力量》中提出,中华优秀传统文化是指中华传统文化中历经沧桑而积淀传承下来的精华部分,是中华民族五千年文明智慧的基本元素和珍贵结晶。李晓华(2013)在《以中华优秀传统文化助推中国梦实现》中提出,中华优秀传统文化是中华民族不断创造和积累的宝贵精神财富,几千年来从未间断、从未断裂,它注重吸收其他文化优秀成果,历久弥新,具有强大的生命力。李宗桂(2012)在《中国传统文化探讨》中将中华优秀传统文化的基本精神归纳为：自强不息、正道直行、贵和尚中、民惟邦本、平均

平等、求是务实、豁达乐观、以道制欲。张岂之（2012）在《中华优秀传统文化核心理念读本》中将中华优秀传统文化的核心理念概括为：天人之学、道法自然、居安思危、自强不息、诚实守信、厚德载物、以民为本、仁者爱人、尊师重道、和而不同、日新月异、天下大同。

2. 中国梦对中华优秀传统文化的传承

中国梦的感召力、凝聚力和影响力在一定程度上源于其深厚的历史文化底蕴。中国梦是对中华优秀传统文化的继承和发扬。张新杰（2013）在《中国传统文化基本精神框架下"中国梦"的内涵探析》中提出，中国梦传承和发扬了中华优秀传统文化中的刚健有为和自强不息精神、人本主义精神、天人合一精神和礼治精神。荣开明（2013）在《弘扬炎黄文化和实现中国梦"三议"》中认为，中华优秀传统文化即"我们先人们不懈追求进步的光荣传统"，是中国梦的历史渊源和形成基因。高文兵（2013）在《从优秀传统文化中汲取实现中国梦的精神力量》中提出，中国梦所彰显的爱国主义精神、所强调的自强不息精神、所主张的公平正义、所凸显的个人梦与家国梦统一、所倡导的和平发展合作共赢理念，都是对中华优秀传统文化的很好传承。

3. 中华优秀传统文化对于中国梦实现的作用

中华优秀传统文化具有超越历史局限的巨大时代价值，传承和弘扬中华优秀传统文化对于实现中国梦具有重要的现实意义。李晓华（2013）在《以中华优秀传统文化助推中国梦实现》中提出，弘扬中华优秀传统文化，有助于端正社会风气、维护社会稳定与促进社会和谐，有助于实现祖国统一、凝聚全球华人共同实现中国梦，有助于塑造良好的国家形象、提升国家软实力。荣开明（2013）在《弘扬炎黄文化和实现中国梦"三议"》中认为，中华优秀传统文化（爱国主义传统、自强不息传统、和而不同传统、革故鼎新传统、居安思危精神、厚德载物精神、大丈夫气节、公平正义和团结统一精神等）为实现中国梦凝聚价值共识、整合思想资源、提供精神动力。华羽（2013）在《让优秀传统文化推动中国梦的实现》中提出，中华优秀传统文化中"天下兴亡，匹夫有责"的责任担当、"刚健有为，自强不息"的精神特质、"不涸泽而渔，不焚林而猎"的生态伦理和"养浩然之气"的道德追求为实现中国梦提供强大精神力量。

二、关于中国梦价值传承的研究

习近平总书记参观《复兴之路》展览时明确提出中国梦后，中国梦成为学界研究的热点问题。学界从中国梦的本质、维度、特征、历史、传承和实现路径等方面展开研究。

1. 中国梦的本质、维度和特征

学界较早就开始讨论中国梦。宋朝诗人郑思肖的《德祐二年岁旦》中写到"一心中国梦，万古下泉诗"，较早明确使用中国梦的提法。在当代社会，中国梦是在倡导和平发展和和谐世界的背景下提出的。2006—2008年，先后召开三届"中国梦与和谐世界"学术研讨会。美国学者杰里米·里夫金在2007年夏季达沃斯世界经济论坛中提出，美国梦正缓慢死亡，欧洲梦正在形成，中国梦正在兴起。《欧洲时报》2008年发表评论员文章《30年托出完整"中国梦"》，此文认为，中国梦是经济与文化的集合体，为西方世界的进一步发展提供了参照。李源潮在《中国也有一个可以追求的梦》（2012）一文中明确提出，世界上不仅有西方的美国梦，而且有东方的中国梦。立足于"我们比历史上任何时期都更接近中华民族伟大复兴的目标，比历史上任何时期都更有信心、更有能力实现这个目标"的历史方位，习近平总书记明确提出中国梦。关于中国梦的含义，最为普遍性的观点就是中国梦即中国人的现代化之梦。2013年召开了"中国梦的世界对话"国际学术研讨会。李君如（2012）提出，中国梦即中国人的现代化追求，就是我们要在21世纪上半叶实现中国现代化，就是用文明的理念、方式和形象去实现中华文明的现代复兴。关于中国梦的本质，学界的观点相对一致，认为中国梦的本质是中华民族伟大复兴。学者们以中华民族历史上的辉煌与曲折为参照系，从贡献人类文明、民族独立与人民解放、国家富强与民族振兴等角度阐释中华民族伟大复兴。石仲泉（2012）认为，古代中国的辉煌盛世体现为两个方面：疆域版图特别辽阔，对人类文明的贡献特别巨大。《北京日报》（2012）也撰文指出，中华民族伟大复兴相对于历史曲折而言，是使曾经兴盛、曾经衰落的中华民族再度兴盛。李君如（2013）认为中华民族伟大复兴，包括第一个100年（1840年鸦片战争至1949年新中国成立）已实现的"民族独立与人民解放"，和第二个100年（1949年新中国成立至2050年基本实现现代化）将实现的"国家富强与民族振兴"。部分学者（宋维强，2013；邢文利，2013；胡鞍钢，2012；等）从横向理解中华民族伟大复兴，认为民族复兴是经济、政治、文化、军事、外交等全面复兴。学者们从不同维度理解中国梦，主要包括"二维度说"、"三维度说"和"多维度说"。"二维度说"将中国梦理解为国梦和家梦的结合（张维为，2013）。许多学者认同"三维度说"，即国家富强、民族振兴和人民幸福。如李君如（2013）提出，中国梦是国家的、民族的和人民的梦。王淑芹将国家、民族和个人视为中国梦的三个价值主体。叶再春（2013）提出中国梦表现为既相互区别又紧密联系的富民梦、强国梦和复兴梦。赵启正（2010）、张颐武（2012）、胡鞍钢（2013）等撰文提出，国家的梦、民族的梦和个人的梦是辩证统一的。"多维度说"从众多维度理解中国梦。如林培雄、刘光明（2012）等学者，从国家实力、幸福指数、文明形态和价值追求四个维度理解中国梦。周天勇（2012）从民生的各方面理解中国梦。汪金友（2013）从十个维度理解中国梦，认为中国梦是复兴的、时代的、民族的、人民的、强国的、富民的、创新的、攻坚的、奋斗的、出彩的梦。美国学者罗伯特·劳伦斯·库恩在

《试析中国梦的理论框架和内涵》（2013）一文从国家维度、个人维度、历史维度和全球维度阐析了中国梦的科学内涵。学者们对中国梦的特征进行了不同的概括，分别从两个、三个、十个甚至更多方面分析中国梦的特点。梁丽萍（2013）认为，中国梦体现了强烈的忧患意识和坚定的民族自信。吴建民（2012）提出，中国梦具有规模大、领域广、与世界共享三个特点。汪玉奇（2013）认为，中国梦具有最广泛的民族共识、最强烈的民族情怀和最彻底的民族信念。韩振峰（2013）提出中国梦具有整体性、时代性、科学性、导向性、人民性、共享性、历史性、现实性、发展性和实践性，认为中国梦是三大追求、三大目标、三大方位、三个共享、三个必须和三个自信的有机统一。

2. 中国梦的历史和传承

中国梦是历史的、现实的和未来的梦。学者们回溯了中国梦的历史和传承。汪玉奇的专著《中国梦：昨天 今天 明天》（2013）回溯了古代中国、近代中国和现代中国的中国梦。从历史向度回顾了文景之治、贞观之治、开元盛世和康乾盛世的辉煌，以及秦朝、隋朝和宋朝的遗憾；回顾了近代中国民族衰退、国家衰落的苦难；回顾了现代中国艰辛探索和接力奋斗实现中国梦的历程。伍景玉、王战星编著的《中国梦语录》（2013）回溯了中华民族救亡图存、民族独立、强国富民、小康生活、大国崛起和伟大复兴的发展历程。杜玉波（2013）认为，中国梦是改革开放实践的高度凝练，是新中国成立以来社会主义革命和建设实践、近代以来中华民族发展历程的深刻总结，是中华民族五千多年优秀文明的继承发展。石仲泉（2013）回溯了以毛泽东、邓小平、江泽民、胡锦涛和习近平为主要代表的党中央关于"中国梦"的思想演变过程。以毛泽东为主要代表的党中央提出首先实现民族独立和人民解放，在此基础上实现"四个现代化"；以邓小平为主要代表的党中央提出"中国式的现代化"和"小康社会"目标，以及"三步走"到21世纪中叶建成中等发达国家水平的战略目标；以江泽民为主要代表的党中央细化了"三步走"的发展战略，明确提出"两个百年"的奋斗目标，将"小康社会"目标细分为总体小康和全面小康两个阶段，明确提出"实现中华民族伟大复兴"概念；以胡锦涛为主要代表的党中央明确提出由全面建设小康社会进至全面建成小康社会的要求，进一步强化"两个百年"的奋斗目标和实现中华民族伟大复兴的历史使命；以习近平为总书记的新一届党中央领导集体明确提出实现中华民族伟大复兴的中国梦。李君如在《毛泽东与中国梦》（2013）一文中指出，毛泽东在领导中国革命过程中深刻批判了各种"空想"的中国梦，认为实现中国梦必须从中国国情出发，克服悲观论点和急躁情绪。尚庆飞在《"中国梦"：从毛泽东到当代中国》（2013）一文中回溯了毛泽东、邓小平、江泽民、胡锦涛和习近平探索和实现中国梦的传承过程。中国梦是对近代以来中华民族伟大梦想的凝练，以毛泽东为主要代表的党中央重新点燃了中国梦，但毛泽东晚年在探索中国梦实现道路时脱离国情，导致圆梦之旅的严重曲折；以邓小平为主要代表的党中央汲取毛泽东晚年圆梦之旅的深刻教训，从我国基本国情出发，扎实推进实现中国梦的事业；以江泽民、胡锦涛为主要代表的党中央继续推动中国梦的实现；在此基础上，以习近平为总书记的新一届党中央领导集体正式提出中国梦。英国学者马丁·雅克在《中国梦：从历史看未来》（2013）中分析和比较邓小平时代的中国梦和习近平时代的中国梦，并展望了中国梦的未来发展趋势。

3. 中国梦的实现路径

学者们十分注重对中国梦实现路径的探讨。主要观点如下：实现中国梦必须坚持中国道路。陈金龙、蒋斌（2013）撰文指出，中国特色社会主义道路有利于调动人民群众的积极性、主动性、创造性，有利于凝聚人民群众的智慧和力量，为实现中华民族伟大复兴提供前提条件，是实现中国梦的必由之路。肖贵清（2013）将中国特色社会主义道路与中国特色社会主义理论体系、中国特色社会主义制度统一起来，提出中国特色社会主义道路是实现中国梦的根本途径，中国特色社会主义理论体系是实现中国梦的行动指南，中国特色社会主义制度是实现中国梦的制度保障。李君如的专著《中国道路与中国梦》（2014）提出实现中国梦必须走中国道路，论述了中国道路的历史与逻辑，以及中国特色的经济发展、政治发展和文化发展道路。李君如的论文《实现中国梦的强大动力——论中国梦与改革开放》（2013）提出，实现中国梦必须深化改革开放，把握理想与实干、改革与发展、机遇与挑战的关系。周天勇的专著《中国梦与中国道路》（2011）从转变经济发展方式、实现经济结构调整、建设创新型国家、经济体制改革、社会体制改革等角度论述了实现中国梦的具体路径。伍景玉、梁超的专著《中国梦实现路径》（2013）从解决六大民生热点问题（教育、就业、医疗、养老、住房、食品安全）的角度探讨中国梦的实现路径。郑必坚在《中国梦，不是美国梦也不是欧洲梦》一文中提出，实现中国梦要超越西方大国近代以来依靠殖民主义掠夺世界资源完成工业化进程的老路，要超越军国主义依靠发动战争来重新瓜分世界的老路，要超越霸权主义搞超级大国争霸和争夺势力范围的老路。实现中国梦必须弘扬中国精神。中国精神即民族精神和时代精神。徐惟诚（2013）认为，中国精神最基本的内涵是爱国和革新，在近代主要表现为变革、革命，在当代主要表现为改革、创新。李君如（2012）提出，要用文明的理念、文明的方式和文明的形象实现中国梦。左鹏在《中国梦呼唤中国精神》（2013）中提出，实现中国梦必须弘扬以爱国主义为核心的民族精神和以改革创新为核心的时代精神，前者是实现中国梦的思想灵魂，后者是实现中国梦的活力源泉。钟茂森（2011）在专著《中国精神》中提出，实现中国梦要传承和弘扬"一体、二相、三宝、四勿、五常、六和、七治、八德、九思、十义"的中国精神。高文兵（2013）在论文《从优秀传统文化中汲取实现中国梦的精神力量》中指出，实现中国梦，必须仔细梳理和深入挖掘中华优秀传统文化的精华，从中华优秀传统文化中汲取实现中国梦的精神力量。实现中国梦必须凝聚中国力量。唐洲雁（2013）指出，中国力量就是各族人民大团结的力量。中国梦归根到底是人民的梦，必须紧紧依靠人民群众来实现。梁丽萍（2013）也认为，中国梦不是精英梦、权贵梦，而是人民的梦。实现中国梦，不能仅靠少数精英，必须真正依靠人民。肖明江（2013）在论文《人民性：中国梦战略思想的本质属性》中提出，实现中国梦必须凝聚广大工人、农民、知识分子、国家机关工作人员、中国人民解放军指战员、中国人民武装警察部队全体官兵、非公有制经济人士和其他新的社会阶层人士、青少年等历史主体的力量。夏春涛在《凝聚中国力量　实现伟大梦想》（2013）中提出，实现中国梦必须以中国共产党为坚强领导核心，高举中国特色社会主义旗帜，坚定道路自信、理论自信和制度自信，以此团结和集中全国各族人民的力量和智慧。实现中国梦必须坚持和平发展，提倡实干兴邦。欧阳实（2013）撰文指出，在全球化条件下实现中国梦要统筹好与世界其他国家的关系，学习和借鉴其他国家追求梦想的经验和教训。朱喜坤（2013）提出，实现中国梦要博采众长、取长补短、兼容并包，吸收其他国家和民族的优秀成果。辛鸣（2013）认为，实现中国梦必须坚持求真务实、勇于攻坚克难、善于开拓创新。王少安（2013）在《坚持实干兴邦是实现中国梦的根本途径》一文中提出，坚持实干兴邦，反对空谈误国，是坚持走中国道路、弘扬中国精神和凝聚中国力量，进而实现国家富强、民族振兴和人民幸福的中国梦之实践基础。林培雄、刘光明（2012）在《奋力实现民族复兴的"中国梦"》一文中认为，实现中国梦必须从我国社会主义初级阶段的基本国情出发，遵循中国特色社会主义建设规律，发扬真抓实干的精神作风。

三、关于中国梦价值认同的研究

伴随着认同问题在全球化时代的凸显，价值认同也成为学者关注的焦点，学界出现了很多关于价值认同的成果。价值认同也成为国内学者研究中国梦的理论视角。

从目前所搜索到的文献资料来看，与"中国梦的价值认同"直接相关的文献资料较少。尚没有直接与"中国梦的价值认同"相关的专著，与"中国梦的价值认同"直接相关的论文，主要有《中国梦价值认同的实现机制》与《中国梦价值多维探析》等文章。在《中国梦价值认同的实现机制》（2013）一文中，作者张晓敏、叶松认为，中国梦的实现是把社会主义核心价值观内化为具体的价值追求和价值践行的过程。文章进而指出："中国梦的价值认同受复杂义利观、多元思想观念和传统价值认同方式的挑战，也得到物质基础、思想基础和传播载体的推动。"对于当代中国梦价值认同的实现，作者从利益协调机制、精神动力机制、认同路径与价值引导等方面展开论述，指出："建立和完善利益实现的政策导向机制、激励机制和保障机制，是中国梦价值认同的利益协调机制；以社会主义核心价值观为引领、以'真善美'的价值理念为导向、以个体梦想的实现为着力点，是中国梦价值认同的精神动力机制；通过教育认同、体验认同和职业认同能够拓展中国梦价值认同路径和价值引导实效。"《中国梦价值多维探析》（2013）一文，从多个维度对中国梦的价值进行阐释。作者资金议指出：中国梦就是中华民族的伟大复兴，是国家梦、民族梦与人民梦；中国梦彰显了多重价值，明确了中国社会的奋斗目标，推进了马克思主义的创新与发展，为改革创新发展树立了精神旗帜，增强了中华民族的自信心，将整合一切可以整合的力量进行中国特色社会主义建设。在此基础上，文章从历史发展、民族认同、文化传统等方面探讨了中国梦的重大理论与现实意义。

四、相关研究的分析与评价

从对已有文献的梳理与分析来看，学界对于中华优秀传统文化与中国梦的研究呈现出明显的跨学科特点，除了较多运用政治学、历史学、民族学等学科的理论以外，在哲学、教育学、民俗学等学科研究中也有所涉及。跨学科研究拓宽了不同学科的研究视域，也使相关研究取得了一定的成绩。比如已有的研究成果中，既有对中华优秀传统文化基本精神的抽象概括，又有对中国梦的优秀传统文化基因的总结提炼；既有中国梦基础理论的阐释，也有中国梦与美国梦、欧洲梦的比较研究，以及从中华民族传统文化的角度对中国梦进行分析与解构。不同的研究视角、内容、形式和方法，都在一定意义上推动了中国梦与价值传承、价值认同问题的研究。当然，有关研究也显露出一定的不足，主要体现在以下维度。

1. 中国梦的优秀传统文化基因的研究有待深化

"弘扬中华优秀传统文化与中国梦价值认同研究"这一课题，以中华优秀传统文化为依托，以中华优秀传统文化基本精神内核的总结提炼和抽象概括为始点，探寻中国梦的优秀传统文化基因，挖掘中国梦的深厚文化底蕴。已有的研究对中华优秀传统文化基本精神内核的总结提炼和抽象概括还不尽准确。有的成果将中华优秀传统文化的基本精神归结为中华民族精神，有的成果则从儒释道文化中抽取中华优秀传统文化的核心理念，有的成果从孝道文化、节俭传统等若干角度诠释中华优秀传统文化的精华成分，等等，不一而足。有鉴于此，本研究要在梳理已有相关成果的基础上，以梳理中华优秀传统文化主要内容为起点，从历史与逻辑相统一的角度提取中华优秀传统文化的精神内核，诠释中国梦深厚的历史积淀和文化底蕴。

2. 中国梦理论根基的研究相对薄弱

"弘扬中华优秀传统文化与中国梦价值认同研究"是中国梦研究领域较具针对性、实践价值和社会意义的主题。通过查阅和梳理相关研究成果，从数量上来说，目前学术界对于中国梦与价值传承、价值认同等问题的综合研究成果仍然偏少，质量较高的研究成果（论文与专著）更少。可以说，"中国梦的价值传承与价值认同"的理论体系的建构和逻辑演进仍然不完整，一些主要概念、相关概念的界定、内涵、外延还不清晰，中国梦与价值传承、价值认同在中华文化语境中、在中华民族历史发展中的演变脉络也有待梳理。此外，中国梦理论问题的当代解读，需要结合新的理论创造、从哲学的根基上加以展开。但目前学界对中国梦的研究主要集中在渊源梳理、层次分析及比较研究等方面，少有将中国梦置于本体论、认识论的分析高度。这些都是"弘扬中华优秀传统文化与中国梦价值认同研究"课题所应当突破的问题。

3. 中国梦的价值传承研究相对欠缺

价值传承是价值认同的前提和基础，价值认同是价值传承的目的和归宿。中国梦的价值传承是"弘扬中华优秀传统文化与中国梦价值认同研究"这一课题的有机组成部分。已有研究主要从历史向度回溯古代中国梦、近代中国梦、现代中国梦的发展脉络，但对各个历史时期中国梦的价值内涵及其传承发展的总结和提炼还不够。今天的中国梦是历史上各个时期中国梦的传承和发展，其中包括从价值层面传承和发展历史上各个时期中国梦的思想内涵。有鉴于此，"弘扬中华优秀传统文化与中国梦价值认同研究"这一课题就要从理论上说明今天的中国梦传承了历史上各个时期中国梦的什么价值、哪些价值以及如何传承这些价值，从而为中国梦价值认同的研究奠定逻辑前提。

4. 中国梦价值认同的理论阐释与现实建构研究相对欠缺

从相关文献的梳理中可以看到，学界对价值认同相关理论的研究主要集中在对认同的本质探讨，较少有关于价值认同的系统与全面的研究，这一定程度上也导致了中国梦价值认同研究的理论欠缺。从目前已有文献中可见，学界直接关涉中国梦价值认同的研究散见于若干学术论文。虽然也有个别学者从价值认同机制、中国梦多维价值等角度对中国梦进行探讨，但理论深度不够，剖析也不够深刻。而关于中国梦价值认同的现实建构，学界也较少涉及。可以说，中国梦价值认同的理论阐释与现实建构研究的相对欠缺，已成为制约中国梦价值认同建构的现实瓶颈。如果不能尽快加强对中国梦价值认同的理论阐释与现实建构，一味地让缺乏主体性思维（本质上是缺乏责任感）的成果占据主流地位，容易导致中国梦的边缘化，削减中华文化源流方位框定的理论自信。

总之，中国梦的优秀传统文化基因的研究，中国梦的理论根基研究，中国梦的价值传承研究，中国梦与美国梦、欧洲梦的比较研究，以及中国梦的价值认同理论与实践研究，学界既有一定的学术成果，也有诸多的薄弱环节。这些学术成果与薄弱环节的存在，既为本课题提供了一定的文献支撑，也构成了本课题所要着力解决的问题。

参考文献：
[1] 中共中央文献研究室. 习近平关于实现中华民族伟大复兴的中国梦论述摘编 [M]. 北京：中央文献出版社，2013.
[2] 李君如. 中国道路与中国梦 [M]. 北京：外文出版社，2014.
[3] 周天勇. 中国梦与中国道路 [M]. 北京：社会科学文献出版社，2011.

[4] 汪玉奇. 中国梦：昨天 今天 明天［M］. 北京：社会科学文献出版社，2013.
[5] 伍景玉，王战星. 中国梦语录［M］. 北京：中国社会科学出版社，2013.
[6] 伍景玉，梁超. 中国梦实现路径［M］. 北京：中国社会科学出版社，2013.
[7] 公茂虹. 读懂中国梦［M］. 北京：人民出版社，2013.
[8] 辛鸣. 道理：中国道路中国说［M］. 北京：中共中央党校出版社，2011.
[9] 吴建民. 我的中国梦［M］. 北京：北京大学出版社，2013.
[10] 欧阳康. 中国道路［M］. 北京：中国社会科学出版社，2013.
[11] 姚洋. 中国道路的世界意义［M］. 北京：北京大学出版社，2011.
[12] 本书课题组. 中国梦与中国道路［M］. 北京：中央文献出版社，2013.
[13] 韩震. 全球化时代的文化认同与国家认同［M］. 北京：北京师范大学出版社，2013.
[14] 张旭东. 全球化时代的文化认同［M］. 北京：北京大学出版社，2006.
[15] 詹小美. 民族精神论［M］. 广州：中山大学出版社，2007.
[16] 李君如. 实现中国梦的辩证逻辑［J］. 中国特色社会主义研究，2013（3）.
[17] 石仲泉. "中国梦"思想：从毛泽东到习近平［J］. 毛泽东邓小平理论研究，2013（10）.
[18] 王树荫. 中国梦的由来、意义与实现路径［J］. 中国高等教育，2013（10）.
[19] 辛鸣. 把"中国梦"的理论逻辑讲清楚［J］. 中国高等教育，2013（11）.
[20] 王淑芹. 国家、社会、个人：中国梦的价值主体［N］. 光明日报，2013-04-10.

习近平意识形态工作思想研究综述

李 辉 任美慧

(中山大学马克思主义学院,广东广州,510275)

摘 要:党的十八大以来,习近平总书记系列重要讲话中多次对意识形态工作进行了论述,提出了一系列的新观点、新论断和新要求。目前,国内关于习近平意识形态工作思想的研究主要是从集体性研究与个体性研究两个研究视角,分别从意识形态工作思想的凝练传播维度和诠释探究维度展开。对习近平总书记系列重要讲话中关于意识形态工作思想的研究已经形成了地位观、内容观、主体观、原则观等基本研究范式,意识形态工作内在于习近平系列重要精神之中,外在于"五位一体"和"四个全面"的战略布局,有利于深化对习近平总书记系列讲话精神的理解。

关键词:习近平;意识形态;研究综述

作者简介:李辉,男,黑龙江巴彦人,中山大学马克思主义学院院长,教授,博士生导师,研究方向为思想政治教育理论与方法。任美慧,女,山东青岛人,中山大学马克思主义学院博士研究生,研究方向为思想政治教育。

基金项目:国家社会科学基金项目"当代大学生精神成人的特点与机制研究"(12BKS078)阶段性成果。

习近平系列重要讲话中有关意识形态工作的思想日益引起国内学者的广泛关注和深入研究,对习近平总书记关于意识形态工作的思想进行研究综述,具有重要理论价值和现实意义。

一

习近平意识形态工作思想的学术研究包括两部分,即集体性研究与个体性研究。前者构成了习近平意识形态工作思想研究的凝练传播维度,后者构成了习近平意识形态工作思想研究的诠释探究维度。目前集体性研究的成果主要有:《习近平总书记系列讲话精神学习读本》(2013)、《深入学习习近平同志关于宣传思想工作重要论述》(2013)、《指导新时期宣传思想文化工作的纲领性文献:学习习近平总书记在全国宣传思想工作会议上的重要讲话章选》(2013)、《大国智慧:深入学习习近平总书记系列重要讲话精神》(2014)、《凝聚在共同理想和信念的旗帜下:学习贯彻习近平总书记"8·19"重要讲话精神》(2013)、《人民日报重要言论汇编:学习贯彻习近平总书记8·19重要讲话精神》(2013)、《深入学习习近平同志关于坚持和发展中国特色社会主义重要论述：人民日报重要文章选》(2014)、《深入学习贯彻习近平总书记系列讲话精神：人民日报重要言论汇编》(2014)、《深入学习习近平总书记重要讲话精神：人民日报重要文章选》(2014)等；个体性研究的成果主要如：洪光东、王永贵《当前习近平意识形态建设新思想研究的进展与思考》(2014.9)，杨金海《关于做好当前意识形态工作若干问题的思考——学习习近平总书记关于意识形态工作的重要讲话精神》(2014.1)，胡凯、杨竞雄《习近平社会主义意识形态治理思想探析》(2014.12)，《习近平治国理政的重要思想和方法论》(2014.6)，陈立旭《习近平系列重要讲话的理论特征》(2015.1)，高建生《深刻理解习近平总书记系列重要讲话的意义、内容与立场观点方法》(2014.4)，李春华《正确处理"中心工作"与"极端重要的工作"的关系——从习近平关于经济工作与意识形态工作关系的新思想谈起》(2015.1)等。

二

以8·19讲话为习近平意识形态工作思想的范本展开讨论，论述意识形态工作的地位与任务、历史沿革、思想体系、工作方法等。

首先，关于意识形态工作的地位与任务。习近平在8·19讲话中强调："经济建设是党的中心工作，意识形态工作是党的一项极端重要的工作。""要深入开展中国特色社会主义宣传教育，把全国各族人民团结和凝聚在中国特色社会主义伟大旗帜之下。"[1]讲话中确立了意识形态工作的重要地位和战略任务。任仲文编《深入领会习近平总书记重要讲话精神——人民日报重要文章选》(2013)中收入了人民日报评论员的八篇关于习近平总书记8·19重要讲话精神的论述，其中《中心工作与意识形态工作要两手抓——二论学习贯彻习近平总书记8·19重要讲话精神》、《凝聚在共同理想的旗帜下——三论学习贯彻习近平总书记8·19重要讲话精神》两篇分别论述了意识形态工作的地位和任务。杨金海则主要关注意识形态工作的极端重要性和从10个方面全面把握意识形态领域的形势，提出了新的历史条件下意识形态工作的四个主要任务。[2]雒树刚指出把握好"两个巩固"的根本任务，就是要充分认识意识形态工作的极端重要性，着眼坚定理想信念，始终坚持宣传思想文化工作的正确方向，做到党性和人民性统一，始终坚持党管媒体原则，以改革创新为动力之源，不断增强宣传思想文化工作的生机活力。[3]

其次，关于意识形态工作的历史沿革。中共中央党史研究室认为：新中国成立以来的历史包括改革开放前后两个历史时期，两个时期都不能否定；改革开放前后两个历史时期本质上都是党领导人民进行社会主义建设的实践探索，不能相互否定；在正确认识和把握改革开放前后两个历史时期基础上坚持和发展中国特色社会主义。[4]曲青山在《历史是最好的老师》中指出历史在认识事物、把握问题、明辨问题中的重要地位和作用。

最后，关于意识形态工作思想的思想体系和工作方法研究。任仲文编《深入领会习近平总书记重要讲话精神——人民日报重要文章选》（2013）中收入了人民日报评论员的八篇关于习近平总书记8·19重要讲话精神的论述，其中有六篇涉及意识形态工作的思想体系和工作方法：《把宣传思想工作做得更好——一论学习贯彻习近平总书记8·19重要讲话精神》、《坚持党性和人民性的统一——四论学习贯彻习近平总书记8·19重要讲话精神》、《弘扬主旋律 传播正能量——五论学习贯彻习近平总书记8·19重要讲话精神》、《在创新中赢得主动权——六论学习贯彻习近平总书记8·19重要讲话精神》、《客观认识当代中国与外部世界——七论学习贯彻习近平总书记8·19重要讲话精神》、《建构全党动手的大宣传格局——八论学习贯彻习近平总书记8·19重要讲话精神》。洪光东、王永贵分析了意识形态建设的战略地位事关我国经济社会发展，事关中国共产党执政地位，事关中国共产党中心工作，事关社会主义的历史命运，符合人类社会发展规律；指出意识形态建设的紧迫性来自社会转型的挑战，来自市场经济的挑战，来自错误思想的挑战，来自西方思潮的威胁，来自传播革命的挑战；分析了意识形态建设的战略任务、战略对策等。[5]要从意识形态工作与经济工作的关系中定位工作方法、工作原则、工作体系，从思想性的战略角度思考意识形态工作的发展规律。

三

以习近平系列重要讲话中意识形态工作相关内容为范本展开讨论，论述意识形态工作的相关理论，如宣传思想工作、思想教育工作、中国特色社会主义研究、核心价值观研究、中国梦与文化软实力研究等。

首先，关于从宣传思想工作的视角研究意识形态工作思想。张效廉指出："宣传思想工作树立以人民为中心的工作导向，就要在站稳群众立场、凝聚群众力量、实现群众利益、坚持群众标准上下功夫。"[6]上海市社会科学界联合会召开座谈会学习习近平总书记系列讲话精神时认为："宣传思想工作就是要巩固马克思主义在意识形态领域的指导地位"。[7]总之，宣传思想工作是意识形态工作的重要组成部分，是意识形态工作落实的重要方式。

其次，关于从思想教育工作的视角研究意识形态工作思想。李冰深刻分析了中国特色社会主义文艺繁荣发展的理论观点和实践要求，爱国主义是文艺创作的主旋律，从而引导人民树立正确的历史观、民族观、国家馆、文化观。[8]顾海良揭示了习总书记系列重要讲话对思想政治教育学科建设的指导意义，提出了思想政治教育学科建设的新目标和新格局，学科建设的责任和学科基因、学科特质。[9]还有不少学者也从思想政治教育、爱国主义教育等方面研究意识形态工作的重要地位和历史使命。

再次，关于从中国特色社会主义研究的视角研究意识形态工作思想。陈立旭对习近平系列重要讲话的理论特征进行了深入研究。习近平系列重要讲话的理论创新包括政治、经济、军事、文化、社会、改革、外交、生态文明、思想方法和工作方法等重要领域和重要方面，涉及问题广泛，涵盖内容丰富、厚重，其宏大的创新气魄，就体现在这种理论创新的全面性之中。[10]包心鉴强调新的历史条件下习近平运用邓小平思想分析和解决新形势下改革面临的新问题、新任务，为邓小平理论的丰富和发展做出了重要贡献，也彰显了中国共产党人与时俱进、锐意进取的精神品质。[11]曲青山认为习近平总书记系列重要讲话是坚持和发展中国特色社会主义的最新理论成果，为新时期的奋斗目标提供了科学指南。[12]习近平系列讲话中突出强调意识形态工作的极端重要性，也是中国特色社会主义理论发展的最新成果和马克思主义时代化、大众化、中国化的最新表现形式。

最后，关于从社会主义核心价值观、中国梦、文化软实力等视角研究意识形态工作思想。唐志龙指出社会主义核心价值观是社会前进的强大动力，必须积极培育，大力弘扬意识形态主旋律，尊重人民主体地位，发挥宣传思想工作者的主体能动性，坚持领导干部的主体垂范，形成合力。[13]景俊海认为十八大以来习总书记重要讲话深化了中国特色社会主义发展规律和执政党建设规律。[14]习近平总书记系列重要讲话涉及社会主义建设的方方面面，对文化软实力也做了诸多阐述，提出了核心价值观、传统文化、中国梦、文化软实力的相互关系，这给意识形态工作提供了文化支持和理论涵养。

四

以习近平系列重要讲话思想体系中意识形态工作与社会治理体系思想的相关性展开讨论，以意识形态工作为制高点展开理论与实践的综合研究。

首先，围绕深化社会改革、社会主义现代化建设、改革与创新的时代背景讨论意识形态工作与中心工作的关系。探讨意识形态工作的时代背景有利于确立习近平总书记意识形态工作思想的历史方位，从横向和纵向的比较中研究意识形态工作与中心工作的关系。唐爱军认为，习近平把握意识形态自身发展规律、推进意识形态工作的方法论是"挑战—回应"模式。[15]彭清华认为坚持中心工作与意识形态工作两手抓、两手硬，是推进党和国家事业健康发展的基本要求；充分认识意识形态工作的极端重要性，做到一刻也不放松和削弱；切实担负起党委抓意识形态工作的政治责任，扎扎实实做好意识形态工作。[16]李春华、王炳林等人也都认为经济建设是中心工作，意识形态工作是极端重要工作，是对意识形态工作在新的时代背景下的新定位、新概括、新阐述，是从理论与实践经验中归纳出来的。

其次，围绕社会主义的本质讨论意识形态工作与社会主义道路、制度、体系的关系，党性与人民性的关系。韩庆祥分析了习近平治国理政思想的十个方面：关于中国特色社会主义性质和自信思想、实现中国梦思想、全面深化改革思想、国家治理现代化思想、市场与政府关系思想、打铁还需自身硬思想、依法治国思想、文化软实力与掌握意识形态话语权思想、进行伟大斗争思想和分析解决问题的哲学方法论。[17]宋福范认为，习近平从价值目标和实践目标两个角度阐述了实现中华民族伟大复兴的根本目标,即强调了"为了谁"的价值目标,把"干成什么样"的实践目标定位为国家富强、民族振兴和人民幸福。[18]胡凯、杨竞雄主要分析了社会主义意识形态治理的主客体、根本目标和基本要求、原则方针和重点领域。[19]社会主义的本质回答了中国共产党的党性和人民性的问题,决定了马克思主义在意识形态领域的主导地位。由此,意识形态工作是习近平治国理政思想的重要组成部分,党的十八大提出五位一体的总布局,将经济、政治、文化、社会和生态五大建设并列;此后,习近平总书记又提出了全面建成小康社会、全面深化改革、全面依法治国、全面从严治党的"四个全面"战略布局。在新的历史起点上,我国战略发展思维得到了明确。那么,意识形态工作在这个布局中的现实定位如何,是明晰习近平意识形态工作思想的定位必须回答的问题。

最后,围绕理论与实践相结合的思路讨论意识形态工作与文化软实力、文化安全的关系,意识形态工作思想与实践的关系等。党的十八大以来意识形态工作实践主要体现在从严治党的过程、宣传思想工作和高校思想政治教育中。以顶层设计为指导,统筹各项工作,建构意识形态的话语体系。范玉刚分析了习近平文化思想的内涵包含了高远的文化理想、深远的文化情怀和平远的文化视野。[20]张国祚指出习近平文化强国战略可分为四个方面:①凝魂聚气——培育核心价值观;②固本培元——弘扬中华优秀传统文化;③多措并举——提高国家文化软实力;④清醒坚定——牢牢把握意识形态工作的领导权、管理权、话语权。[21]实际上,意识形态建设是文化软实力提升和竞争的核心,也是维护社会主义国家文化安全的重要战略举措。

五

从上述梳理可以看出:研究规模上,党的十八大以来已经很多学者专家关注这个问题而且出版、发表了相关的书籍和论文等;研究范围上,既关注习近平系列讲话中意识形态工作思想的研究,也关注不同时期中国共产党人意识形态工作发展的研究,尤其重视改革开放以来的我国意识形态工作的研究。但仍有拓展的空间:

从研究重心看,侧重以习近平系列讲话中单个重要讲话体现的意识形态工作思想的总结,缺少当前意识形态工作最新发展的研究。学者们或专注于对意识形态工作特点的研究,或是马克思主义大众化理论研究、文艺思想研究、宣传工作研究、思想政治教育工作研究,出现了以"意识形态工作"冠名的研究成果,但多局限于对意识形态工作的战略地位和基本思路,较少对意识形态工作进行系统的、全面的研究。到目前为止,没有十分重视对习近平总书记意识形态工作思想的研究进行系统梳理。

从研究内容看,对于习近平意识形态工作思想,目前已有大量学者、专家开始关注,并且深入研究,主要分为三个研究取向,但是总体而言研究的深度还有待提升。首先,大多数学者的研究停留在对习近平重要讲话的表面论述,仅仅研究习近平某一次讲话的精神,而忽视其讲话精神的历史延续性。其次,目前的研究缺乏系统性。意识形态工作思想是个庞大的系统工程,而对意识形态工作思想体系的研究还有待提升。最后，关于意识形态工作思想的研究缺乏创新性，需进一步探讨、发展或突破。关于习近平意识形态建设的新要求、新理念的研究，关于习近平意识形态建设思想的逻辑体系研究，关于习近平意识形态建设思想的时代特色研究，关于习近平意识形态建设思想的实践指向研究，关于习近平意识形态建设思想的实践指向研究，等等，都值得深入探讨。

从研究范式看，当前习近平意识形态工作思想的研究范式大致有三方面特征：一是整体性分析，即将意识形态工作看作浑然一体的整体性概念，而较少探讨其内部要素、结构样态、实现类型等问题；二是背景性透视，即将意识形态工作放置在全球化、信息化、市场化、现代化等时代背景中，侧重时代背景对主导性的影响和挑战，而较少涉及二者相互同构、有机联动的内在关系；三是防御性取向，即从单纯战略防御角度探讨如何增强意识形态工作的实效性，而较少探讨意识形态工作的时代建构问题。这种研究范式应该说对于我们宏观认识和把握意识形态工作的实践问题、增强意识形态建设的危机感和紧迫感有重要意义。但是，如果不能深入意识形态工作的内部，透视意识形态工作内部的要素构成和功能样态，不能把握社会主义意识形态工作的内在机理，特别是不能析理出新形势下社会主义意识形态与其他意识形态的博弈规律，就难以推动相关研究的不断深化，更难以现实地增强马克思主义意识形态主导性。

参考文献：

[1] 习近平. 意识形态工作是党的一项极端重要的工作 [EB/OL]. (2013 – 08 – 20). http：//www.zj.xinhuanet.com/newscenter/rb/2013 – 08/20/c_ 117021695. htm.

[2] 杨金海. 关于做好当前意识形态工作若干问题的思考——学习习近平总书记关于意识形态工作的重要讲话精神 [J]. 中国浦东干部学院学报，2014 (1).

[3] 雒树刚. 牢牢把握"两个巩固"根本任务 扎实推进宣传思想文化工作 [N]. 人民日报，2013 – 09 – 09.

[4] 中共中央党史研究室. 正确看待改革开放前后两个历史时期——学习习近平总书记关于"两个不能否定"的重要论述 [J]. 中共党史研究，2013 (11).

[5] 洪光东，王永贵. 当前习近平意识形态建设新思想研究的进展与思考 [J]. 广西社会科学，2014 (9).

[6] 张效廉. 树立以人民为中心的工作导向——深入学习贯彻习近平同志关于宣传思想工作的重要论述 [N]. 人民日报，2014 – 02 – 13.

[7] 刘世军. 宣传思想工作就是要巩固马克思主义在意识形态领域的指导地位 [N]. 中国社会科学报，2013 – 09 – 27.

[8] 李冰. 把爱国主义作为文艺创作的主旋律——学习习近平总书记在文艺工作座谈会上的重要讲话 [J]. 求是，2014 (12).

[9] 顾海良. 思想政治教育学科建设的新起点——学习习近平系列重要讲话中阐发的思想政治教育思想 [J]. 教学与研究，2014 (9).

[10] 陈立旭. 习近平系列重要讲话的理论特征 [J]. 广东社会科学，2015 (1).

[11] 包心鉴. 全面深化改革的根本理论指南和锐利思想武器——从邓小平改革思想到习近平改革

论述［J］．东岳论丛，2014（6）．
［12］曲青山．坚持和发展中国特色社会主义的最新理论成果——学习《习近平总书记系列重要讲话读本》［J］．求是，2014（7）．
［13］唐志龙．培育社会主义核心价值观的意识形态探析［J］．学习论坛，2014（10）．
［14］景俊海．中国梦：深刻理解习近平总书记系列重要讲话的主线［J］．红旗文稿，2015（2）．
［15］唐爱军．习近平关于意识形态工作的方法论［J］．中国特色社会主义研究，2014（12）．
［16］彭清华．坚持中心工作与意识形态工作两手抓两手硬——深入学习贯彻习近平同志在全国宣传思想工作会议上的重要讲话精神［J］．当代广西，2013（10）（下）．
［17］韩庆祥．全面深入把握习近平治国理政思想的十个重要方面［J］．中国特色社会主义研究，2014（12）．
［18］宋福范．习近平思考治国理政目标的鲜明特点［J］．中国特色社会主义研究，2014（12）．
［19］胡凯，杨竞雄．习近平社会主义意识形态治理思想探析［J］．思想政治教育研究，2014（12）．
［20］范玉刚．习近平文化思想深刻意涵［J］．人民论坛，2014（8）（下）．
［21］张国祚．习近平文化强国战略大思路［J］．人民论坛，2014（9）（上）．

依法治国与以德治国关系研究综述

王仕民　丁存霞

（中山大学马克思主义学院，广东广州，510275）

摘　要：中国共产党第十八届中央委员会第四次全体会议审议通过了《中共中央关于全面推进依法治国若干重大问题的决定》，确立了依法治国与以德治国的关系问题。依法治国和以德治国，依法治国与以德治国的关系问题，特别是依法治国和以德治国相结合的问题，作为国家治理的方略，自古以来都受到学术界和理论界的高度关注。但是，今天再一次提到议事日程，却是意义重大而深远。因此，有必要站在前人研究的成果之上，对这一问题进行研究综述，以确保研究的前瞻性。

关键词：依法治国与以德治国；关系；研究综述

作者简介：王仕民，男，中山大学马克思主义学院教授，博士，博士生导师，主要研究思想政治教育理论与方法、文化与心理健康问题。丁存霞，中山大学马克思主义学院博士研究生，主要研究思想政治教育理论与方法。

基金项目：国家社会科学基金项目"社会主义核心价值体系认同的文化回归研究"（12BKS096）和2015年广东省德育创新项目（高校）重点课题、广东省教育科学"十二五"规划2015年度研究项目（德育专项）"大中小学德育一体化建构"（2015DYZZ001）阶段性成果。

中国共产党第十八届中央委员会第四次全体会议审议通过了《中共中央关于全面推进依法治国若干重大问题的决定》（下称《决定》），研究了全面推进依法治国若干重大问题，认为全面建成小康社会、实现中华民族伟大复兴的中国梦，全面深化改革、完善和发展中国特色社会主义制度，提高党的执政能力和执政水平，必须全面推进依法治国；同时提出必须"坚持依法治国和以德治国相结合"的原则。如果不能正确理解坚持依法治国和以德治国相结合，就根本无法理解依法治国必须"坚持从中国实际出发"等重大问题。所以，本研究务必进行学术的梳理和综述。

一、关于依法治国的研究综述

法治系统思想源于春秋战国时期的法家学说。该学派认为，法令应该"编著于图籍，设之于官府，而布之于百姓"，要求"君臣上下贵贱皆从法"。规定凡事"皆有法式"，一切皆"断于法"或"一断于法"；强调"一法而不求智"，主张"以法为教"，"以吏为师"。古希腊时代与中国的先秦大致处于同一时期，都处于社会大变革的时代，而且两国的思想文化发展均已达到很高水平，法律文化作为思想文化的重要组成部分，在中西方两大文明古国中表现为各自形成了较为系统而完备的法治理论。

商鞅是先秦时期杰出的法学家、思想家，是在战国时期法家中变法最彻底、成功的政治改革家。在战国这个特殊的时代背景下，各家各派都提出了自己的主张。"商鞅认为实行法治是时代的要求"[1]。社会在发展，相应的治国理念需要随历史的进化而不断发展。商鞅认为变法才是兴国之道，并指出：推行法是历史进化和人好利论所决定的。"上世亲亲而爱私，中世上贤而说仁，下世贵贵而尊官。"[2]所谓"下世"就指的战国时期，它的特点是立禁、立官、立君，这都是商鞅主张法治的特征。而人的"好利恶害"正是法治中的刑赏可以调控的。因此，法治比儒家的"德治"更符合治国之道。接着，商鞅提出了推行法治的方法：将"法"、"信"、"权"三个要素有机地结合起来。管仲在治国方略上，竭力主张"以法治国"，具体体现在其论著《管子》中。他认为，治国如不以法而以君的随心所欲治国，则国没有能治好的，总有一天要垮台。"凡国无法则众不知所为，无度则事无机。有法不正，有度不直，则治辟。治辟则乱。"（《版法解》）故"以法治国，则举错而已"（《明法解》）。由此看来，以法治国非常重要。而以法治国之要，"治莫贵于得齐"（《正世》），齐则宽严适度，做到宽严相济。管仲认为，法律有规范性，是人们必须遵守的行为规则。"法律政令者，吏民规矩绳墨也。夫矩不正，不可以求方。绳不信，不可以求直。法令者，君臣之所共立也。"（《七主七臣》）管仲认识到，要想统治好人民，就必须重视法律，法律是社会政治生活中不可缺少的因素。管仲认为，"出号令，明宪法"；反过来，国君"制仪法，出号令"，使人民"莫不响应"，这样就可以"治民一众"了。（《七法》）总之，"令则行，禁则止，宪之所及，俗之所被，如百体之从心"（《立政》）。管仲坚持重用人才，反对人治。他认为，要治理好国家，必须选贤任能，重用人才，但仅依靠贤明能人的智慧才能是远远不够的，应依靠法律的权威，法是治理国家行之有效的手段，任法而国治，舍法而国乱。管仲总结尧舜时期社会的和谐和人民团结的原因就在于重视法律，使人民有法可依，有章可循。"昔者尧之治天下也……善明法禁之令而已矣。"（《任法》）管仲认为，立法要公正，执法也要公正。执法者"任公"与否，不仅关系法律能否实行，而且关系到国家兴衰安危。执法者必须坚持"不知亲疏、远近、贵贱、美恶，以度量断之"（《任法》），做到行法无私，秉公执法。

亚里士多德赋予法治以明确的含义，他认为法治应包含两重意义："已成立的法律获得普遍的服从，而大家所服从的法律又应该本身是制订得良好的法律。"[3]199亚里士多德的这段论述，以简练明确的语言提示了法治所必须具备良法和法律至上两个要素。在法治的具体操作方面，他认为法治应具体体现在立法、执法等各个环节中。亚里士多德否定了社会秩序的稳定取决于统治者个人德行的希腊传统见解，第一次明确提出了法治对稳定社会秩序和政体的意义。他提醒人们应特别注意，城邦必须有适当的法制，以便任何人都不至于凭借他的财富和社会关系取得特殊的权力，成为国家的隐患。他认为，城邦虽然是由一定的公务团体管理的，但是他们必须按照法律的精神来治理，"城邦最后的裁决权力应该寄托于正式订定的法律"。亚里士多德认为"法治应当优于一人之治"。[3]167-168他指出，在统治国家的过程中，不受感情左右的治事者显然要比凭感情治事者更为优良。再者，具有理智的统治者在本性上仍具有情感，而"要使事物合乎正义，必须有毫无偏私的权衡，法律恰恰正是这样一个中道的权衡"[3]138。他认为人治所难以避免的偏向性在法治中得到了克服。在执法守法方面，亚里士多德提出："邦国虽有良法，要是人民不能全都遵循，仍然不能实现法治。""法律所以能见成效，全靠民众的服从。""法律就是某种秩序，普遍良好的秩序基于普遍遵守的法律的习惯。"[3]353这表明，守法是法治的关键，是法律目的得以实现的保障。"法治"反对任何意义上的"人治"，不仅反对统治者一方面颁布法令，另一方面又"背法而专制"意义上的"人治"，也反对专制地颁布法令意义上的"人治"，反对统治权力高居在法律之上、法律不过是统治者的工具意义上的"人治"。从1978年到2008年的30年，作为改革开放新时代的重要内容，中国开始了依法治国的历史性进程。在此期间，大致经历了先期的理论准备和法治实践，以及后期的正式确立依法治国方略并进一步推进法治国家建设这样两个发展阶段。

党的十五大报告第一次明确提出依法治国思想。"依法治国，就是广大人民群众在党的领导下，依照宪法和法律规定，通过各种途径和形式管理国家事务，管理经济文化事业，管理社会事务，保证国家各项工作都依法进行，逐步实现社会主义民主的制度化、法律化，使这种制度和法律不因领导人的改变而改变，不因领导人看法和注意力的改变而改变。依法治国，是党领导人民治理国家的基本方略，是发展社会主义市场经济的客观需要，是社会文明进步的重要标志，是国家长治久安的重要保障。"依法治国方略的正式提出，推动了对依法治国的研究和阐释，学术界和理论界发表了系列相关著述，这些著述主要从以下几个维度展开。一是系统阐述党的依法治国方略。文献[4]系统阐述了依法治国的理论渊源和现实意义，依法治国与先进生产力、先进文化、最广大人民根本利益的关系，依法治国与当代中国的立法、执法、司法、法律监督、法律服务和法律教育等；文献[5]系统阐释了十八届四中全会关于全面推进依法治国的文件精神，包括中国特色社会主义法治道路、中国特色社会主义法治体系，法治国家、法治政府和法治社会一体化建设，科学立法、严格执法、公正司法和全面守法共同推进，加强和改进党对全面推进依法治国的领导等内容。二是梳理马克思主义经典作家和党中央领导集体关于依法治国的思想。文献[6]梳理了邓小平法制思想的形成和发展过程，分析了邓小平法制思想的基本特征，论述了邓小平法制思想的核心内容。从民主立国、法律权威、"两手"建国、法制观念、法制原则、权力制约、民主法制统一、民主专政结合、政法队伍素质等方面阐发了邓小平的法制思想；文献[7]梳理了江泽民依法治国思想的理论渊源和历史背景，从立法、执法、司法、法律监督和法律教育五个方面阐述了江泽民依法治国思想的主要内容，并阐发了江泽民依法治国思想的时代价值等。三是探索依法治国方略的实现途径。党的十八大报告关于"全面推进依法治国"、"加快建设社会主义法治国家"，以及习近平总书记在中央政治局集体学习会议上提出的"坚持法治国家、法治政府、法治社会一体建设，不断开创依法治国新局面"的要求，提出并论述了法治国家、法治政府、法治社会、法治中国、良善司法、程序法治的制度逻辑与理性建构，并对领导干部以及司法人员运用法治思维和法治方式深化改革、推动发展、化解矛盾、维护稳定，提出了作者自己的理论观点和具体措施。四是以依法治国为背景的相关研究。系统分析了依法治国条件下中国共产党的执政方式问题，提出了依法执政是依法治国条件下中国共产党的基本执政方式的命题，阐述了中国共产党依法执政的基本含义及其理论价值和实践意义，分析和论证了中国共产党实行依法执政必须进行执政方式的变革，以及执政党和国家应当采取的措施和基本思路。

二、关于以德治国的研究综述

我国具有深厚的德治传统，儒家倡导德政、德治和德教，认为"道之以政，齐之以刑，民免而无耻；道之以德，齐之以礼，有耻且格"。经汉武帝"罢黜百家，独尊儒术"，儒家德主刑辅的治国方略成为我国封建社会的主流。

但当代社会的以德治国同传统社会的德治具有本质区别。以德治国概念的正式提出，推动了以德治国思想的研究和阐释，学术界和理论界推出了系列相关著述，这些著述从以德治国的科学内涵、以德治国的现实意义、以德治国思想的历史回溯、以德治国同传统德治的比较、以德治国的实现途径等维度展开。一是以德治国的科学内涵。学界将以德治国的要点归纳为：建立以为人民服务为核心，以集体主义为原则，以爱祖国、爱人民、爱劳动、爱科学、爱社会主义为基本要求的社会主义思想道德体系，以社会公德、职业道德和家庭美德为着力点，鼓励一切有利于解放和发展生产力，一切有利于国家统一、民族团结、社会进步，一切有利于追求真善美、抵制假恶丑、弘扬正气，一切有利于履行公民权利义务、用诚实劳动争取美好生活的思想道德，建设社会主义精神文明。二是以德治国的现实意义。学界主要从推动市场经济、民主政治、先进文化、和谐社会、生态文明和党的建设等角度论述以德治国的意义。[8]以德治国是社会主义价值的内在要求，是完善社会主义市场经济体制的客观需要，是社会主义精神文明建设的题中之义，是提高国民素质和增强国际竞争力的客观要求。罗国杰、夏伟东主编的《以德治国论》认为，以德治国是社会主义民主政治建设的基础工程，是社会主义先进文化建设的客观要求，是改善党风、民风和社会风气的重要环节。三是以德治国思想的历史回溯。梳理了马克思、恩格斯、列宁、毛泽东等经典作家关于以德治国的论述，梳理了中国和西方的传统德治思想。四是以德治国同传统德治的比较。传统德治的核心是把国家治理寄托在统治者的个人品质上，主张"德者治天下"，本质上是"人治"；当代社会的以德治国以民主和法治为前提和基础。文献［9］中指出，当代社会的以德治国同传统德治具有本质区别：传统社会实行德治的目的在于维护奴隶主阶级、地主阶级的根本利益，特别是君王一人一姓的"家天下"统治，其结果必然导致"人治"，而当代社会的以德治国目的在于保证人民当家作主；传统社会的德治以君臣父子的等级关系为基础，为维护宗法社会服务，而当代社会的以德治国提倡"爱国守法、明礼诚信、团结友善、勤俭自强、敬业奉献"的基本道德规范。五是以德治国的实现途径。实现以德治国,要建立与社会主义市场经济相适应、与社会主义法律规范相协调、与中华民族传统美德相承接的思想道德体系,深入开展社会主义思想道德教育,加强思想道德教育的阵地建设,使一切大众传媒、文化场所、精神产品成为宣传科学理论、传播先进文化、塑造美好心灵、弘扬社会正气、倡导科学精神的重要阵地。当代公民道德教育要着眼于人与人、人与社会、人与自然的和谐发展,着眼于人的素质的全面提升,着眼于现代道德理念的树立,着眼于道德心理的培养和品德行为的养成。在道德教育过程中,将规范功能与发展功能、道德进取与道德协调、道德继承与道德借鉴、社会适应与个体适应、显性教育与隐性教育以及家庭教育、社会教育和学校教育统一起来。[10]推进以德治国,把先进性要求与广泛性要求结合起来,在创新内容、形式、方法、手段和机制上下功夫,在增强时代感,加强针对性、实效性、主动性上下功夫。要加强公民道德建设,弘扬爱国主义精神,以为人民服务为核心、集体主义为原则、诚实守信为重点,加强社会公德、职业道德和家庭美德教育;积极营造有利于扶正祛邪的良好社会氛围;发挥广大党员干部在道德建设中的表率作用。[11]

三、关于依法治国与以德治国关系的研究综述

我国传统社会具有丰富的"德法并治"思想,关于德治与法治关系的论辩由来已久,从孔夫子到孙中山,都主张德治与法治结合。孔子说:"道之以政,齐之以刑,民免而无耻;道之以德,齐之以礼,有耻且格。"(《论语·为政》)陆贾说:"居马上得之,宁可以马上治之乎?……文武并用,长久之术也。"(《史记·陆贾列传》)董仲舒说:"圣人之道,不能独以威势成政,必有教化。"(《春秋繁露·为人者天》)诸葛亮说:"非法不言,非道不行,上之所为,下之所瞻也。……故为君之道,以教令为先,诛罚为后。"(《诸葛亮集》)袁涣提出:"文武并用,长久之道也。"(《三国志·魏书·袁涣传》)李世民认为:"德礼为政教之本,刑罚为政教之用,犹昏晓阳秋相须而成者也。"(《贞观政要·择官》)朱元璋提出:"为国之治道,非礼则无法,若专法而无礼则又非法也。所以礼之为用,表也;法之为用,里也。"(《明太祖文集·刑部尚书诏》)

对于处于转型期的当代中国来讲,如何吸收中国传统智慧和西方相关思想来处理法律与道德的问题更是非常重要,关系着我国社会发展问题。党中央对这个问题给予了高度重视。党的十五大报告中系统阐述了"依法治国"的思想。2000年6月,江泽民《在中央思想政治工作会议上的讲话》中指出:"法律与道德作为上层建筑的组成部分,都是维护社会秩序、规范人们思想和行为的重要手段,它们互相联系、互相补充。法治以其权威性和强制手段规范社会成员的行为;德治以其说服力和劝导力提高社会成员的思想认识和道德觉悟。道德规范和法律规范应该互相结合,统一发挥作用。"[12]2001年1月,在全国宣传部长会议上,江泽民同志明确提出了"把依法治国

与以德治国紧密结合起来"的治国方略。在 2001 年《公民道德建设实施纲要》中明确要求积极营造有利于道德建设的社会氛围，努力为公民道德建设提供法律支持。2012 年，胡锦涛在党的十八大报告中指出全面提高公民道德素质，要坚持依法治国和以德治国相结合。2013 年，习近平在中共中央政治局全面推进依法治国第四次集体学习会议上强调：要坚持依法治国和以德治国相结合，把法治建设和道德建设紧密结合起来，把他律和自律紧密结合起来，做到法治和德治相辅相成、相互促进。

中国共产党第十八届中央委员会第四次全体会议审议通过《中共中央关于全面推进依法治国若干重大问题的决定》，明确了全面推进依法治国的重大任务。这就是：完善以宪法为核心的中国特色社会主义法律体系，加强宪法实施；深入推进依法行政，加快建设法治政府；保证公正司法，提高司法公信力；增强全民法治观念，推进法治社会建设；加强法治工作队伍建设；加强和改进党对全面推进依法治国的领导。再一次提出了"坚持依法治国和以德治国相结合"的原则，把这个原则作为"加快建设社会主义法治国家"的战略高度进行部署，其意义重大。《决定》指出：全面推进依法治国，总目标是建设中国特色社会主义法治体系，建设社会主义法治国家。要实现这个总目标，必须"坚持依法治国和以德治国相结合"的原则。国家和社会治理需要法律和道德共同发挥作用。必须坚持一手抓法治、一手抓德治，大力弘扬社会主义核心价值观，弘扬中华传统美德，培育社会公德、职业道德、家庭美德、个人品德，既重视发挥法律的规范作用，又重视发挥道德的教化作用，以法治体现道德理念、强化法律对道德建设的促进作用，以道德滋养法治精神、强化道德对法治文化的支撑作用，实现法律和道德相辅相成、法治和德治相得益彰。这就是研究的指导思想和理论基础。

在《在首都各界纪念现行宪法公布施行 30 周年大会上的讲话》中习近平同志明确指出：我们要坚持把依法治国和以德治国结合起来，高度重视道德对公民行为的规范作用，引导公民既依法维护合法权益，又自觉履行法定义务，做到享有权利和履行义务相一致。在这里，习近平同志强调了依法治国和以德治国相结合的关系，并强调了结合的价值和意义。在《坚持法治国家、法治政府、法治社会一体建设》一文中，习近平同志强调：要坚持依法治国和以德治国相结合，把法治建设和道德建设紧密结合起来，把他律和自律紧密结合起来，做到法治和德治相辅相成、相互促进。在这里，习近平同志进一步强调了依法治国和以德治国相结合的关系，并指出了结合的方式和辩证关系。[13]实践表明，良好的道德风尚既可以减少矛盾纷争、净化社会环境，使司法机关能够集中精力解决一些重大疑难案件，又可以使法律的实施得到广泛的道义上的理解与支持，减少法律实施的阻力，提高法律权威。通过依法打击犯罪、保障人权、厘清责任、明辨是非、平衡利益关系、化解社会矛盾，充分发挥司法裁判的教育、评价、指引、示范等功能，引导全体公民切实增强法律意识、道德意识，依法行使权利，主动履行义务，做到知荣辱、明善恶、重品行，促进形成良好的社会道德风尚。[14]

全面推进依法治国，总目标是建设中国特色社会主义法治体系，建设社会主义法治国家。实现这个总目标，必须坚持中国共产党的领导，坚持人民主体地位，坚持法律面前人人平等，坚持依法治国和以德治国相结合，坚持从中国实际出发。《决定》同时指出，坚持依法治国和以德治国相结合，一手抓法治、一手抓德治，大力弘扬社会主义核心价值观，弘扬中华传统美德……实现法律和道德相辅相成，法治和德治相得益彰。对此，应把握好依法治国和以德治国的内在关系。[15]当人们在街头巷尾谈论刚刚闭幕的十八届四中全会时，都会不约而同地说到"法治"这个词，全会通过的《决定》犹如秋天累累硕果挂满了枝头，其中将"依法治国和以德治国相结合"作为实现建设中国特色社会主义法治体系、建设社会主义法治国家总目标所要坚持的五项原则之一，显得格外醒目。我们要重视法律的规范作用，有人一旦自律失效而失范失德走上犯罪的道路，法律的他律是不可替代的。我们也要重视道德的教化作用。人的德性德行是可以培养的，传统中国人的德化主要来自"教化"这一途径，经由"教化"转化为"自化"。在今天大力弘扬社会主义核心价值观，弘扬中华传统美德、个人品德，旨在让道德真正内化和自化。[16]

学界对依法治国与以德治国关系的论述，主要从德治与法治关系的历史回溯、依法治国与以德治国相结合的必要性、依法治国与以德治国相结合的可能性、依法治国与以德治国相结合的实现途径等维度展开。一是德治与法治关系的历史回溯。中国古代思想家一般都主张德法并用，但在两者孰轻孰重的关系问题上，儒家主张德主刑辅，法家主张法主刑辅。在中国古代社会，无论法治还是德治都是人治。先秦德治法治关系的论述始于西周时期的"以德配天"、"明德慎罚"。以孔子、孟子为代表的儒家提出德主法辅的德法关系结构；荀子通过援法入礼，对孔子和孟子的思想进行了取长补短，兼收并蓄其他，初步综合并创造性发展了德治论。先秦早期法家三派中，商鞅主法治，申不害主术治，慎到主势治。韩非继承并发展早期法家思想，提出法术势相结合的法治论。管子对德法关系论述兼聚儒、法、道、阴阳、兵、纵横家各论，多元并用，力图综合治理。德治和法治关系的历史渊源，认为纯粹的德治和法治都不利于实现国家治理目标。二是依法治国与以德治国的必要性。德法兼用是人类历史经验的深刻总结，是社会主义市场经济发展的必然要求。依法治国与以德治国相互区别。法治属于政治建设，属于政治文明；德治属于思想建设，属于精神文明。二者都有其独特地位和功能。法治以其权威性和强制性手段规范社会成员的行为，德治以其感召力和劝导力提高社会成员的思想认识和道德觉悟。法律规范和道德规范相互独立：法律是硬要求，是外部的制约机制，是社会成员必须遵守的他律，其主要社会功能是"惩恶"[15]；道德是软要求，是依靠社会成员内心的认同来实现的，其主要社会功能是"扬善"。阐述了社会主义法律和社会主义道德的区别：前者强调强制和他律，运用强制手段着力约束人的行为，着重要求人的外部行为的合法性；后者强调教育和自律，运用教育的手段着力约束人的动机，它不仅要求人的外部行为，而且要求人的行为动机。[17]三是依法治国与以德治国相结合的可能性。依法治国和以德治国在内容上相互吸收，在功能上相互补充，在实施中相互凭借。依法治国与以德治国的主体都是人民群众，目的都是实现最广大人民的根本利益。道德是立法、执法、司法和守法的基础，依法治国与以德治国犹如车之两轮、鸟之双翼，必须两手抓、两手都要硬，使之相辅相成、相互促进，不可将两者相互割裂，有所偏废。[18]道德是法律的基础，法律是道德的保障。只讲道德不讲法律，道德就没有约束力，就会变成苍白无力的说教；只讲法律不讲道德，法律就失去民众的诚服，导致野蛮粗暴的管理。要注意防止和纠正对依法治国和以德治国的误解和曲解，或者把二者割裂开来甚至对立起来的错误倾向。以德治国是依法治国的重要支撑，法律和道德都是上层建筑的重要组成部分。法律是成文的道德，道德是内心的法律，法律和道德都具有规范人们行为、调节社会秩序的作用。法律规范人们的行为，可以强制地惩罚违法行为，但不能代替解决人们思想道德问题。对于一个国家的治理来说，法治与德治并行不悖、缺一不可。四是依法治国与以德治国相结合的实现途径。坚持依法治国与以德治国相结合的基本途径是：运用立法、执法手段，促进依法治国和以德治国相结合；增强法制意识，营造良好的法制环境；加强法制建设，形成完整的法律体系；加强道德建设，为依法治国提供有力支撑。[19]法律和道德、法治和德治、依法治国和以德治国不能互相替代、互相取消，要克服道德泛化和法律泛化的倾向，用法律手段推动道德建设、促进以德治国，用道德手段推动法制建设、促进依法治国。[20]

参考文献：

［1］ 马小红. 中国法律思想史［M］. 北京：法律出版社，2004：108.
［2］ 商君书校释［M］. 陈启天，校释. 北京：商务印书馆，1935：57.
［3］ 亚里士多德. 政治学［M］. 吴寿彭，译. 北京：商务印书馆，1983.
［4］ 朱力宇. 依法治国论［M］. 北京：中国人民大学出版社，2004.
［5］ 本书编写组. 依法治国七讲［M］. 北京：人民出版社，2014.
［6］ 李龙. 依法治国：邓小平法制思想研究［M］. 南昌：江西人民出版社，1998.
［7］ 蒋树伟. 论江泽民依法治国思想［D］. 临安：浙江农林大学，2012.
［8］ 徐朝旭. 德治论［M］. 厦门：厦门大学出版社，2003.
［9］ 秋石. 坚持依法治国和以德治国相结合［J］. 求是，2004（4）.
［10］ 龚海泉，等. 当代公民道德教育［M］. 北京：中央文献出版社，2000.
［11］ 中共中央宣传部理论局. 相辅相成 缺一不可——把依法治国和以德治国结合起来［N］. 人民日报，2003－02－23.
［12］ 江泽民文选：第3卷［M］. 北京：人民出版社，2006.
［13］ 习近平谈治国理政［M］. 北京：外文出版社，2014.
［14］ 中共中央关于全面推进依法治国若干重大问题的决定（辅导读本）［M］. 北京：人民出版社，2014.
［15］ 盛英会. 坚持依法治国和以德治国相结合［N］. 黑龙江日报，2014－11－25.
［16］ 沈士光. 坚持依法治国和以德治国相结合［N］. 文汇报，2014－11－04.
［17］ 郝铁川. 论依法治国与以德治国［J］. 求是，2001（6）.
［18］ 刘湘溶. 论依法治国与以德治国的内在统一［J］. 湖南师范大学社会科学学报，2002（1）.
［19］ 高旗. 论依法治国与以德治国的统一和互补［J］. 江淮论坛，2006（4）.
［20］ 王玲. 依法治国与以德治国的辩证关系及其实践把握［J］. 理论探讨，2002（1）.

高等教育与国家文化安全研究综述

罗希明

(广东第二师范学院教育学院,广东广州,510310)

摘 要:国家文化安全既是一个理论问题,也是一个实际问题,把国家文化安全与高等教育结合起来进行研究具有理论价值和现实意义。因此,对高等教育与国家文化安全进行研究综述,对于深化研究是非常必要的。

关键词:高等教育;国家文化安全;文献综述

作者简介:罗希明,女,广东第二师范学院教育学院讲师,博士,主要从事教育经济与管理研究。

基金项目:广东省高等学校思想政治教育研究会重点项目"全球化背景下高校维护国家文化安全研究"(2015SZY006)和2014年广东第二师范学院教授/博士专项"高校维护国家文化安全:问题与对策研究"(2014ARF12)阶段性成果。

根据本论文研究的对象,文献资料的搜寻围绕着关键词"文化安全"和"高等教育"展开。文献查阅、收集与梳理主要结合手工检索与计算机检索两种方式进行。在手工检索方面,主要对两个广州地区教育类图书相对丰富的图书馆——中山大学图书馆、华南师范大学图书馆进行文献检索。在计算机检索方面,主要对中国期刊网中的期刊全文数据库、万方数据库中的学位论文库、ERIC和PROQUST数据库进行文献检索。中国期刊网收录了自1978年以来的大部分期刊论文,万方数据库收集了自1980年以来的主要的学位论文,ERIC和PROQUST则是国内网上可进行英文检索的主要数据库来源。因此,选取这些数据库作为资料来源具有一定的代表性。

一、关于国家文化安全的理论研究

国外学者对文化安全的关注是随着他们对国家安全的研究而延伸开的。在20世纪中叶,西方学者开创了现代意义上的安全研究。早期,学者们关注的重点是军事安全、政治安全,这个时期的研究也称为传统安全的研究。代表作有:哈罗德·拉斯威尔的《世界政治和个体安全困境》(1965年),罗伯特·巴奈特的《超越战争:日本的综合国家安全观》(1984年),巴瑞·布赞的《欧洲安全程序回顾》(1990年),

彼德·曼戈尔德的《国家安全和国际关系》（1990年）。早期对传统安全的研究中，文化对于国家安全的意义基本被忽视。虽然有个别学者已经隐约地意识到在军事和政治安全之外，还有别的事物可能对国家利益构成威胁，如罗伯特·基欧汉和约瑟夫·奈在合著的《权力与相互依赖》（1977年）中探讨了非物质性权力在国家安全中的作用，但这种声音显得还很弱小。

"冷战"结束后，曾经的超级大国苏联的轰塌，并没有使西方世界迎来想象中威胁的终结，而9·11事件的发生更使西方世界感到威胁的迫近甚至如影随形。全球化的发展超乎人们的预料，使"冷战"多年来建立的传统安全模式趋于失效，西方学者开始超越军事安全、政治安全之外寻找安全因子，即是对非传统安全的研究。这时期的主要著作有：大卫·鲍德温的《安全研究与战争的终结》（1995年），巴瑞·布赞的《新安全论》（1997年），查洛特·布莱斯顿的《"冷战"后的安全模式》（2002），克雷格·斯奈德的《当代安全与战略》（2001），亚历山大·温特的《国际政治的社会理论》（1990年），约翰·汤姆林森的《文化帝国主义》（1991），萨义德的《文化与帝国主义》（2003），彼德·卡曾斯坦的《国家安全的文化：世界政治的规范与认同》（1996年）。

总的看，西方学者基本没有直接使用"文化安全"一词，但他们从以下多个角度对文化与国家安全的关系进行了讨论：一是在国家安全体系中研究文化的本质、原因和结果。现实主义、自由主义与建构主义、西方马克思主义在不同论著中都对此进行过深入研究。如西方马克思主义理论家特瑞·伊格尔顿认为，文化在本质上是实践，是生产，文化研究的根本目的不是为了解释文化，而是为了实践地改造和建设文化。亚历山大·温特认为国际关系中的文化是指不同国家行为体经过国家间互动、社会学习而共同拥有的国际规范、国际制度和国际规则，它包括国际法、国际机制、国际惯例和国际共识等知识标准。二是文化对国家安全战略决策的作用研究。研究战略文化的学者们认为，战略决策的产生不只是一个以客观物质环境为归依的理性取向，而是决策者受文化传统、历史因素局限之下的行为体现。正如美国学者伊萨克·克莱因所指出的，战略决策是对战争的一种主观判断。他们特别对军事战略决策和大国不同战略决策中的文化因素进行了大量的剖析。如科林·格雷的《策略研究与公共政策》、亚当·伯茨曼的《外国决策的文化背景》等研究了文化在国家决策中的作用。三是研究文化规范及组织文化对国际安全的作用。这种研究范式主要体现在建构主义理论中。如罗伯特·B. J. 沃克的《内与外：作为政治理论的国际关系》、彼得·卡赞斯坦等主编的《国家安全的文化：世界政治的规范和认同》等运用文化认同原理分析指出国家的安全环境不仅依赖于物质内容，也深受文化和制度内容的影响。四是对全球文化和文化帝国主义进行研究，倡导全球范围内的道德规范、价值观念。这类文章比较多，如福山的《历史的终结》、罗斯诺的《世界混乱：变革与延续的理论》、亨廷顿的《文明的冲突》、约翰·汤姆林森的《文化帝国主义》以及萨义德的《东方学》、《文化与帝国主义》等在广义上都属于这个研究范围。

值得注意的是，西方学者们对文化与国家安全的研究闪现出智慧的光芒，具有一定的深刻性。其中有的学者也力图秉持批判和客观的态度。例如萨义德，他认为对西方文化生活的理解,霸权这一概念必不可少。萨义德在《文化与帝国主义》指出,在帝国扩张的过程中,文化扮演了非常重要的的角色。他的《东方学》研究的是在东方主义话语背后体现出来的东西方关系,即一种权力关系、一种支配关系。又如费舍斯通,他对文化的考察强调了后现代主义对全球化理论的正面影响,认为要抛弃传统的二分法概念,不要只是简单地把全球化的结果分为两种对立的状态,如同质与异质、整合与解体、统一与多样等;并从历史发展的角度把世界体系的变动与文化身份的周期相结合,认为现在的全球体系已经无法维持一元文化逻辑,多种文化体系并存是全球化的必然结果。但是,由于西方学者的立场和自恃于是"强势文化"的代言人,在相对客观的论述和自省中,他们观点中的"西方中心主义"思想仍如草蛇灰线般若隐若现,若我们在研读中不注意持有一种时时反思的精神,很可能会不自觉地陷入对自己文化不自信的陷阱中。

随着国际学界从传统安全向非传统安全研究领域的扩展,我国的学者也特别注意到了文化对于国家安全的主要意义。1999年,林宏宇在《文化安全:国家安全的深层主题》一文中首次提出"文化安全"概念,被学界认为是国内研究此问题的起点。文化安全在某种程度上可以说是具有中国特色的词,因为这个概念的完整提出和使用都在中国。而且,文化安全的概念在我国一经提出便很快得到接受。也许,把文化和国家安全相提并论对于中国人并不陌生,这触及和唤醒了中国近代史上通过文化启蒙民智、通过文化救亡图存的民族记忆,也与当下中国由于相当长一段时间综合国力与文化发展处于弱势,对外来文化既防备又迎合、对传统文化既拥抱又彷徨的心态合拍。

2005年,胡惠林的《中国国家文化安全论》出版,这是我国关于国家文化安全的第一本专著。他在书中对文化安全定义、历史演变和文化安全涉及的几个微观层面进行了详细的论述,形成了一个相对完备的文化安全研究体系。此后,文化安全的研究在我国成为一股热潮,大量的专著、学位论文陆续出现,研究主题不断增加。根据查询中国知网,从1999年至2012年10月,仅在题名中冠以"文化安全"的专著就达20本,博士学位论文6篇,硕士学位论文80篇,期刊文章更多达707篇。具代表性的著作主要有:胡惠林的《中国国家文化安全论》,曹泽林的《国家文化安全论》,潘一禾的《文化安全》,戴晓东的《加拿大:全球化背景下的文化安全》,于炳贵、郝良华的《中国国家文化安全研究》,张骥的《中国文化安全与意识形态战略》。从不同侧面涉及文化安全的著作还有阎学通的《中国国家利益分析》、王逸舟的《全球化时代的国际安全》、陆忠伟的《非传统安全论》等。

关于文化安全的概念归属,国内有几种代表性的看法。一种认为文化安全是哲学范畴。李金齐认为文化安全是指对文化主体生存权利、生存方式、文化成果的认同、尊重和保护,是对人类文化生存、发展水平和进步程度的一种反映,是指作为文化核心的价值观念的合法生存和合理发展。[1]另一种认为文化安全是政治范畴。一些研究人员认为文化安全势必关系到这个国家的政治文化、政治意识安全和政治制度安全。潘一禾认为当代国家体系中的文化安全主要指政治文化安全,包括基本政治价值观和社会管理制度两个主要方面。[2]还有人把文化安全看作国际关系范畴,如韩源认为文化安全的深层原因是国家间的文化利益矛盾，文化安全的威胁来源首先是存在文化扩张和文化渗透的国家。[3] 更多的学者认为文化安全是个复杂的概念，既是历史的又是现实的，既是哲学的又是政治的，是一种战略，还是一种价值和理念。

总的来说，国内的文化安全研究仍然呈现出升温的态势，这和我国的国情发展和社会关注重点的转变互为呼应。我国在经济实力不断增强后，开始意识到精神文明建设的短板，这几年在政府层面也大力倡导文化建设，尤其是文化产业的建设。但国内的文化安全研究和国外相比，在理论上显示出明显的弱势。虽然多个学者从概念上、实质上、特征上试图去界定文化安全，但说法众多。国外对于文化与国家安全的研究，出现了一些一经提出就在国际上引起强烈反响的概念，如福山关于文化的"历史终结论"、亨廷顿的"文明冲突说"、奈·约瑟夫的"软实力"说和美国近年来频频在各国游说所采用的"巧实力"说，这些理论虽然都有着提出者们特定的立场，不能被完全地迁移至别国并解释一切文化与国家的现象，但这些理论无论是从系统性还是形象性来说，都体现了自己的独特性和一定的深刻性，从而引起世界许多学者的共鸣与兴趣。反之，我国的文化安全研究的理论建构缺乏这种能引起别的学者一下就感到兴趣并愿意继续研究下去的理论。于是，我国文化安全的现状研究就有一种虽然众声喧哗，却没有中心音调的景象。

二、国外关于高等教育与国家安全、文化安全问题的研究

国外虽然没有文化安全的直接概念，但把教育与文化联系起来，并与国家利益、国家安全挂钩的研究不少。如由罗伯特·布鲁姆编辑的《美国文化事务与对外关系》，其中收录了几篇论文，对美国在海外的教育、科学和艺术活动同国际关系的处理之间的关系进行了探讨。其中霍华德·E. 威尔逊的《教育、对外政策和国际关系》一文中认为教育是对外政策的一部分，文中以美国于1938—1961年20年时间里开展的国际教育为例，探讨美国国际教育在美国国际关系中起到的作用。

富布赖特中国项目是美国对华官方文化外交中影响最大的项目，在美国研究富布赖特项目的学术著作不少，同时该项目的有关年度报告，也是研究该项目必须阅读的资料。沃尔特·约翰逊和弗兰西斯·柯里根合写的《富布赖特项目：历史的回顾》，详尽介绍了该项目创立的背景、主要目的、项目在世界上主要合作国家的开展情况、美国人参与项目的有关情况以及项目的主要意义等，对研究该项目提供了背景知识和国际视野。涉及美中富布赖特项目开展情况的有费慰梅的《美国在中国的文化试验：1942—1949》，该书详细介绍中国是第一个与美国政府签订富布赖特项目合作协议的国家，1948—1950年近两年内该项目在中国内战正酣之时的特定历史背景下仍然取得了不俗的成绩。美籍华裔学者许光秋博士的论文《1979年至1989年期间美国富布赖特学者对中国学生在意识形态和政治上的影响》，是目前唯一一篇从政治和意识形态角度探讨教育交流项目对中国学生的影响的文章。

美国对福特基金会在美国对外文化关系中的角色以及与中国之间的教育文化互动

有不少成果，值得借鉴。其中，美国埃德华·H.伯曼的著作《卡耐基、福特和洛克菲勒基金会对美国外交政策的影响：慈善中的意识形态》和弗兰西斯·赛敦的著作《发展中的基金会的角色》），对基金会在美国外交政策的角色，特别是在文化外交中的角色进行了详尽的分析，为研究福特基金会与美国对华文化外交提供了思想基础和理论依据。哈佛大学江忆恩教授的报告《中国国际关系研究：福特基金会资助项目的回顾与选择》（2002年），运用大量数据、图表说明福特基金会对中国国际关系学学科发展和人才培养的贡献，并对中国国际关系学科的现状、主要成就以及存在的问题和努力方向也进行了全面介绍和分析。

同时，随着高等教育全球化的兴起，国外学界也对高等教育全球化的做出了几种解读，把高等教育的发展方向与文化利益、国家利益有所联结。第一种强调全球化的同质化趋势，主要由新自由主义理论支持者和部分批判理论者组成。同质化论者对全球化的理解中，隐含着一种普遍的观点：国与国的界限和各国制度的差异界限趋于模糊，甚至消失。高等教育全球化被看作在全球经济一体化的影响下世界各国高等教育的边界模糊和趋同发展。而从批判理论的视角看，全球化在本质上是西方资本主义的全球扩张，经济上表现为全球市场化，出现一个为经济利益驱动的全球性高等教育市场。第二种认为全球化导致异质化趋势和多样化发展。这一类型理论重视分析世界高等教育发展不平等的根源。此外，从多元文化的维度出发的全球化理论也重视强调全球化的异质化特征，认为全球化恰恰导致文化的多样化发展。后殖民主义理论者和依附论者承认最初的大学作为全球性机构，在学生、教授、语言和知识这些方面表现出普遍化的特性，同时也认可现阶段全球化的经济、技术、科学、政治和文化等因素对高等教育产生了显著影响。但在他们看来，世界各地不同的学术机构所受到的全球化的影响并不一样，在许多方面反而使高等教育已有的不平等加剧。在依附论者看来，处于中心地位的强势大学在科研、教学、大学的组织类型和发展方向以及知识的传播方面居于领导地位；弱势的高等学校则因资源匮乏和学术地位低微，只能处于从属地位。全球化对商业的追逐使世界学术机构之间的结构性依附加剧，加深高等教育世界体系中的不平等。在这个不平等的体系中，跨国公司、跨国传媒，包括少数居于领先地位的大学成为新的新殖民主义者，它们对商业利润的追求加大了各国高等教育之间的差距，使第三世界发展中国家的高等教育处于边缘化状况。第三种将本土（地方）或者民族国家纳入高等教育全球化的分析框架内，重视对高等教育全球化的同质和异质方面进行分析。几种有代表性的理论有同质异构理论、主权—交流理论、全球国家地方能动模式、地方—全球轴理论。

布莱恩·L.尤德在其博士学位论文《八所中国大学的高等教育全球化》中采纳了维拉提出的同质异构理论，探究为何不同国家的大学在全球化进程中呈现出明显共性，而一个国家或者不同国家的大学之间却存在差异性和独特性。该论文通过对全球化展开多维分析，将民族国家的层面纳入研究中，阐述了不同的全球压力如何对大学组织的变化发挥作用，大学如何对全球压力实施战略性回应以及对全球压力的本土化过程。

一臣堪汉在《日本高等教育全球化》中提出解析日本高等教育全球化的一个分

析框架，既强调了全球化对高等教育产生的影响——推进高等教育商品化，又强调了本土政治文化力量对全球化影响力的制约、修改、调整和采纳。

瓦利玛通过芬兰的个案证明国家化、地方化和全球化是相互联系的过程。在芬兰，高等教育国家化建立起一个在文化层面对高等教育的理解，这是与其他国家竞争的要素。而地方化一方面指高等教育机构支持本土社区和各省获取社会和经济利益；另一方面，地方社区和各省给高等教育提供支持，以期望从由这种支持带来的科学资本中获益。

三、国内关于高等教育与国家安全、文化安全问题的研究

早期，我国一些学者在对文化的研究中会涉及教育问题，或者在对教育的研究中提及文化的作用，对文化与教育之间的关系进行直接研究的很少。钱穆算是这个领域开风气之先者，他的《文化与教育》成为这个领域早期的代表作。直到20世纪80年代后期，我国学者才对文化与教育之间的关系进行了深入探讨。1988年，由傅维利、刘民编著的《文化变迁与教育发展》一书在四川教育出版社出版后，国内研究教育与文化关系的作品陆续增加。代表作品有：肖川的《教育与文化》(1990)，顾明远主编的《民族文化传统与教育现代化》(1998年版)，石中英著《教育学的文化性格》(1999)，张应强的《文化视野中的高等教育》(1999)，许美德、潘乃荣主编《东西方文化交流与高等教育》(2003)，顾明远著《中国教育的文化基础》(2004)，等等。到目前，对教育和文化关系的研究，尤其是对高等教育与文化关系的研究在我国呈现出繁荣的局面，期刊论文、学位论文都很多，研究的角度也呈现出多样化的特点。

杨连生等认为大学文化研究在我国已经形成一股思潮，并将其分为四阶段：起始阶段、预热阶段，正规化阶段和全面发展阶段。1999—2000年，对大学文化的研究处于刚刚起步的状态，研究的主要方向从大学文化素质教育和校园文化逐渐转向大学文化，大学文化的概念从大学理念、大学精神、文化素质教育和校园文化的研究中逐渐演化脱离出来；2001—2003年，这一阶段的研究大多集中在对国外大学文化的介绍和评述，对中国传统大学文化的挖掘、梳理上，有的学者开始探索大学文化的定义、特征、功能等理论问题；2004—2006年，学者们对大学文化的基本内涵、构成要素、大学文化建设等多个方面进行了不同程度的研究；2007年至今，研究向纵深方向发展，学者们开始关注大学文化辐射研究，人才培养、创新思想、先进文化、科学发展观、思想政治教育、和谐社会、学科教学、大学管理、高校竞争力等都成为受到关注的研究方向。[4]

虽然高等教育对国家和民族发展的意义早已成为共识，但从国家安全或文化安全角度去分析在我国还算是一个较新的视角。第一个在我国把"教育"和"安全"放在一起讨论的学者是程方平。作为中央教科所的著名学者，他敏锐地觉察到教育对于国家安全不可替代的基础作用，早在2001年就提出"教育安全"一词。他认为在涉

及西部发展和国家发展、国家安全时，诸多安全中最为关键的因素便是人的问题，包括人的各类需求、思想观念、智能才干、民族特点、宗教习俗等，及其相互间的差异与矛盾。这些看似无形的因素与各级各类教育均有紧密关联，并可能引发内心或行为的动荡与冲突。[5]他于2006年发表的《教育：国家安全的基础——关于"教育安全"的思考》一文，更是强调在对国家安全的关注中长期以来被忽略的一种最重要的安全就是教育安全，试图通过教育安全这一特殊角度的问题思考，真正提升教育在国家发展和国家安全方面的地位和作用，将人们从消费和产业的视角中解放出来，认识到教育更重要的价值。[6]程方平对教育安全功能的强调具有开创意义，给予了其他学者很大的启发。但是，他所提出的教育安全含义非常广，包括教育的方针政策、法律法规、政府职能、改革策略、教材教法、考试评估、学校管理、教师质量、国际交流、出国留学、教育产业、教育结构、经费投入、均衡发展、公平公正、教育方面的政府公信力等一系列问题，也即是对教育可能出现的问题几乎无所不包，这样，在后继研究中可能会因为没有具体的焦点而出现困难。

与程方平一样，用了"教育安全"一词，从教育角度研究教育与国家安全问题的，还有殷杰兰、米晓东等人。殷杰兰主要从全球化角度思考教育安全，认为经济全球化将进一步导致教育全球化，在此背景下，有关教育安全的问题日益凸显出来。[7]

李军在博士学位论文里把中国在教育国际交流中所面临的教育安全问题作为研究对象，力图对教育国际交流中国家教育安全进行理论分析和建构，总结中国在教育国际交流中面临的教育安全问题，分析教育交流过程中影响中国教育安全的因素，寻找维护中国教育安全的措施与对策。[8]

潘一禾在专著《文化安全》中，特辟一章谈论当代中国的国民教育体系安全问题，认为国民教育体系的变革成败关系到国家的文化安全，其安全问题主要体现在国民教育体系在理念和规范方面失去特质上。另外，他认为如果改革演变为权力和利益之争，改革将会加深中国教改的危机。

沈洪波则是从高教国际化的视角谈论其与中国文化安全问题，认为二者是一对矛盾与利益的共同体，应建立有中国特色的大学，处理好高等教育本土化与国际化的关系。

周亦乔等研究了高校教育的文化安全问题时指出，高校学生的爱国主义、集体主义和社会主义价值观念受到西方社会制度和价值观的影响，而文化安全的思想政治教育又不足将加剧文化安全问题。[9]叶建辉认为"言必称西方"的倾向解构着马克思主义和中国传统文化，暴力色情等文化公害给高校学生的思想意识造成严重混乱和危害，对我国高校文化安全构成极大威胁。[10]

有的学者则着重从教育主权的角度谈论我国文化安全受到冲击的方式。王建香认为我国在开发教育市场后，教育主权的流失存在显性与隐形两种形式，显性因素包括对国外资金的过度依赖、人才的外流、管理职权的丧失，隐形因素包括思想意识形态被西化、同化等。显性因素可通过制定相关的政策措施来防范和控制，隐形因素则需要寻求适当的软性途径。同时她认为资金、人才、传统思想流失虽很容易危及教育主权，但也存在了另一种可能：中国的教育界在外部刺激下加速改革，质量得以显著提升；我国日益开放的市场将吸引到更多的投资者和留学生；中华文化被世界更多的认同。[11]杨颖分析了在高等教育国际化中，西方争夺发展中国家教育主权的表现形式有发展中国家教育自主权的丧失、西方国家实施文化侵略与扩张、侵犯公民的教育权，影响的方式主要有教育方式的国际化、学生交流的国际化、教师的国际化。[12]汪国培则着重论述在全球化教育交流过程中，西方国家在意识形态方面影响我国教育主权的主要途径：通过外资独资和合资办学施加西方意识形态的影响；通过接受留学生和高校教师出国进修培养西化意识，尤其注意训练一批"中国未来的领导人"；通过向中国派遣专家教授讲学传播西方价值观，如"富布莱特计划"；原版国外教材的直接引入和学术评价导向潜移默化影响我国高校师生。[13]殷小平则怀着强烈的忧患意识，通过历史与比较的方式，提醒我们应保持一种审慎的质疑态度，警惕外国与中国开展高等教育交流背后存在的经济利益和政治文化用心，防止国家主权的旁落、让渡、转移，防止中国文化的自性危机，确保文化安全。[14]中国的教育市场开放中，尤其要关注的是跨国教育的兴起。跨国教育在我国的体现方式主要为中外合作办学。中外合作办学在新中国成立后曾因为历史的原因一度被禁止，到1992年，国家教委的文件精神仍是：对中外联合办学原则上不能接受。而仅仅过了3年，1995年颁布的《中外合作办学暂行规定》已经完全改变了态度，认为中外合作办学是"中国教育事业的补充"。到了2003年的《中外合作办学条例》，更是进一步认可了中外合作办学对于我国高等教育的意义，认为其是"中国教育事业的组成部分"。伴随着中外合作办学在官方文件中从"补充"到"组成部分"的字眼变换的，是中外合作办学项目在我国的蓬勃发展。周文峰特别分析了中外合作办学可能给我国教育主权带来的几点影响：①国外合作方，尤其是一些由外方投资的合作办学机构争夺办学主导权，一方面可能由于对经济成本的考虑不顾及教学的质量，另一方面可能出现片面地按外方意图培养学生，在教育体系、教学方法、教育思想上生搬硬套国外模式，导致我国教学方向偏离；②外国教育机构将劣质的教育资源甚至是没有通过验证的教育机构与人员输入我国，违背了我国引进国外优质教育资源的初衷，损害了受教育者的利益；③低层次办学中，我国有限的教育资源和资金大量流失；④利用合作办学的机会，对我国学生进行意识形态的渗透，寻找和培养"西方政治思潮"和"文化攻势"的代理人。

对于高等教育如何应对文化安全带来的挑战，胡文涛强调，要创新校园文化，进行主流文化意识与体系的维持与更新以及文化创作与传播的创新，建构起高校文化安全机制，加强对不稳定的文化因素的管理和监控，并适度输出文化作为反文化渗透的进攻手段。[15]沈洪波提出确保我国高等教育国际化过程中文化能够安全的几个办法：对大学生进行国家文化安全教育，规避本国教育独特性的消解，通过传统文化教育建立民族文化价值体系，教育输入与输出相结合。[16]

四、文献小结

以往的文献综述主要存在着以下不足：

第一,论文主题的专门研究文献稀少、零散。从国内外文献期刊看,对文化安全和高等教育与文化关系的研究都很多,但从高等教育角度这个视角出发来专门研究文化安全的资料还比较少。现有比较深入的研究往往是把这二者割裂,专门研究文化安全,或在研究高等教育中存在的文化问题时,很少考虑到安全这个角度。国内现有对二者结合的研究几乎都是期刊文章或专著中的某个章节,虽然角度多样,但因为篇幅的原因,极大地影响了对高等教育文化安全问题的深入探讨,而呈现出一种对这个主题研究的"碎片化"。以往研究中习惯把文化安全和高等教育二者相对割裂所留下的巨大空白,正是本论文可以对之深入探讨研究的学术空间。

第二,以往国内相关研究偏理论,轻实证。国外学者在研究文化问题时注重实证的方法,而国内不管是对文化的研究还是文化安全的研究,大多偏于一种理论探讨、历史梳理和类似经验总结的方式,很少看到访谈、问卷调查等实证的方法。单纯以理论建构而缺乏实证方法的辅佐,使得这些文章的视角犹如在高山上"一览众山小",虽然风光无限,但也给人一种飘渺之感,很难让人有真切的感受,对现实缺乏一定的指导意义。

第三,研究基本采用质性方式,量性研究缺乏。平心而论,文化安全从其组合的两个词来说,不管是"文化"还是"安全",似乎都难以量化。同样,基于这两个词的组合,文化安全也是一个非常复杂的现象,千头万绪,而且涉及人的心理体验,所以国内以往文献中很少用量化的方式去进行研究。其实,对文化安全的量化研究可借鉴心理学科的一些方法,心理学近年来的幸福感量化研究、认同感量化研究都可以给我们很大的启发,国内外类似的成果也非常丰硕。量化研究和各指标体系的建立也许不是一个最完美的方式,但是它们却在研究方法上开启了另外一扇门,让我们用一种不同于质性的研究方法去接近事物。

参考文献:

[1] 李金齐. 文化安全释义 [J]. 思想战线,2007 (3).
[2] 潘一禾. 当前国家体系中的文化安全问题 [J]. 浙江大学学报,2005 (2).
[3] 韩源. 国家文化安全引论 [J]. 当代世界与社会主义,2008 (6).
[4] 杨连生,赵亚平,王剑. 中国大学文化研究述评 [J]. 文化学刊,2010 (6).
[5] 程方平. 论西部开发中的教育安全问题 [J]. 教育研究,2001 (9)。
[6] 程方平. 教育:国家安全的基础——关于"教育安全"的思考 [J]. 教育科学,2006 (3).
[7] 殷杰兰. 全球化背景下中国教育安全问题思考 [J]. 黑龙江社会科学,2004 (1).
[8] 李军. 中国教育国际交流中的国家教育安全 [D]. 北京:北京大学,2007.
[9] 周亦乔. 全球化背景下的高校文化安全教育 [J]. 湖南农业大学学报,2005 (6).
[10] 叶建辉. 当代中国高校文化安全问题的研究 [J]. 高教研究,2006 (10).
[11] 王建香. 如何在开放教育市场中维护我国教育主权 [J]. 江苏高教,2002 (5).
[12] 杨颖. 高等教育国际化背景下教育主权问题研究 [D]. 昆明:云南师范大学,2005.
[13] 汪国培. 全球化进程中对高等教育主权的重新审视 [J]. 扬州大学学报,2006 (12).
[14] 殷小平. 高等教育国际交流中的教育主权与文化安全 [J]. 现代大学教育,2005 (6).

[15] 胡文涛. 全球化趋势对我国高校文化安全构成的挑战及应对策略 [J]. 广西社会科学，2003 (3).

[16] 沈洪波. 文化全球化与中国国家文化安全 [J]. 山东大学学报：哲学社会科学版，2004 (12).

九、道德·诚信·实证研究

编者按：随着社会主义市场经济体制的不断推进，我国经济、政治、文化和社会发展取得了举世瞩目的成就。当前，我国正处于经济转轨、社会转型的特殊历史时期，造成历来以诚实守信为传统美德的中华大地上，人们的诚信问题日益显现，社会诚信缺失层出不穷，不诚信的事件屡见报端，甚至在一定程度上出现了社会的诚信危机。广东省作为改革开放的前沿阵地，广东省教育厅在干预大学生诚信危机、提升大学生的诚信水平、推进高校诚信教育工作上进行了积极而有益的探索，取得了可喜的成绩和经验，走在全国的前列。2008年，广东省教育厅在广东财经大学（原广东商学院）进行试点，为全校2万多学生建立大学生诚信档案；2009年此试点工作又扩大到华南农业大学、南方医科大学等10所院校；2010年10月，在全面总结试点工作经验的基础上，大学生诚信档案工作在广东全省130所高校铺开。经过各方面的共同努力，目前已初步建立起广东省高校大学生诚信档案体系，大学生诚信教育成效明显。截至2014年10月，已累计为广东省210多万大学生建立了诚信档案。为了全面了解全省大学生诚信档案建设的情况，总结大学生诚信教育的经验和做法，进一步探索新形势下大学生诚信教育长效机制，在全省高校开展大学生诚信状况专项调查活动。（专题主持：袁本新）

广东省高校大学生诚信状况调查报告

袁本新

（广东省教育厅思想政治教育处，广东广州，510080）

摘　要：诚信是人类社会生活秩序的基础，是社会文明进步的一个重要标志，人类社会由野蛮蒙昧发展到当代文明的每个阶段都印证着诚信前进的脚步。大学生作为一个群体，作为社会主义事业的建设者和接班人，他们的诚信状况究竟怎样呢？因此，对大学生诚信问题进行调查研究，具有重要的理论价值和现实意义。

关键词：广东省；大学生；诚信状况

作者简介：袁本新，男，博士，广东省教育厅思想政治教育处处长，暨南大学教授，硕士生导师，主要研究思想政治教育理论与方法。

自广东省教育厅2013年10月30日发布《关于开展全省高校大学生诚信状况专项调查活动的通知》（以下简称《通知》）后，共有89所学校报名参与本次调查工作。经筛选，最终确定84所高校参与到本次调查的实施阶段。本次调查工作历时一年，通过网络问卷调查（178645 名学生有效参与）、现场问卷调查（16485 名学生有效参与）、现场访谈调查（1527 名学生有效参与）、个案跟踪调查（705 名学生有效参与）等方式，采取理论与实践相结合、宏观分析与微观分析相结合的方法，从大学生诚信信仰、大学生对社会诚信度的认识和大学生在经济、学业、就业、生活、网络诚信方面的表现，以及高校诚信教育现状等方面进行了调查研究。本次调查的有效样本数量为 197362 人，约占广东省在校总人数的 15%，这在我国教育史上是史无前例的。通过对大数据样本的分析，我们对广东省大学生的诚信状况有了全面的了解，对大学生诚信危机的原因有了更深层次的认识，并据此就高校诚信教育方案、高校诚信制度的建立、高校诚信档案的应用和大学生诚信评价体系的设计评估等方面进行了探讨与研究，提出了一些看法与观点。

一、调查方法

本次调查采用了网络问卷调查、现场问卷调查、现场访谈调查和个案跟踪调查等四种调查方法。

1. 问卷设计

（1）问卷设想。根据课题组多年从事大学生诚信档案建设的经验，对大学生诚信状况理解如下，即国内大学生诚信需要从多个维度去建构。根据大学生诚信承诺书，课题组对大学生诚信初步界定为：信仰上自强不息，严于律己；学业上态度端正，严谨求实；经济上以信立人，履约践诺；就业上自尊自爱，修身明理；生活上遵纪守法，弘扬正气；网络上知行统一，自律自省。同时将大学生诚信划分为诚信信仰、学业诚信、经济诚信、就业诚信、生活诚信、网络诚信六个维度。对大学生诚信状况的评价也是按照一定的标准和程序对大学生的诚信信仰、学业诚信、经济诚信、就业诚信、生活诚信、网络诚信六个方面做出评估。

为了初步验证大学生诚信的构思维度，即大学生诚信包括诚信信仰、学业诚信、经济诚信、就业诚信、生活诚信、网络诚信六个维度，课题组选择进行访谈研究。访谈研究是指研究者通过面对面或电话等方式与访谈对象进行交流，了解和搜集所需信息，对理论构思进行初步验证，从而为编制大学生诚信评价指标体系建构的问卷设计服务。

（2）访谈实施。通过座谈会和个别访谈的形式，征询访谈对象对大学生诚信内涵、大学生诚信表现、大学生诚信评价等信息的意见。

问卷主要包括以下两方面问题：一是自由联想并写出与大学生诚信有关的 10 个短语或行为，二是自由联想并写出与大学生失信有关的 10 个短语或行为。

（3）问卷验证。为了深入分析各位被调查者对大学生诚信的总体看法，课题组对调查结果中的各个词语进行隶属度分析。隶属度概念来自模糊数学。模糊数学认为，社会经济生活中存在着大量模糊现象，其概念的外延不是很清楚，难以用经典集合论来描述。某个元素对于某个集合概念来说，不能说是否属于，只能说在多大程度上属于。元素属于某个集合的程度称之为隶属度，大学生诚信无疑也是一个模糊概念。因此，可以把调查中与大学生诚信或失信有关的所有短语 $\{X\}$ 视为一个模糊集合，把每个短语视为一个元素，对每个短语进行隶属度分析。课题组在前期对高校 200 名学生的统计分析，可以发现大学生诚信主要可以归纳为信仰、经济、学业、就业、生活、网络、社会七个维度。

（4）问卷形成。在上述隶属度分析的基础上，课题组建构出大学生个人身份识别、大学生诚信状况影响指标、大学生诚信状况评价指标三个目标层。大学生个人身份识别分为个人和家庭两个维度，大学诚信状况影响指标分为社会、学校和家庭三个维度，大学生诚信状况评价指标分为诚信信仰、经济诚信、学业诚信、就业诚信、生活诚信、网络诚信六个维度，遴选构造 35 个评价指标，构成大学生诚信状况调查问卷。

2. 网络问卷调查实施

（1）系统设计。为配合本次诚信调研活动，诚信档案公共平台在结合现有大学生诚信档案建设平台的基础上，设计了网络问卷调研平台。网络问卷调研平台基于 JAVA 语言设计，需求设计上进行了如下约束：
1）仅限广东高校在校生进行问卷填写；
2）单项选择题进行单项约束；
3）多选题进行多选约束；
4）主观题对填写的文字数进行约束，以减少无效问卷；
5）单个学生仅能提交一次问卷，不得重复提交。

（2）调查方式。网络调查由各学校学生处发动学生上网进行填写。

（3）实施结果。从 2013 年 10 月 10 日开放网络调查页面至 2014 年 1 月 31 日关闭调研页面期间，共有 179021 名学生参与调研，除去无效问卷，共有 178645 名学生有效参与。

3. 现场问卷调查实施

（1）调查方式。本次现场问卷调查由高校选取样本进行。课题组利用直接将问卷送达学校或邮寄问卷到学校的方式，将调查问卷分发到各学校；学校收到问卷后，通过校内的组织方式将问卷给选取的样本学生进行填写；填写完毕后，由学校统一收取后再交给课题组。

为对现场问卷调查的真实性进行校核，课题组除将问卷交由学校分发给学生填写外，还组织专业调查人员利用路访的方式让学生填写现场问卷。实施途径有如下三种方式：一是在校园内，随机抽取学生进行调查。调查地点一般在教学楼、学生食堂或学生宿舍附近，每份问卷的调查时间在 5 分钟左右；二是在学校图书馆，抽取正在自习的学生进行调查，因中间有部门沟通，调查时间在 8 分钟左右；三是在学校访谈时，利用访谈未开始的这段时间进行问卷调查，这种方式便于学生了解本次访谈的内容，提前进入访谈的状态。

（2）实施结果。自调研开始至 2014 年 1 月 10 日止，本次调查共印制发放了 19000 份现场问卷，涉及高校 74 所，回收 17657 份，除去无效问卷，共有 16485 份有效问卷，有效率 93.4%。

4. 现场访谈调查实施

（1）调查目的。为对大学生诚信缺失的内在动因、大学诚信教育的现状以及大学生对社会诚信状况的认识等问题进行深层次的了解，以及从社会学、心理学、组织行为学等方面对大学生的诚信状况进行全方位、多角度的分析，以弥补问卷调查在定量定性上的不足。

（2）访谈提纲。以下所列为本次调查的访谈提纲，实际访谈中会根据学生的回答进行延伸和调整，以深度挖掘学生回答背后所隐藏的本质原因。

用三个词描述你所理解的诚信。
你眼中的诚信应该包括哪些行为？
学校助学金、奖学金的评判标准是什么？
身边同学有没有存在为领取助学金夸大困难程度的现象？
怎样看待利用奖助学金请同学吃饭、购买奢侈品的现象？
班上同学考试作弊的比例大约是多少？
考试作弊为什么屡禁不止？
对简历造假、注水简历有什么看法？
自己会不会为求职成功而美化自己的简历？
学校为更好地帮助学生求职就业做了哪些指导？
学校在建设诚信校园方面都做了哪些措施？
对学校的诚信教育打分。
学校的诚信氛围如何？
为学校诚信的建设提出建议。
身边值得信赖的人有哪些？
网购时发现货不对版会怎么处理？
网购后会不会如实写下购物评价？
网络带给学生的利弊是什么？
你所接触到的新闻是正面报道的多还是负面报道的多？
在生活中接触到的由于社会诚信问题而对自己生活造成困扰的事情有哪些？
一个商家足秤，5 块钱可以买一斤水果，另一个商家不足秤，4 块钱可以买实际 8 两，但其标 1 斤的水果，你会选择去哪个商家买？

对改善社会诚信状况，你有什么建议？

对社会的诚信状况打分。

（3）调查方式。由每所学校组织 20 名学生参与现场访谈，大部分学校均按照此要求来组织，仅有极少部分学校由于未通知到位或排课、学生活动等的原因，组织学生过少或者过多。

在现场访谈过程中，课题组要求各高校老师必须离场，不得参与本次访谈。访谈现场仅有课题组人员及学生，以避免在调研过程中，学生因为老师在场，不敢就相关问题发表真实观点。

（4）实施效果。自调研开始至 2014 年 1 月 10 日止，共对 73 所高校 1527 名在校大学生进行了访谈，访谈时长达 6870 小时。

5. 个案跟踪调查实施

（1）调查目的。大学是一个人树立正确的世界观、价值观、人生观的阶段，也是一个人诚信意识成型的阶段。处于此阶段的大学生从心理角度来讲，容易受到社会风气、校园教育、家庭教育的影响，从而影响其诚信意识的形成。为考察社会风气等对学生诚信意识的影响，课题组决定在学校中选取特定的学生个案，以每月持续跟踪的方法，调查其诚信意识受社会风气影响的波动程度，以期找出新闻舆论等给学生造成的影响，为新闻舆论宣传、校内诚信教育方案等提供可行性建议。

（2）内容设定。调查内容主要是每月关于诚信方面的热点新闻和每月各校内的诚信教育内容。

（3）调查方式。调查采取电话调查的方式进行。课题组根据各学校提供的调研样本名单，由专人根据调查的内容设定，对学生进行电话调查，让学生对当月的热点新闻及校内诚信教育方案进行评价，并最终让学生对当月的社会诚信度进行评分，以期找出学生对社会诚信度的评价曲线。同时，根据曲线的趋势，找出当月国家政策、社会热点等对学生诚信认知的影响度。每次电话调查的时间控制在 5 分钟内。

（4）实施效果。从 2013 年 11 月至 2014 年 9 月，课题组进行了 11 个月的持续跟踪调查。一共选取了 51 所学校的 1020 名学生作为跟踪样本，但由于跟踪调查过程中，由于电话号码更改、未接听或拒绝参与调查等原因，最终有 705 名学生全程参与了跟踪调查。

6. 数据分析

因为本次调查方式的多样性，所以数据分析上也根据不同的调查方式进行了不同的处理。

（1）网络问卷调查数据。在网络调查前期，就对问卷结果数据库进行了详细的设计。所以对于网络调查，直接将问卷数据从数据库中导出，然后采用 SPSS 20 数据统计分析软件，结合研究目的，使用频率统计、描述统计、交叉分析、因子分析、相关分析等方法进行数据统计并得出初步分析结果。

（2）现场问卷调查数据。现场问卷调查数据分为两部分，一部分是前期通过高校学生工作部门分发并完成的问卷，另一部分是调查团队在学校随机抽取学生填写的问卷。对于这两部分问卷，课题组将问卷调查回收的有效数据人工录入计算机，然后按照网络调查的分析方法，采用 SPSS 20 统计分析，并与网络问卷调查数据进行对比性分析。

（3）现场访谈数据。因为现场访谈侧重于主观问题，定量数据偏少。课题组在每次现场访谈结束后，及时撰写现场访谈报告，将大学生及高校学生事务工作者的访谈意见进行提炼、归纳、整理、分析，并与问卷调查数据进行对比性分析，以期为各问卷选项寻求学生的内在动机。

（4）个案跟踪调查数据。个案跟踪的目的是摸索大学生对社会诚信度的理解及认知的趋势，所以兼有主观与客观问题。对于主观问题，我们做好记录，并进行归纳、整理；对于客观问题，我们利用 SPSS 20 进行统计分析。

7. 调查数据基本情况及其分析

根据通知要求，各高校需组织学生访问网络调查平台（www.5000aaa.com）进行问卷调查。各高校网络调查取样人数不少于在校学生数的 30%。此次大学生诚信状况调查，共有 179021 名学生参与了网络调查。因为在网络问卷程序设计中，课题组已对学生答题过程进行了约束，未答、错答等形成无效问卷的情形均予以过滤，所以调查结果有效性较高。通过分析，去掉了因答题不完善的无效问卷（如客观题均为同一选项、主观题恶搞等），共有 178645 份有效问卷，有效率 99.8%。同时，参与调查的大学生数也达到了 80 所高校在校总人数的 30% 的要求。

根据通知要求，1 万人以下高校选取 100 个样本，1 万~3 万人高校选取 200 个样本，3 万人以上高校选取 300 个样本参与现场问卷调查。本次调查共发放 19000 份现场问卷，回收 17657 份，除去不完善的无效问卷（如有选项未答、客观题均为同一选项、单选题有多重选择等），共有 16485 份有效问卷，有效率 93.4%。

根据通知要求，各高校按学号随机抽取 20 名学生参加访谈调查。本次调查共访谈了 73 所高校共 1527 名学生。

根据通知要求，需在各高校内确定一年级新生跟踪样本，进行连续跟踪监测。一年级新生样本选取方式为 5 个班级建立 1 个跟踪样本，样本选取要保证覆盖所有专业。各高校在本次调查过程中，共上报 4177 名个案跟踪样本。在 2013 年 11 月至 2014 年 9 月共 11 个月的连续跟踪调查期内，课题组共对 1020 个样本进行了电话跟踪调查。除去电话未接通、不方便接听电话外，绝大部分大学生均非常配合参与此次跟踪调查，共形成 705 份有效跟踪调查样本，有效率为 69.1%。

从以上数据可以看出，本次调查具有很强的科学性、代表性、广泛性，能在普遍程度上反映大学生对诚信的基本看法，以及学生在诚信信仰、经济诚信、学业诚信、就业诚信、生活诚信、网络诚信等方面的主要表现，通过访谈可以对当今高校中的诚信危机进行深刻剖析，并总结各高校大学生诚信教育的先进做法与不足，以期为进一步探索新形势下我省大学生诚信教育提供经验。

以下对本次调查数据进行专项分析，除特别说明外，以下所有的数据均来自问卷调查，现场访谈与个案跟踪作为论据，对问卷调查中的观点进行分析、印证、支撑。

二、大学生诚信信仰分析

信仰是人们对人生及其生活于其中的社会乃至整个宇宙的起源、存在、性质、意义、归宿等的认定和确信，并以此形成最高价值理想和终极目标，是统摄指导其他一切意识形式乃至社会心理的最高意识形式。信仰具有生活价值定向、社会秩序控制、社会力量凝聚、行为选择动力等多方面的社会功能。信仰是行动之母，个人的信仰怎样，他的行动就会怎样。人们一旦形成了对某个事物的信仰，将怀着极大的热情自觉主动地按照所信仰事物提供的价值指引决定和完成自己的所有行为。要使一个事物（包括人物、制度、理念等）对社会产生深远而恒久的影响，最根本和最有效的方法就是通过合适的形式使其被信仰化。从一定意义上讲，一种观念或制度对社会个体的影响程度，即其内在功效的发挥程度，取决于其影响对象对它的信仰程度。因此，不论是作为一种观念意识、道德规范，还是作为一种法律制度，诚实信用要现实地发挥作用，就必须得到社会成员的充分尊崇，而要做到这一点必须使其信仰化。

1. 大学生诚信信仰的特征

大学生的诚信信仰有如下特征：

一是信仰感性化。大学生渴望诚信地待人处事，但是在处理具体问题的时候往往把诚信放在了次要位置，使得诚信这种信仰处于不坚定状态，介于理性与感性之间，甚至更多地表现出一种感性，这样，理性与感性的关系就会颠倒。这方面，对于少数涉世不深、人生体验欠缺的大学生来说，尤为突出。

二是信仰多元化。信仰多元化即大学生对于诚信信仰的认识不一致，有多种答案。对于诚信观念的形成原因，家庭成员的影响、传统文化的影响、学校教育的影响、朋友的影响和社会风气的影响的比例均超过了60%。可见，大学生实际上对诚信信仰的认知是多元的，并不局限于某一方面。同时，从另一个方面也表明，大学生诚信信用的教育要从多方面齐头并进，不能有所偏颇。

三是信仰功利化。在市场经济条件下，很多问题都表现出了功利化的趋势，大学生的诚信信仰也不例外。在访谈中发现，很多大学生承认自己的诚信信仰受到了功利思想的影响，他们在承认诚信、公平、公正是现代市场经济的内在要求和重要基础的同时，也更加认可市场的趋利性、竞争性、残酷性，甚至有极个别大学生的人生信念取向原则逐渐失去必要的文化和道德约束，完全被市场经济生活原则所取代，将现实生活的一切都市场化、功利化，把诚信信仰的神圣性丢失在功名利禄之中。

2. 对大学生的诚信信仰的调查

根据前期的摸底,课题组在本次调查问卷针对诚信信仰方面主要设计了四个问题,分别针对"大学生群体的诚信意识评价"、"个人对诚信品质的坚持"、"诚信品质的影响范围"和"诚信观念形成原因"。

(1)大学生群体的诚信意识评价。从调查数据上显示,有61%的大学生认为大学生的诚信意识一般,也有26%的大学生认为大学生群体拥有较强的诚信意识。调查组在走访中发现,在部分学校设置了"雨伞漂流"、"无人书屋"等小摊且运作良好,这些学校诚信教育的成果可以折射出大学生群体的诚信意识正在逐步提高。

(2)个人对诚信品质的坚持。通过调查,99%的学生都认为诚信是做人最重要的原则之一,62%的同学基本上能做到诚信,并坚持这一优秀品质。但仍有一部分同学对诚信行为持观望态度。有同学表示,不属于自己的利益自己不会去获取,不会为了贪小便宜而去欺骗、偷窃;但个人的利益和对诚信的坚守发生矛盾时,却往往容易挣扎在诚信与利益的边缘,如求职简历、申请助学金和奖学金,可能就会讲究一下技巧,突出重点,适当地夸大情况。

(3)诚信品质的影响范围。大部分学生认为,诚信品质影响着我们生活、学习等方方面面,其中,大部分学生认为,诚信对于个人的素质发展(58.84%)、朋友间的交往(19.21%)、以后的生活(13.85%)、择业(7.76%)都有很大影响。

(4)诚信观念形成原因。从调查数据和现实情况分析,诚信观念形成的原因是复杂的、多面化的,传统文化中的道德观念,家庭成员、学校教育、朋友,电视、电台、报纸、网络等媒体,都深深影响着大学生的诚信观念。经调查显示,父母的文化水平、职业、家庭生活环境、教育方式等也都影响着大学生的诚信意识(图1)。

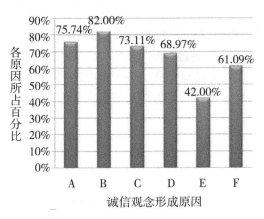

图1 诚信观念形成原因

对每个家庭而言,都有一个"望子成龙"的期盼,尤其是父母文化水平较低,经济条件较困难的家庭,孩子从小更容易受到金钱、势力的熏陶。加之中国的应试教育,分数成了评价学生的唯一标准,只要你分数高,你就是好学生,而你是否乐于助人，是否诚实守信，是否热爱劳动，都不重要。在这种教育制度的影响下，容易造成只为结果而忽视了做人的基本准则，从而影响孩子们对诚信的定位。另外，当代社会发展给大学生的冲击也深深影响着大学生的诚信观念。在市场经济的冲击下，人类社会在追求经济增长的同时忽略了诚信的提高，加上外来经济的入侵和文化侵蚀，新闻媒体的大肆报道，给诚信防线脆弱的大学生一个致命的冲击，造成经济上急功近利，学业上弄虚作假，生活中爱慕虚荣，行为上和思想上时时刻刻都接受着诚信的考验。因此，要提高大学生的诚信意识，只有找准根源，才能达到事半功倍的效果。

3. 大学生诚信信仰现状

通过调查得知，100%的大学生认为诚信是中华民族的传统美德，应该是普遍认同的道德修养。然而在个别访谈的时候发现，大学生内心的实际想法和调查数据有一定的出入，很多学生或多或少地表现出了不诚信的倾向。

首先，大学生群体诚信意识较高。通过调查发现，有91%的被调查者认为当今大学生的诚信意识在一般以上，仅有2%的被调查者认为当今大学生的诚信意识不强，这表明大学生的诚信意识得到社会的普遍认可。

其次，大学生对于诚信信仰是有所选择性的坚持，具有趋利性。在访谈中了解到，大部分的学生会根据所面临的情境再去决定自己是否坚持诚信。这一方面是由于社会信任度的降低造成的；另一方面也是由于学生面临的现实需要造成的，如不诚信可给其带来物资上、心理上的满足感。

再次，大学生对于诚信信仰认识的单一性。对于与其自身密切相关的领域，如有利于其个人素质的发展方面，大学生一般会坚持其诚信信仰；但在与外界发生利益交换时，其诚信品质呈迅速下降的趋势，如择业、朋友间的交往等方面，大学生群体认为诚信对其的影响力不大。

最后，大学生诚信信仰树立的综合性。在以往的大部分调研报告中，片面强调对大学生信仰的某一方面的角度，如学校、家庭。通过此次调研，大学生普遍认为家庭、学校、传统文化、朋友等方面是同样重要的。这也给我们一个很好的启示，即诚信教育不要厚此薄彼，要家校联动，要弘扬传统文化，要努力营造诚信向善的社会氛围。

三、大学生经济诚信分析

从个体角度出发，经济行为是指人在资源配置之间进行决策和选择，以达到满意利用的决策行为与选择行为。传统经济学将在经济活动中的每一个体设定为绝对理性人，即每一个体所作出的经济行为的决策都最能满足自己的需要和利益。同时，在社会主义市场经济浪潮的冲击下，当代的大学生不再是"两耳不闻窗外事，一心只读圣贤书"的"书呆子"了，他们由于个性特征、价值取向、兴趣爱好、家庭经济实力等方面的不同，在经济活动中的行为也出现巨大的差异和分层。

1. 大学生经济行为的群体特征

作为社会中一个庞大的群体，大学生在经济行为方面主要具有以下群体特征：

一是渴望经济独立。中小学阶段，学生的衣食住行多数由父母包办，学生只需要把全部时间和精力放到学习上。到了大学阶段，除了安排好自己的学习，大学生还需要独立处理好自己的日常生活，包括对于伙食费的打理。目前大学生的每月开支主要还是依赖于父母。在拥有一定的金钱支配权后，大学生渴望能够按照自己的意愿来进行选择和分配，尤其对于依靠自己的能力为自己赚取生活费的大学生。

二是盲目消费和攀比。大学生学习和生活中接触最多的就是自己的同学，当某一经济行为或经济时尚在同学中受到追捧时，单个个体就希望通过自己的一致性行为获得群体的认同。同时，由于受到城市生活氛围、校园恋爱需要、社会实践活动需要等因素的影响，大学生的消费开始注重档次和品位。但是，基于有限的生活经验和社会经验，大学生在做出经济行为的决策时很可能就不够理性和成熟。例如，一些同学为一款最新的数码产品节衣缩食，结果身体状况每况愈下；有的同学甚至严重透支信用卡来满足自己的高端消费，最终导致自己负债累累。根据《2010年中国大学生消费与生活形态研究报告》，大学生平均每年支出15960元，其中学习费用只占7.5%，而各种伙食费之外的杂项费用竟占到48%。

三是讲求实际和标榜自我。在社会主义市场经济体制下，一切以实际的效用和利益为衡量标准，它在带来自由竞争和高效率的同时，也使得人们的功利意识不断增强。作为大学生群体，他们倾向于能够在短时间内将自己所掌握的知识和技能转化成"经济实惠"，因此他们在学习过程中更加注重知识的"收益率"。同时，市场经济也为我们带来了日益丰富的物质条件，大学生作为时代前沿的代表群体，总是试图通过服饰、言谈举止等方面的新和异来展现独特的自我。

在我国，虽然大部分的大学生在经济来源上还依赖于父母，但是对每一个大学生而言，踏入大学校园实际上就意味着他们的"独立"，独立地用每月固定的生活费去独立地安排自己的衣食住行学。然而，由于我国历史文化等原因，我国传统家庭对于子女理财能力培养的关注普遍较少，大学生日常经济生活支出的管理能力还较差。同时，大学生的心理特点决定了他们个性张扬的愿望较强烈，在消费观方面还不够理性，同学间的潮流消费、奢侈品消费、超前消费等现象使他们容易盲目攀比，而不是根据自己的特定经济情况和实际需要做出行为选择。非理性经济消费行为给大学生带来的就是不断加重的经济负担，这些就为大学生在经济活动中的不诚信等行为埋下了隐患。

2. 对大学生经济诚信的调查

由于大学生在经济方面的表现比较突出，课题组在本次调查问卷针对经济诚信主要从学费缴纳、减免申请、助学金及助学贷款偿还等方面设计了五个问题。

（1）学费缴纳及时度。调查结果显示，96%的学生都能做到按时缴纳学费。他们表示,缴纳学费是责任也是义务。

(2) 拖欠学费的原因。近年来,学生拖欠学费的现象有增多的趋势,已经成了制约高校发展的重要原因。承担学生诚信教育功能的学校,却最先品尝学生不诚信带来的苦果。高校学生拖欠学费的原因是多方面的。经调查,95%的学生是由于家庭经济困难而没有能力缴费,这是学生拖欠学费的客观原因。贫富差距拉大,加上物价上涨速度又远大于普通家庭收入的增长速度,使得我国居民的付费能力有所下降。据报道,高校学费10年猛涨20倍,而国民人均收入增长不到4倍,高校学费成了穷人的"毒药"。也有部分学生不够重视,缴费意识不够是拖欠学费的主观原因。如今很多学生将学费挪为他用,追求高消费和高享受,甚至将学费、生活费用于购买理财产品,都导致大学生缴费积极性不高。另外,政府和学校政策不到位,服务不周,是大学生欠费的环境原因。尽管目前国家和学校采取了助学贷款、助学金、勤工俭学等措施支持贫困生完成学业,但由于就业形势严峻、实习期间工资不高等原因,很多学生毕业之后,仍存在经济困难的现象,无力偿还学费。

(3) 对家庭情况的真实性描述。调查组通过调查发现,在申请助学金的同学中,有74%的学生会如实汇报家庭情况,也有一部分学生会稍加改动,争取申请到助学金。

(4) 困难生的高消费现象。利用助学金进行高消费,这一现象在近年有明显增多的趋势。有不少学生反映,在自己身边,存在贫困生利用这笔来之不易的钱"慷慨"用于非学习类消费。学生们反映,不能让助学金失去它应发挥的作用。学校应该重视这个问题,制定一系列助学金的评定机制、发放制度、核查制度、后期跟踪制度,以确保助学金的作用落到实处。另外,对领取助学金的学生也要有一定的道德要求,如发现受助学生有考试作弊、无故旷课、不参加集体活动等现象,则要取消该生的受助资格。

(5) 助学贷款偿还情况。大学生违约还贷,在中国已经不是什么新鲜事了。调查组在本次调研中,对这一热点话题进行深入调查。随着高校诚信教育成效越来越显著,学生的诚信意识明显提高。在广东的高校中,有约70%的学生表示,助学贷款是学校和国家的帮助,应该按时还款;但也存在一部分违约还贷现象(图2)。

图2 助学贷款偿还情况

大学生违约偿还贷款,不仅严重损害了校园文明,也使国家助学贷款工作遭遇困境,制约了助学贷款工作的可持续发展。对此,各银行也采取了相应的措施,来应对这种违约现象。据报道，在北京、上海、安徽、浙江等地，已经发生了多起大学生不偿还贷款被起诉的案件；北京工行网上也曝光了千余拖欠助学贷款的大学生名单。毕业生的失信行为也严重影响了母校的声誉。目前各银行总行对经办银行贷款质量有考核要求，一旦贷款违约率超过一定比例，银行将追究经办人员责任，减少甚至停止经办银行的全部个人贷款信贷额度。也就是说，部分毕业生的不当行为，将殃及困难的师弟师妹无法获得助学贷款。

在访谈中我们发现，大学生拖欠助学贷款的原因多方多面。一方面是被迫违约。多数大学生具备诚信品质和贷款的基本知识，但由于还款期限短，毕业之后就业形势严峻，在毕业即失业的情况下，大学生根本不具备还贷的能力；即使找到工作，也面临工资水平较低的困境，杯水车薪只能勉强维持自己的生活，按期还贷仍难以实现。贫困学生的读书问题已经得到国家和社会的足够重视，但是贫困学生的就业问题以及贫困学生的还贷问题同样需要社会多一分关爱、多一分帮助。另一方面是恶意欠款。由于学生自身诚信意识不高和违约惩处措施不得力，少数学生认为反正已经毕业了，交不交都没关系。因此，他们故意变换地址和通讯工具，意在使银行考虑催款成本而却步。对于这类行为，需要校方、社会多方面携手进行制约。学校方面，一是应把诚信教育贯穿始终，建立长期的诚信教育体系，引导学生认识到诚信对个人成长、对今后生活就业的影响，普及助学贷款的知识，让学生了解助学贷款违约的利害关系，对学生们起警示和告诫作用；二是要做好贷前信息采集和信息咨询工作，对申请助学贷款的学生进行全面的调查了解，并协助银行对贷款学生积极开展贷款知识宣传工作。社会方面，应贯彻落实国家的助学贷款政策，发挥诚信档案的威慑力，对经济仍有困难的学生可适当延长还款期限，对恶意欠款的学生应将其列入黑名单，规范惩处措施，真正做到让失信者寸步难行。

3. 大学生经济诚信现状

首先，通过大学生对于欠费问题的性质判断，可以看出大多数大学生对于经济诚信的认知判断是正确的，他们在经济活动的参与过程中是诚信的。

其次，一些大学生对于经济活动中出现的失信行为存在认知模糊和错误的问题。特别是少数大学生认为失信行为是情有可原的，甚至个别大学生认为利用国家政策上的一些漏洞来达到逃避偿还贷款的行为是个人智慧的体现。

最后，大学生骗贷、骗助的行为已经有从个别向少数蔓延的趋势。

四、大学生学业诚信分析

1. 大学学习阶段的特点

每个人一出生就开始了学习的过程，通过与外部环境的相互作用不断吸收对自己有益的知识，使得自己能够应对不断变化的自然环境和社会环境。作为一名学生，大学生的主要任务就是学习，在大学期间学习好扎实的专业知识和技能，为将来步入工作岗位做好充足的准备。相对于中小学的学习阶段，大学的学习更加依赖学习者自身的自主性，同时学习的内容和环境也更偏重社会性。也正因为如此，大学生学习过程中的学习态度、学习目的、学习效果容易受到社会环境的影响。

大学学习阶段就其特殊性而言，主要有以下特点：

一是知识体系的专业化。中小学阶段学生接受到的主要是灌输式教育方式和基础性知识体系，而大学阶段是学生走向社会的过渡阶段，这一阶段的特殊性要求大学教育的目标是培养社会需要的各类专业化人才。因此，从课程设置、教学方式到培养目标都体现了这种专业性。胡锦涛同志在 2011 年清华大学建校 100 周年的讲话中提出，"把促进人的全面发展和适应社会需要作为衡量人才培养水平的根本标准"。同时，随着现代科学技术的不断发展，各个科学门类向交叉和纵深方向发展，这也要求我们的高校在培养人才方面注重专业性和综合性。

二是学习的自主化。中小学阶段，学习的模式主要就是老师教什么学生就学什么，学习的内容也主要来源于为高考而服务的教材，学生与知识更多的是被动接受的关系，学生对知识的掌握程度主要是通过考试成绩体现。而到了大学阶段，为了能够满足未来工作岗位或科研的要求，大学生除了需要掌握获取专业知识的能力之外，还要培养创新、独立思考、独立解决问题等能力，大学生可以根据自己的个性认知、兴趣爱好等采取特定的方式和方法去获取这些能力。高校对于这些能力的判定采用学分制。2009 年以来很多高校添设了自主学习学分制度，鼓励大学生自主创新学习，以此激发大学生学术创新能力和综合素质的培养。因此，大学生与知识的关系是选择性接受和再创造的关系。

三是答案的不确定化。中小学阶段学生接触到的都是基础性知识，对于这类知识老师都给出明确而唯一的答案，知识呈现的是线性的、闭合的特征。进入大学阶段，经过一段时间专业知识的积累后，大学生可能会接触到处于学科前沿、边缘学科甚至处于空白领域的相关知识，这时没有老师能够给出真理性的答案。这类知识呈现的是开放的、变革的特点。大学生对于这类知识的学习需要积极思考、主动探索可能的答案，在探索的过程中甚至出现已证实真理的不断修正和摒弃。

正因为大学学习阶段所具有的特殊属性，一方面，大学生在学习目标、学习内容、学习方法、学习渠道等方面都有了更大的自由，每个大学生个体的发展潜能能够尽可能地释放；另一方面，大学生对于知识和技能掌握的实际情况主要依赖于自我的努力程度、探索程度等，这就意味着对大学生的自制能力、自我规划和执行能力、学习能力等都提出了更高的要求。此外，大学阶段的学习过程一部分是在与社会接触的过程中完成的，大学生不可避免地会受到社会多元化价值观中的消极观念的影响。大学生还处于世界观、人生观、价值观的形成阶段，对于事物的辨别和判断力较弱。当自我控制力差、意志薄弱的大学生遭遇社会中不诚信风气的侵袭时，其学业诚信就岌岌可危了。

2. 对大学生学业诚信的调查

诚信是大学生成就学业的基石。对于大学生来说，学业耗费的时间占整个大学时间的绝大部分，所以学业是大学生活中的头等大事，学业诚信是大学生诚信品质的重中之重。学业问题主要体现在日常学习方面，包含学习、考试、论文撰写等。课题组在学业诚信上投入大比例精力，本次调查问卷设计了八个问题，分别是"对考试作弊的态度"、"考试作弊动因"、"是否有考试作弊历史"、"论文撰写方法"、"对他人研究成果的引用"、"对学校规定的理解"以及两个案例题，分别调查大学生对校园内"枪手"及"无人监考"的态度。

（1）对考试作弊的态度。对于考试作弊，调查发现，只有接近40%的学生持正确态度，表示一经发现有作弊现象，会坚决制止（图3）。诚信应试是学生学业诚信的重要部分。大部分学校在英语四级和六级考试、期末考试等重要考试前都会做好诚信宣传，告诫同学们诚信应试，营造一个诚信、公平的考试环境；但是考试作弊现象仍屡禁不止。同学们反映，除了部分大学生诚信缺失以外，现代的教育体制不完善，只注重"教"不注重"育"，忽略了对学生思想和行为的引领。另外，学校综合素质评判标准具有片面性，将学生的学习成绩作为评价学生是否优秀的唯一标准，也容易驱使学生形成急功近利的恶习。

图3 对考试作弊的态度

（2）考试作弊动因。学生考试作弊动因多种多样，侥幸心理、厌学心理、应付心理的滋生，是学生考试作弊的主要动因。87%的大学生认为，考试作弊能帮助自己通过考试；11%的大学生考试作弊是为了取得高分；还有2%的大学生是看到别人考试作弊，认为自己不作弊会吃亏。考试作弊，不仅是对自己的否定，更是对奋斗群体的不公平。作为学生，应该诚信应试，对自己负责；校方也要加强教育，采取有效措施进行防治。在调查中发现，有72.22%的大学生考试从不作弊，而27.50%的大学生偶尔会考试作弊，还有0.28%的大学生经常考试作弊。这个调查结果进一步反映了如何净化校园诚信环境，如何营造良好的考试氛围，如何提高大学生的诚信意识，是每个高校亟需解决的问题。

（3）论文撰写方法。学术论文是自己学习成果的展现。对于论文撰写的方法，据问卷调查结果，超过80%的学生表示，自己是在查找资料的基础上独立撰写完成的；也有小部分学生马虎应付，通过拼凑抄袭，甚至直接从网上下载，来完成论文写作（图4）。

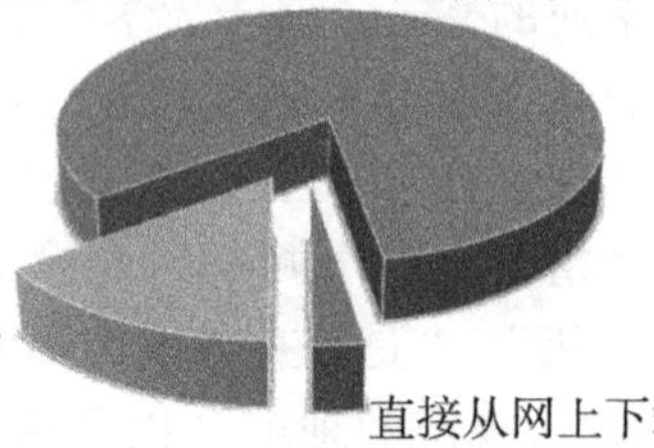

在查找资料的基础上独立撰写，83%

感兴趣的课程论文会认真完成，不感兴趣的课程论文会拼凑抄袭，15%

直接从网上下载相关论文，2%

图4　论文撰写方法

通过诚信座谈会，深入学生，我们进一步了解了大学生论文抄袭折射出来的原因。从主观上看，不少学生对毕业论文的认识度不高，知识不扎实，腹中无物，便容易滋生投机取巧的念头；加之毕业论文写作阶段正是找工作的黄金时期，迫于就业压力，基本上每个学生都忙于寻找实习单位、就业单位，无暇兼顾毕业论文写作。从客观上看，主要体现在三个方面：一是指导老师每年需要承担毕业论文指导的学生数量较多，工作繁忙，疏于指导，也有小部分老师学术水平有限，论文指导方面缺少实际经验。二是近年来，学术腐败之风也给大学生带来了不良影响。当前国内教授、博导、院士学术腐败被媒体曝光的丑闻屡见不鲜，这些德高望重的前辈们的不诚信行为也在某种程度上为学生树立了模仿的"榜样"。三是网络的诱导。近年来，高校大学生毕业论文质量呈下降趋势，特别是抄袭、作假的现象相对严重，互联网强大的搜索功能为大学生抄袭论文提供了一条"捷径"。同学们都认为，网络收集资料精准度高，信息量大，无需再像前人那样泡图书馆千辛万苦地找资料了，复制粘贴，东拼西凑，同学们的论文写作越来越"高效"。而在网络上，学术造假的程度已经远远超出我们的想象，代写论文、代写作业的交易近年来愈发猖獗，甚至俨然已经形成一种成熟的"产业"，光天化日，明码标价，自称"绝对原创"，"业绩"斐然。要杜绝大学生论文抄袭是一项长期而艰巨的任务，需要学生、学校和全社会的共同努力。

对于在论文写作中，能清楚了解如何正确引用他人研究成果的同学占48%，还不到一半；48%的大学生不太清楚，4%的大学生不清楚。不少同学表示，剽窃他人的学术成果是严重的失信行为，但由于不太了解如何正确引用他人的研究成果，有时难免会犯错误。对此，校方应重视对学生进行学术诚信教育，共同营造一个诚信、和谐的学术环境。

（4）对毕业论文严重抄袭取消学位资格的看法。近期，多起学生因论文抄袭被取消学位资格的新闻引起广泛关注。国家教育部官方网站也正式公布了《学位论文作假行为处理办法》，规定从处理决定之日起至少3年内，学位授予单位不得再接受论文作假者学位申请。有近50%的学生认为，理应这样做，对于败坏学术环境、弄虚作假的行为应该进行严打；也有不少学生认为，这样的处罚过于严厉，说服教育就行了（图5）。

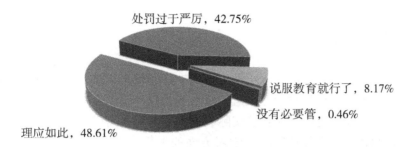

图 5　对毕业论文严重抄袭取消学位资格的看法

(5) 对校园"枪手"的态度。随着教育机制及用人单位用人机制的转变，各种文凭及资格证书在聘用、调资、调级方面起着越来来重要的作用，因此许多人对这些证照有着很大的需求。有不法分子便瞄准了这个"商机"，考试替考、卖答案、代写论文等"生意"便应运而生。对校园"枪手"，近70%的同学认为这已经涉及道德问题，应大力禁止；也有不少同学虽持无所谓态度，但都表示不会去请"枪手"（图6）。

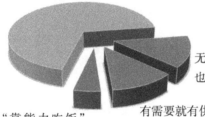

图 6　对校园"枪手"的态度

(6) 对无人监考的态度。在国内，深圳是最先实行无人监考这一新颖的考试模式的城市，随后，不少高校纷纷加入其中。通过调查，超过80%的学生认为，无人监考是对学生的信任，加强了学生们的自我管理水平，既考出了成绩，也考出了人格（图7）。

图 7　对无人监考的态度

3. 大学生学业诚信现状

首先，大学生中的大多数人对于学习方面失信的行为认知是正确的，不管是对于考试作弊行为的态度，还是对于无人监考情景下的行为假设都应证了这一点。但是当遇到具体情况时，大学生可能又会从实际利益出发出现不同程度的失信行为。

其次，被调查者对于其他同学在学习方面的失信行为存在一定程度的包容和理解。在对考试作弊行为进行性质判断时，只有不到40%的被调查者认为考试作弊非常可耻，一经发现应该坚决制止。

再次，大学生作弊的动机出现新趋势。考试作弊的动机不再仅仅局限在不挂科、顺利拿到毕业证这样简单的目的上，更多的作弊者将它视为取得奖学金和其他各种相关利益的途径和渠道。

最后，大学生是否选择实施不诚信的行为会去参考周围的同学，带有一定的从众心理。

五、大学生就业诚信分析

1. 当代大学生就业观的特点

20世纪90年代以后，我国的就业体制就从"统包统分"转变为用人单位和求职者之间的"双向选择"；同一时期，各个高校逐渐采用扩招政策以增加学生生源。在这样的背景下，大学生实际上面临着越来越严峻的就业形势。大学生就业活动是指大学生根据自己的能力和理想，寻求工作岗位和用人单位的过程，主要包括制作简历、面试、签订劳动合约等一系列活动。在这些活动中，大学生在求职目的、求职地点、求职标准等方面的选择行为是在已经形成的就业观的指导下进行的。总的来说，当代大学生的就业观具有以下特点：

一是就业观的时代性。每个国家在不同发展阶段会有着不同的发展目标，大学生的就业活动也会随着发展目标的变迁而发生变化。例如20世纪70年代左右，国家对大学生实行包分配政策，那时候大学生的就业意识还未觉醒，他们的就业活动基本可以用当时流行的一句话来概括，即"我是一块砖，天南海北任党搬，就是不去新西兰"。到了八九十年代，国家取消了就业分配的政策，大学生的就业意识逐步得到增强，对薪资待遇、发展前景、稳定性等方面基本都有自己明确的择业标准。发展到21世纪的今天，很多求职的大学生除了社会需求岗位的考虑外，更关注自己的个人长期的发展，如职业的稳定性、自己的专长和技能是否能够得到发挥以及职业晋升渠道是否畅通等。

二是就业观的差异性。由于家庭成长环境、自我认知水平、所学专业、性别和地域经济发展等差异，大学生在求职地域、求职方向、求职方式、求职动机乃至求职态度上千差万别。例如，当代部分大学生选择北上广等一线城市从"蚁族"开始奋斗，而有的大学生考虑到生活成本和时间成本选择去二三线城市谋求一个更好的岗位。甚至对于通过"找关系"谋求一份岗位，大学生们的态度也差异较大，有的大学生对此嗤之以鼻，有的大学生则信奉"别人拼车是为了环保，我们拼爹是为了就业"。

三是就业观的自主性。目前大学生群体中面临就业的多是"85后"、"90后"，他们成长于物质条件丰富的环境中，同时又多是家里的独苗，面对双向选择的就业环境，他们在求职过程中更多的表现出的是自我意识。从求职行业的选择、求职环境的选择甚至到选择自己的上司的风格，他们都在心中做好了规划。从笔者在某公司人力资源岗位上实习的经历来看，今年的应届生在面试前对于要应聘的公司做了大量的考察，在求职的过程中着重关注公司能够给予的培训体系、应聘岗位个人价值以及该岗位的晋升渠道。在社会主义市场经济体制下，就业体制已经从"包分配"转变为"自力更生"。

大学生的就业意识日益觉醒，大学生的就业观也随之更多元化和自主。但同时，市场经济中的优胜劣汰机制也让大学生感到唏嘘不已。面对有限的岗位和无限的需求，部分自律意识不足的大学生为了获得用人单位青睐，就容易产生不诚信的求职行为；用人单位对于学历、荣誉光环的看重，也助长了部分大学生不诚信的心理。

2. 对大学生就业诚信的调查

针对就业诚信，本次调查问卷设计了三个问题，分别是"如何看待履历造假现象"，"自己是否会对履历造假"以及"如何看待就业违约行为"。

（1）如何看待履历造假现象。唐骏"学历门"事件引起社会的关注，学历证书是对自己学业水平的认定，然而，学历造假现象层出不穷。对于履历造假现象，近86%的学生认为这是很不应当的，是不诚信的行为；也有15%左右的学生认为，学历是为了找工作需要，适当地美化没关系，只要能就业就行了，因为是金子总会发光的（图8）。

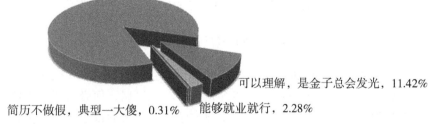

图8 如何看待履历造假现象

（2）自己是否会对履历造假。从调查的数据中发现，有78%的学生表示不会对履历进行造假；其他学生则认为，这要视情况而定，如果有必要，会适当地伪装

（图9）。在本次调研中，我们就履历造假的话题和学生们进行了热烈讨论。有部分学校开设就业指导课，通过模拟招聘，让学生们进一步了解面试方法。有不少学生认为，制作简历是要讲究技巧的，应该以事实为基础，扬长避短。

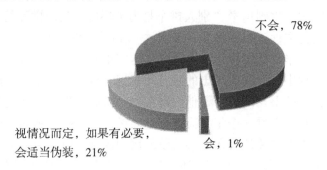

图9　自己是否会对履历造假

（3）如何看待就业违约行为。随着大学生就业形势的日趋严峻，学校努力吸引更多用人单位，搭建更广阔的平台以帮助学生就业，但学生的就业违约现象却时有发生。对于这个话题，学生们各抒己见。有47%的学生认为，学生就业违约，严重影响了用人单位对个人、对学校的整体印象，是对学校、单位不负责，应该信守承诺，留在原单位；也有44%的学生认为，每个人遇到的情况不同，应该视情况而定，寻找两全其美的解决方法（图10）。"先就业后择业"已经成了很多学生的就业观。由于就业难的现实，很多大学生都为自己做了多个准备：考研、考公务员、不断地面试，不求一步到位，宁愿"骑驴找马"。正是这种求职心态，才让大学生频繁跳槽成为了职场常态，大学生就业违约的现象折射出来的问题应该引起社会的广泛关注。

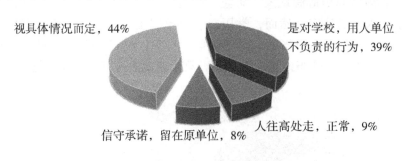

图10　如何看待就业违约行为

从学生自身而言，影响大学生就业违约的因素主要有四点：一是诚信意识淡薄。部分大学生认为人往高处走很正常，违约是一种求职策略，何必为了一纸协议而绑住手脚呢？二是没有明确的职业规划。大多数大学生毕业之后都感到很迷茫，不知道自己喜欢什么，想从事什么，适合做什么，对自己未来的路没有明确的规划和分析，盲目跟用人单位签约，不断加以比较，有更好的单位就会申请辞职违约。三是理想与现实差距太大，自己对工作的期望值过高。当今有部分大学生，在家庭和学校期间形成一种自我的个性，学习成绩优秀，在家养尊处优，对工作环境、工资待遇、发展前景都有很大的期待,满满的斗志却而被现实的压力一点一点侵蚀,便容易情绪低落,失落感倍增,对眼前工作的不满情绪逐渐变大,解脱这种处境的方法只有辞职了。四是大学生求职心态欠佳,内心浮躁。这类学生求职的时候看中的不是这份工作适不适合自己,而是虚荣心理、攀比心理促使他们只在乎工资水平、公司福利,并将自己的工作与同学的工作相对比,容易产生心理不平衡,只能跳槽以求更好的单位。学生违约现象普遍,也存在用人单位的原因。现在很多单位也存在招工难的问题,所以在招聘的时候往往会降低自己的招聘要求,夸大公司的工作环境、工资福利、职业前景等,对大学生做出的承诺有很多,但往往落实不到位,单位的不诚信也会使很多学生选择解约。这种现象无论对个人、对学校还是对单位都造成了不良的影响。学生违约,没有赢家,影响了学校的声誉,加大了单位的用人成本;对学生来说,不仅仅是赔偿违约金,而且要付出更大代价的隐性成本,那就是个人的信誉。要改善大学生就业违约的现象,还需要学校、单位、学生共同努力。学校方面,要采取措施,建立并完善、规范毕业生就业机制,不断创新,将就业指导课的理论内容落实到实践中,通过实操提高学生的诚信意识。单位方面,现在存在很多单位为降低成本,只招实习生,当学生过了试用期,就以各种理由辞退学生,这是一种自私的行为。单位一方面要规范用人制度,另一方面更要将承诺付诸实际。学生方面,要客观地自我分析、自我定位,并了解、学习相关的法律法规,慎重签约。

3. 大学生就业诚信现状

首先,在以上三个方面的比较中,大学生在求职过程中的诚信表现是最差的。这可以从他们对于求职中不诚信行为的认知和态度上得知,具体体现在对于不诚信行为的较高比例的理解和包容。

其次,大部分大学生认为找到一份好工作是首要任务,而履历注水、随意毁约等不诚信的行为不是他们首要考虑的范围。

最后,大学生在求职过程中进行诚信和利益的权衡时,如果利益与诚信相违背,较多大学生会选择利益而放弃诚信原则。

六、大学生交友诚信分析

1. 大学生人际交往的特点

中小学时期,学生的主要精力都放在学习上,每天基本上都是从家门到校门,人际交往范围也多限于学校和家庭成员之间。进入大学之后,学生除了学习知识的上课时间之外,还有大量的时间参加社团、社会实践等活动。在参与这些活动的过程中,大学生不仅能够丰富自己的生活,还可以开发自己各方面的能力和素质。大学生人际交往涉及的领域主要包括校园、社会和网络,在交往中的特点主要有以下三个方面:

一是交往的广泛性。大学校园里的学生来自五湖四海,不再像中小学时期的学生群体那样带有更强烈的地域性。同时,相对于中学时代较单一的学习生活而言,大学生活要丰富得多,各种社团活动、社会实践活动占满了大学生的课余时间。通过这些形式多样的课外活动,大学生的交往人群变得复杂而广泛,同时也更具有社会性。

二是交往的目的性。相对于中小学学生的知识层次和心理成熟度,大学生的性格趋于稳定,对待问题有较强的主见和选择能力,世界观、人生观、价值观基本成型。大学生在交友时更注重对方是否是能够相互切磋学问、交流感情、讨论国事等共同进步的伙伴,而不是单纯出于兴趣、义气等方面来建立交往关系。同时,随着时代的发展,大学生交往的动机呈现功利化的趋势。曾经以联络感情为主要目的的老乡会、生日会、周末聚餐渐渐地变了味,最终变成了"多个朋友多条路子"。

三是交往的平等性。大学校园里的学生基本都处于同一年龄层次,他们之间的交往没有地位高低之分,因此大学生间的交往不存在等级观念和尊卑观念。同时,在大学校园里大学生与大学老师的关系也不仅限于中学时的被教育者和教育者的关系,在探讨学问和遭遇生活困难的时候,老师和学生的关系又趋向于平等了。从大学生自身所处的特定成长阶段特点来看,这一阶段的大学生由于心理成熟度相对较高,所以比较渴望得到尊重和认可,希望在交往中被他人平等地对待。

大学生心理和生理上的特点决定着他们有强烈的交往愿望,在集体生活当中诚信对规范和协调他们的行为具有重要意义。大学生的集体生活主要涉及寝室、班级、社团等,寝室和班级是他们聚集时间最长的地方,社团是大学生锻炼个人能力的地方,社会组织是大学生了解社会的主要途径。如何在以上这些交往中实现自身的平等地位和个人目标,同时又能遵守集体的基本道德和行为规范,这就对大学生的诚信素养提出了更高要求。

2. 对大学生交友诚信的调查

课题组针对本次调查主要设计了四个问题,分别是"哪类人群的可信度最高"、"如何对待交友过程中的承诺"、"如何对待已承诺的事"以及"诚信品质对校园人际关系的影响度"。

(1) 可信度最高的人群。在调查中发现,大部分学生心中,可信度最高的人群是家人,其次是朋友、老师、恋人(图11)。学生们认为,家人永远是最值得信赖的人,而那些为人正直、诚实善良的人,我们才会和他们成为朋友。

(2) 如何对待交友过程中的承诺。在和朋友交往中,有近70%的学生认为,做人应该言而有信,在承诺给对方之前要考虑周全;也有近30%的学生人为,都是朋友,不用太在意承诺,视承诺的事情轻重而定就好(图12)。

(3) 如何对待已承诺的事。对于自己做出的承诺,近77%的学生认为言必行,行必果,每个人都要为自己负责;近23%的学生认为,还是要视情况而定,看其中的利害关系决定是否有必要践行承诺(图13)。

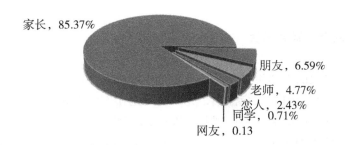

图 11　可信度最高的人群

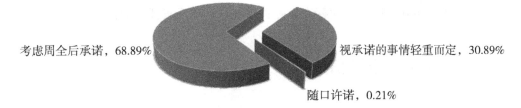

图 12　如何对待交友过程中的承诺

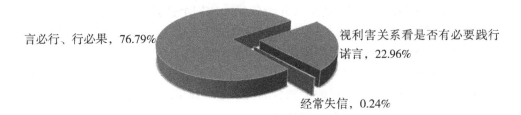

图 13　如何对待已承诺的事

（4）诚信品质对校园人际关系的影响度。诚信品质影响着我们生活的方方面面。在校园中，要处理好人际关系，就必须用诚信的品质来协调人与人之间的关系。诚信作为一种道德规范，对建构和谐的人际关系有极其重要的意义。通过调查发现，绝大部分的学生都认同这个观点（图14）。

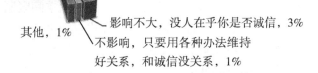

图 14　诚信品质对校园人际关系的影响

3. 大学生的交友诚信现状

首先，绝大多数的大学生在与父母的相处中能够坚持诚实和真诚。

其次，大学生在与陌生人交往中，尤其是在运用网络工具进行交友的过程中，隐瞒自己真实情况的倾向增加，责任感和道德感大大削弱。

再次，总是希望别人能够对自己诚信，对他人的诚信行为表现赞许的态度，对不诚信的行为会表现出批评、厌恶的态度。但由于社会的负面影响，大学生本身自律能力不强，往往会成为不诚信的"俘虏"。

最后，大学生在人际交往中存在人际关系冷漠和缺乏责任感的情况。

七、大学生网络诚信分析

1. 大学生网络化生活方式的特点

当代大学生大都出生于20世纪八九十年代。他们个性独立、视野开阔、富于创新，掌握着较高的科学文化知识，再加上网络自身的开放性、虚拟性、共享性所具有的独特魅力，当代大学生已经成为网络中最活跃的群体。当代大学生活中，六七十年代那种宿舍、教室、图书馆"三点一线式"的生活方式已不复存在，除了借助传统的教学和图书馆进行学习外，目前大部分高校学生都利用网络进行学习生活，网络已经渗透到大学生生活的方方面面，网络化生活方式已在大学生群体中悄然形成。大学生网络化生活方式的主要特点有以下几个方面：

一是学习方式网络化。网络的广泛使用使当代大学生的学习方式实现了网络化。在网络产生以前，学生只能依靠教师授课和到学校图书馆查阅资料来进行学习，学习要受到教室的空间限制、授课的时间限制以及被动充当教育受体的对象限制。网络化的学习方式则使学习成为一种无限的、终生的、全球的学习。学生可以在自由的时间便捷地在网上进行资料查询和浏览下载、利用网络撰写论文、在线进行课程理论学习等，而且在网络环境中，学习者可以根据需要适时地在教育主体与教育受体之间进行角色转换，这样学生在学习时就可以充分发挥自己的自主性和能动性，使学习效率得到有效提高。

二是交往方式网络化。人际交往能力是衡量大学生综合素质高低的重要指标之一。要想使大学生真正地成长成才，就必须加强对大学生人际交往能力的培养。大学生的社交圈是比较广泛的，但是在过去，由于地域和空间限制，朋友之间并不能时常进行交流。在网络出现之后，各种网络交往方式也随之产生，当前人们最常用的网络交往方式如网上聊天、电子邮件、BBS论坛、免费个人主页等，凭借其时间的自由性、空间的宽广性、消费的低廉性越来越受到大学生的欢迎。这既能帮助大学生与老朋友巩固感情，也能为其结交新朋友提供便利，同时还能使大学生处理人际关系的能力得到一定提高。

三是消费方式网络化。消费方式的网络化是目前大学生消费方式的主要特点。大学生在忙于学业的同时还要参加各种社会实践活动，课余时间较少，且没有固定的工作收入。而网络购物具有过程方便快捷、商品价格低廉、快递送货上门等特征，所以当前许多大学生都选择网络购物，同时还有部分学生尝试网上开店来积累一定的社会经验。这种网络化的消费方式能够在很大程度上为大学生的必要消费带来便利，同时也能使大学生的自主就业和创业能力得到一定提升。

四是娱乐方式网络化。目前，网络娱乐已经成为大学生钟爱的休闲娱乐方式。在课余时间，大学生往往会选择上网来进行娱乐和放松，如玩网络游戏、观看电视电影、欣赏网络文学等。这种新的娱乐方式能够帮助学生在繁忙的学习生活之余进行必要的放松和调节。

2. 对大学生网络诚信的调查

因为大学生网络诚信是个比较新的课题，所以课题组就网络诚信重点设计了七个问题，分别针对"网络诚信的含义"、"网络工具的可信度"、"如何看待网络信息"、"转发网络信息的心理动因"、"如何看待网络交友"、"对个人信息的保护"以及一个案例题，调研大学生网络购物的诚信意识。

（1）网络诚信的含义。"诚"意味着诚实、真诚，"信"意味着信任、信誉，在虚拟、开放的网络环境中，网络诚信已是一个不可回避的问题了。在调查中发现，大部分大学生对网络诚信都有一个正确的认识，有32%的学生认为我们在网络上应该尊重他人，不扰乱网络秩序；有26%的学生认为在网络上要以不伤害、不影响他人为前提进行活动（图15）。

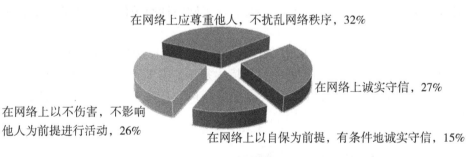

图15 网络诚信的含义

（2）网络工具的可信度。随着科技的发展，互联网已经遍布到社会的各个角落，人们对信息的渴求与参与的欲望与日俱增，网络工具的兴起和普及改变了原有的传播生态，在给人们带来方便的同时，也增加了网民对增加信息的甄别难度。从本次调研的数据显示上看，大学生对互联网的信任度并不高，有35.12%的学生认为即时通讯工具的可信度较高，其次是一些有影响力的门户网站（图16）。

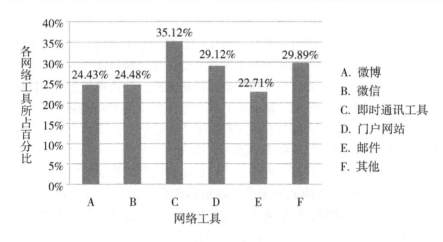

图 16 网络工具的可信度

目前,以微信为主要代表的即时通讯工具已经积累了超过 6 亿的用户规模和 580 万个公共账号,其中用户主要分布在青年群体。通过对在校大学生的调查发现,他们在即时通讯工具上的联系人主要是家人、同学、朋友、老师,也有小部分聊得来的网友。由于主要联系人都是身边的可信度较高的人,所以即时通讯工具也成了学生心中值得信赖的网络工具。对于同样在网络飚红的微博,学生们说,微博相比较微信、QQ 等更加开放,可以和陌生人随时沟通,可信度会较低一些,但从微博上获取的信息会更多一些。而在这些平台上面,一些公共的账号拥有成千上万的粉丝,如果不讲诚信,一些不法分子便会利用这信任链条兴风作浪,传播不良信息,成为一种网络公害。对影响力如此大的一个信息通道,国家也进行了一定的干预和管理。今年 8 月,国家互联网信息办公室发布《即时通信工具公共信息服务发展管理暂行规定》,并自发布之日起实施,网民把这一规定称为"网络十条"。通过这一规定,明确了监管部门的态度,也有利于净化微信的网络环境,吹来网络社交诚信风,得到了众多网民的支持。

(3) 如何看待网络信息。从调查的结果可以反映出大学生对网络信息的信任度不高。95% 左右的学生认为当今的网络环境太复杂,有些不负责任的媒体为了利益,不惜刻意炒作、夸大新闻报道甚至制造虚假新闻,严重折损了网络信息的可信度(图 17)。

图 17 如何看待网络信息

（4）转发网络信息的心理动因。网络媒体与传统媒介相比，传播速度和互动性大大增强，网民评论、转发网络信息是积极参与社会的表现。在调查中我们发现，大部分学生对网络信息态度冷静：54%的学生一般不会转发网络信息；42%的学生会通过思考，判断真实性后再转发（图18）。这从一定程度上也遏制了虚假信息的传播。

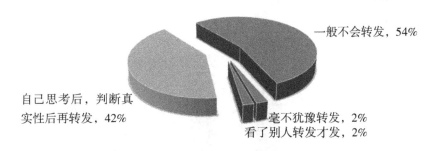

图18　转发网络信息的心理动因

（5）如何看待网络交友。互联网为人们提供了广泛联系的可能性，为现代年轻人提供了更多的交友选择。在本次调研中，大部分学生都认为，社会上关于网络交友不慎、网络交友的骗局层出不穷，我们在网络交友更应该谨慎，不能轻易透露自己的个人信息；有20%左右的学生认为网络上的一切都是虚拟的，不真实（图19）。部分学生倡议，有关部门应该采取措施，使网络交友走上良性发展的轨道，为现实社会多增添一点光彩，少添一些烦恼。

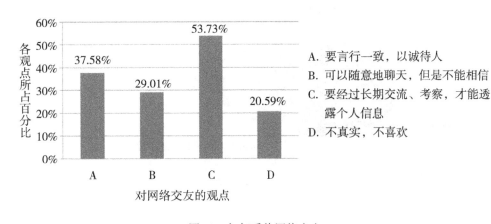

图19　如何看待网络交友

（6）对个人信息的保护。个人信息的泄露已经给我们的生活带来诸多影响。64.60%的学生表示，因为送货需要，自己会在网上购物时如实填写自己的个人信息；37.57%的学生表示，个人博客是自己的另一空间，也会涉及个人信息（图20）。个人信息泄露已经给我们生活带来诸多麻烦甚至是威胁，学生们几乎都表示，自己经常受到一些垃圾短信和推销电话，大家都担心自己的隐私是否会受到侵犯。个人信息泄露屡禁不止，其背后灰色的利益链让人们防不胜防。学生们呼吁，倒卖公民个人信息的现象已经影响到公民对整个社会的信任度，政府应该严厉打击这种现象，维护社会稳定。对公民信息管理不力的部门和企业，政府应积极介入，专项整改，健全管理机制，消除隐患，并尽快出台专门性、统一性的个人信息保护的专门法律，通过制度来保障网络安全。

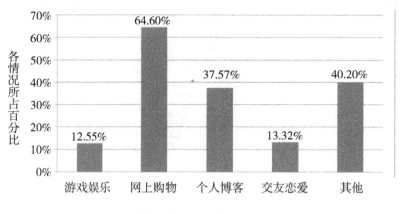

图 20　涉及个人信息的场合

（7）对网购到破损工艺品的态度。电子商务作为一种新型信息的商务活动活跃在互联网中。2012 年，阿里巴巴集团旗下淘宝网宣布与国际反假联盟签订谅解备忘录，双方达成协议以共同应对在线假货商品。这一举措有利于减少网络交易的失信现象。大学生作为网购的主要消费者，超出 50% 的学生表示如果网购货不对版，会尝试与卖家沟通，争取换货（图 21）。

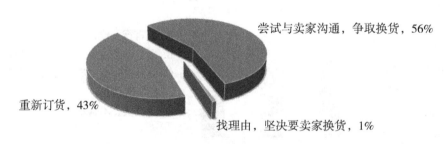

图 21　对网购到破损工艺品的态度

3. 大学生网络诚信现状

首先，大学生存在网络道德认知紊乱。在访谈过程中了解到，随着手机的普及以及各游戏厂商对手机游戏的大力推广，现在大学生玩游戏的场所从寝室、网吧扩展到任何可能的场所，时间也从下课后延展到包含上课时间的任何时间，时间与空间的便利性使部分同学沉迷于飚车、砍杀、爆破、枪战等游戏，这使他们的道德认知发生紊乱，经常模糊了游戏虚拟与现实生活的差异，误认为这种通过伤害他人而达成目的的方式是合理合法的。同时，从调查过程中了解到，所有高校对于学生手机的使用无任其次，大学生普遍存在网络诚信意识淡薄现象。例如，在网络交友恋爱的过程中，仅有不到14%的大学生愿意提供个人真实信息；在对待网购到破损物品的处理方式上，有高达56%的学生尝试与卖家沟通，要求卖家换货，争取将损失转嫁到卖家身上。可见很大一部分学生并不愿意在网络上时时事事都做到诚实守信，还是相对有所保留。

再次，存在网络诚信失范行为。由于网络社会具有匿名性和虚拟性，这使得大学生受到现实社会中身份和传统道德的限制较少，所以他们很容易将心灵深处不道德的东西释放出来，不负责任地抒发内心的压抑和不满。因此，一些有违诚信的行为渐渐显现出来，且愈演愈烈。这主要表现在对他人知识产权的侵犯、对他人隐私的侵犯（如喜好"人肉搜索"）、对他人财产的侵犯（网购过程中）以及发布虚假消息等行为中。

最后，大学生网络违法犯罪行为日益增多。当前大学生接触互联网较多，但部分学生心理承受能力较差，他们往往容易受利益的驱使，利用互联网牟取非法利益。当一些网络失信行为侵犯到他人，并对其物质或精神财产造成一定的损害时，就演变为网络犯罪行为，就要受到法律的制裁。有的大学生借助网络技术制造和传播计算机病毒，破坏他人电脑系统的资源和重要信息；有的大学生在网上散布谣言或对他人进行网络辱骂和恶意诽谤，严重侵犯他人合法利益；有的利用侵入手段在网上恶意诈骗他人钱财；有的黑客侵入计算机牟取暴利；等等。

八、大学生对社会诚信认知度分析

1. 对大学生社会诚信认知的调查

人的生活离不开社会。针对大学生在社会诚信的认知，本次调查主要设计了六个问题，分别是"社会诚信缺失的原因"、"当代社会诚信状态的总体感知"、"他人不诚信的原因"、"对部门或行业不诚信的感知"、"社会大环境对大学生诚信的主要影响"以及"媒体可信度感知"。

（1）社会诚信缺失的原因。社会诚信缺失的原因是多方面的。学生们认为造成诚信缺失的成因主要是社会风气不正、诚信管理体制不完善、缺乏宣传和教育以及受他人的影响（图22）。

（2）当代社会诚信状态的总体感知。对于当今社会的诚信状态，73%的同学反映，通过自己的亲身经历、身边朋友的遭遇、媒体的报道，感受到当今的社会氛围利益至上，失信现象时有发生，社会诚信状态大不如前；13%的同学则认为，现在人们综合素质相比于以前明显提高，对诚信的重视也越来越强，社会的诚信状态比前些年好，无须担心（图23）。

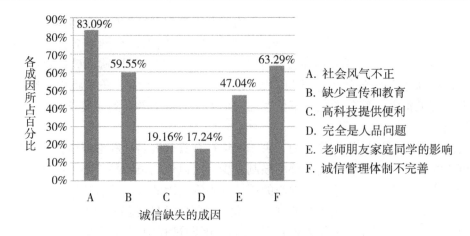

图 22 社会诚信缺失的原因

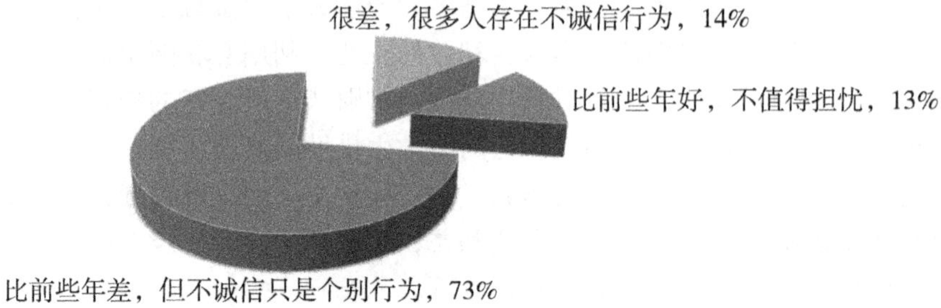

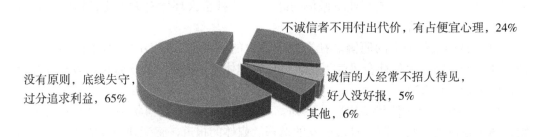

图 23 当代社会诚信状态的总体感知

（3）他人不诚信的原因。通过分析社会上的失信现象，65%的学生认为失信者没有原则、底线失守、过分追求利益是失信事件频发的主要原因；24%的学生认为没有明确的奖罚措施，使得不诚信者不用付出代价，是他人不诚信的原因；小部分学生认为，拾金不昧反被冤枉，扶起摔倒的老人被罚钱，这些新闻案例都让人心寒，诚信的人经常不招人待见，好人没好报（图24）。

图 24 他人不诚信的原因

通过走访并结合实际，不诚信现象频发主要是内因外因结合引起的。内因在于失信者个人素质低下，对诚信观念认识不深，诚信意识缺失，拜金主义、享乐主义的盛行更让人利欲熏心,过分追求利益,失去原则和底线;外因在于整个社会的大环境所影响,中国传统的小农经济和社会结构导致人与人之间缺乏契约精神,锢蔽自封的环境让人们较少跟外界交流,更在乎自己的利益;另外,社会信用体系不健全,对市场方面缺乏完善的监管制度,对失信者的处罚力度还缺乏有效措施,一些政府工作人员管理方法和自身素质不高,社会舆论环境作用不充分,等等,也是失信存在和蔓延的重要原因。

(4)对部门或行业不诚信的感知。医生向病人索要红包、旅游被强制收费、"楼脆脆"事件、三聚氰胺奶粉……社会失信行为已经不是个别案例了,它涉及各个领域,对人们的生活甚至生命都造成严重的威胁。通过调查数据分析,有超过80%的学生认为食品行业的诚信问题最令人担忧,其次是中介、医疗卫生、政府服务、房地产、旅游、金融服务(图25)。

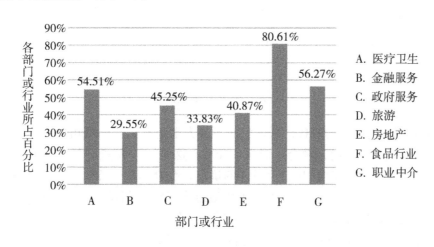

图25 对部门或行业不诚信的感知

(5)社会大环境对大学生诚信的主要影响。社会各行各业都存在信用危机,在这种大环境的影响下,学生群体也难免有失信现象的发生。在本次调研中,有46%的学生认为,在社会诚信缺失的影响下,使得部分大学生经济生活上欺诈造假;有27%的学生认为,部分学生学术造假,也是大学生受社会不良影响造成的后果(图26)。

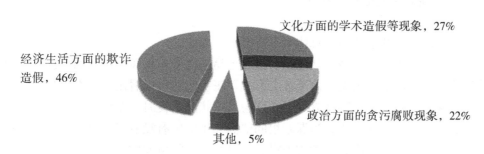

图26 社会大环境对大学生诚信的主要影响

（6）媒体可信度感知。在这个信息爆炸的时代，我们每天都接触媒体，通过媒体了解新闻事件、社会动态、行业信息，然而众多信息鱼目混杂，真假难辨。有不少学生反映，他们会选择关注值得信赖的媒体。在众多媒体中，经调查，最受大学生信任的媒体是都市报和晚报、党报、电视，其次是电台和广播、门户网站（图27）。

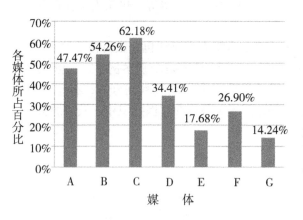

图27　媒体可信度感知

在互联网飞速发展的时代，纸媒为何更被大学生所信任？城市网总裁魏飞报说："纸媒的权威性无可替代，融合、诚信、开放，这是一个大势所趋。"网络具有无可比拟的传播时效，但同时受制于权威性的确认，受众需要一个"再确认"机制以断定信息真伪。纸媒的地域性优势不仅可以通过再确认机制发布权威信息，还可以自觉、系统地运用解释权，对事件进行深入挖掘和分析、探因和前瞻，这是纸媒长处所在，也是深受大学生信任的原因。而电台、广播、杂志、书籍这些传播媒体的可信度相对较低。这是因为随着人们休闲方式的多样化，电台、广播的受众被细分，大学生群体接触电台、广播相对较少；盗版书籍、杂志因为价格便宜，不法商家瞄准了大学生群体，一些商贩竟混入校园里公然出售各类盗版书籍、杂志，直接影响到学生的学习。对此，大学生们表示，现在的书籍杂志真假难辨，可信度大打折扣，如要购买书籍、杂志，只能到正规书店和可信度较高的网站上购买。

3. 大学生社会诚信认知现状

大学生的社会诚信认知的总体水平还是令人堪忧的。

首先，大学生对社会诚信状况的认知度容易受社会不良风气的影响。这点从大学生普遍认为社会诚信的缺失是由于社会风气不正引起的可以看出来。在与学生座谈的过程中，课题组问学生从哪些方面得知社会诚信状况不良时，学生反映最多的是通过媒体报道和同学的口耳相传；当课题组问他们在生活中有没有碰到媒体报道中的相关诚信缺失事件时，绝大部分同学均说没有亲身经历。除负面的报道外，如果媒体在一段时间内密集推出社会正能量的报道，将会起到良好的正面导向作用。如江西宜春两名高三考生在公交车上夺刀救人因伤无缘高考的事件被广泛报道后,通过跟踪监测,发现大学生对社会诚信的整体认知度飞速上升。

其次,媒体在大学生的社会诚信认知方面起到了巨大的作用。在调查中发现,大学生对于社会诚信认知的情况大部分来自媒体,据统计,大学生每天平均3次浏览网络新闻,每次用时在20分钟左右,随着移动互联网的普及,这一时间还在逐步上升。在PC端,随着门户网站的新闻推送日益频繁,如腾讯客户端、搜狐输入法、迅雷客户端等,基本所有在校大学生每天开机都会收到网站的新闻推送。在网站的新闻推送中,部分网站为了博取眼球与点击量,将负能量新闻放在推荐首页,从而导致大学生在浏览过程中,对于社会不良的新闻过分关注,而宣传正能量的新闻很少浏览。在大学生日常与辅导员、同学的沟通过程中,负面新闻也较能引起共同话题,从而导致负面新闻的链式传播。

在媒体信任度中,具备自由度、及时性以及权威性的都市报、晚报较受学生欢迎,其次为党报和电视台,这说明大学生对于由宣传部门主办的媒体非常欢迎,对于这些媒体上刊登的新闻认可度也非常高。相比较而言,大学生对于网络上的新闻认可度较低,认为网络上虚假新闻过多。

再次,大学生对社会的诚信状况普遍感觉较低。受媒体的影响,以及学校在诚信教育、社会正能量方面的宣传不足,大学生对社会的诚信状况普遍感觉较低。要重点说明的是,除媒体外,校园周边商家的不诚信行为也造成了大学生对社会诚信状况的认知度较低,如被访谈的大部分学生均反映无论在校内还是在校外缺斤少两的情况非常普遍。课题组做了一个社会性问题假设:一个商家是足秤,5块钱可以买一斤水果,另一个商家不足秤,4块钱可以买实际8两,但其标1斤的水果,你会选择去哪个商家买。99%的学生选择去买足秤商家的水果,有85%以上的学生表示现在已经很难在校园内和周边寻觅足秤的商家了(也有很大部分同学表示从来不考虑足不足秤的问题)。

最后,重点行业的诚信状况影响了大学生的诚信感知。食品、中介与医疗三个行业是大学生心目中诚信度最差的三个行业,这与社会整体感知类似,也与媒体报道的重点行业类似。从另外一个侧面可以说,监管好这三个行业,提高这三个行业的诚信度,对于提高整个社会的诚信感知度非常有帮助。

九、大学生对学校诚信教育的评价分析

1. 对大学生对学校诚信教育评价的调查

大学阶段是大学生人生观、世界观、价值观形成的重要阶段,大学也是诚信教育的重要课堂,大学阶段的诚信教育将会在很大程度上影响大学生走入社会的诚信品质。针对高校当今的诚信教育现状,本次调查主要设计了四个问题,分别是"大学生诚信教育最有效的手段"、"校园内可通过何种方式获取诚信知识"、"对当今诚信

教育效果的评价"以及一个主观题"对校园诚信氛围建设的建议"。

（1）学生诚信教育最有效的手段。在调研中我们发现，高校越来越重视对学生进行诚信教育，大部分学校在新生入学思想政治教育中把诚信列为重点内容，在学生管理方面也纷纷出台相关措施，以不断提高学生的诚信意识和自制能力。77%学生认为建立个人诚信档案是学校诚信教育最有效的手段，通过健全维护自己的档案进行自我监督、自我管理，展现自我诚信风采；其他同学也认为，诚信教育除了建设大学生诚信档案之外，还可以通过开展宣传教育、建立失信惩罚措施、加强舆论监督等方式进行辅助（图28）。

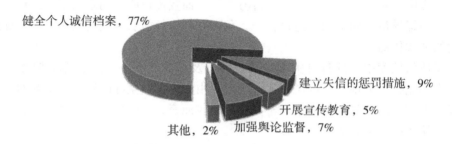

图28　学生诚信教育最有效的手段

（2）校园内可通过何种方式获取诚信知识。通过本次调研，进一步感受到校园生活的丰富多彩以及获取知识渠道的多样化。学生们认为，获取诚信知识的渠道有很多，其中最主要的是和同学、老师的交谈，参加校园讲座、校内活动，登陆校园网络，收听校园广播等（图29）。

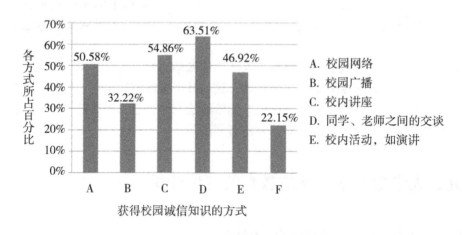

图29　校园内获取诚信知识的方式

（3）对当今诚信教育效果的评价。对于当今诚信教育效果的评价，81%的学生认为效果一般（图30）。学生们表示，大学生的诚信意识是在成长过程中逐渐形成的，大学期间的诚信教育可以影响学生的诚信观念、诚信意识，但较难做到质的改变。因此，如何进一步加强诚信教育，是一个值得社会持续关注的问题。根据学生反馈及上文的调查数据显示，诚信应该伴随着学生成长。学生们认为，建立学生诚信档案是诚信教育中最有效的手段，应从初中生、高中生开始建档，并将这份档案与之后的升学、就业等学业、社会活动绑定，这不失为一种新型的方法和尝试。除此之外，各学校也应积极开展宣传教育，举行形式多样的诚信教育活动，建立失信监督惩罚机制，不断创新，多方努力，共同为提高当代大学生诚信教育出谋划策。

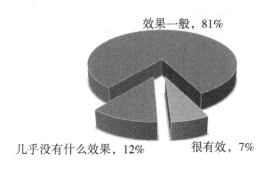

图 30　对当今诚信教育效果的评价

3. 大学生校园诚信教育现状

第一，大学生诚信档案建设是高校诚信教育最有效的手段。在本次调查中，有76.6%的学生对诚信档案建设持积极、肯定和赞赏的态度。除建设大学诚信档案外，建立失信惩戒措施和加强舆论监督也分别占到9%和7%，此三项合计占约93%。从此结果可知，大学生还是非常希望建立起事前预防、事中监督、事后惩戒的社会诚信体系，并且希望借助诚信档案，将事前预防、事中监督、事后惩戒的方法进行具体化，变成可操作的行为手段。

第二，言传身教是最好的校园诚信教育方式。从调查结果可知，与老师、同学进行沟通交谈是大学生获取诚信知识的主要渠道，校内讲座为其次。而在我们与大学生访谈时得知，广东省的部分高校内，大学生与老师的沟通渠道很欠缺，作为直接面对大学生思想工作的辅导员、班主任等也很少与大学生沟通。但也有部分高校做得非常好，如推行老师兼职班主任制度、每周班主任见面制、班主任进宿舍制等。在这些大学生经常接触辅导员、班主任、导师的高校中，大学生对于校园诚信建设的评分也通常最高。

第三，高校诚信教育方式缺乏创新。被调查者当中，有81%认为校园诚信教育效果一般，另有12%认为无效果，认为非常有效的仅占7%。在81%的认为诚信教育效果一般的受访者当中，对于校园诚信教育方式的理解大部分停留在挂挂横幅、贴贴标语这些常规方法，以及举办辩论会、演讲赛这些小范围活动中。更有甚者，在访谈中，有同学甚至没有在校园内看到任何关于诚信方面的宣传活动。在受访高校中，基本没有利用新媒体如微博、微信、微视频大赛等新媒体方式进行诚信教育的实例，这需要高校在以后的诚信教育中引起重视。

（未完待续）

参考文献：

［1］习近平谈治国理政［M］. 北京：外文出版社，2014.
［2］习近平. 青年要自觉践行社会主义核心价值观——在北京大学师生座谈会上的讲话［M］. 北京：人民日报出版社，2014.
［3］中共中央办公厅. 关于培育和践行社会主义核心价值观的意见［M］. 北京：人民出版社，2013.
［4］人民日报社理论部. 深入学习习近平同志系列讲话精神［M］. 北京：人民出版社，2013.
［5］杨国枢. 中国人的价值观：社会科学观点［M］. 北京：中国人民大学出版社，2013.
［6］沈清松. 中国人的价值观：人文学观点［M］. 北京：中国人民大学出版社，2013.
［7］宣兆凯. 中国社会价值观现状及演变趋势［M］. 北京：人民出版社，2011.
［8］刘良华. 教育研究方法专题与案例［M］. 上海：华东师范大学出版社，2007.
［9］张磊. 教育统一分析方法［M］. 北京：科学出版社，2007.

珠海市青少年思想道德发展现状及对策研究

——以珠海市四所中学的调查为例

许文贤

（北京师范大学珠海分校政治与公民教育学院，广东珠海，519087）

摘　要：为了了解珠海市青少年思想道德发展状况、分析存在的问题，提出发展建议，我们在珠海市四所中学的初中、高中学生中进行了相关调查研究。调查主要涉及两个层面：一是了解珠海市青少年思想道德发展的特点及走向，二是了解影响珠海市青少年思想道德发展的相关性因素。在对调查统计数据进行分析的基础上提出建构社会、学校、家庭三位一体的立体化育人体系的相关建议。

关键词：青少年思想道德发展；调查问卷；三位一体；立体化育人体系

作者简介：许文贤，女，博士，北京师范大学珠海分校政治与公民教育学院副教授，主要从事思想政治教育理论与方法、青少年思想政治教育研究。

基金项目：珠海市哲学社科"十二五"规划2014年度社科规划课题（2014144）研究成果。

　　青少年是家庭、社会的希望，国家的明天，他们的健康、快乐、积极成长，涉及亿万家庭的幸福，事关国家未来发展。所谓青少年，根据维基百科的解释是人类发育过程中的一段时期，介于童年与成年之间。在这段时期里，人类会经历一段青春期，也就是性成熟的过程。而从年龄上来说，主要是指13~18岁的群体，这类人群主要的社会角色是学生；就我国的学制而言，主要是初中及高中阶段的学生。青少年时期是人生成长的关键时期，是一个人理想、信念建构、价值观形成、稳定行为习惯养成的关键时期。

　　珠海是一座年轻的移民城市，毗邻港澳，有着开放的思想风气与多元的文化碰撞。近年来珠海在积极创建宜居城市、打造最具幸福感城市的过程中，城市文明程度大有提升；但是，任何一座年轻的城市也许都有灵动有余而沉淀不足的缺陷，文化的厚重积淀需不断提升。这也使得成长于这座城市中的青少年沐浴在包容性强、开放、创新意识鲜明的氛围之中，但功利、短视、浮躁也是必须正视的文化特质。

　　要真正地教育学生、引导学生，前提是必须真实地发现学生，了解学生。为了了解珠海市青少年思想道德发展状况，分析存在的问题，提出发展建议，我们立足于青少年的发展实际，结合时代的特点、珠海的市情，设计了相关的调查问卷，面向珠海市的四所中学（紫荆中学、第三中学、第二中学、北师大附属高级中学）的初中、高中学生共发放调查问卷400份，回收375份，有效问卷率为94%。

本次调查问卷设计的基本思路包含两个方面：一是通过问题、情境设置，对珠海市青少年思想道德发展状况及其特点作出判断与分析；二是通过问题设置，对影响珠海市青少年思想道德发展的相关性因素进行分析。从问卷调查相关的统计数据来看，在多元、开放的社会环境下，珠海市青少年思想道德状况总体上呈现积极、健康、务实的发展态势，同时表现出多样化、个性化的发展特点。就影响青少年思想道德形成发展的关键因素而言，学校、家庭、社区都在其中承担了不可或缺的重要作用。

一、珠海市青少年思想道德发展的特点及走向

"思想道德"在我国是一个具有特定含义，与科学文化相对应的概念。本次调查所涉及的"思想道德"重点包含了对青少年在思想、政治、道德等方面的总体看法和基本观念的考量。从具体的操作层面而言，又分为三个层次：其一是公共生活及日常生活领域的道德观念及行为，其二是青少年基本的人生价值取向，其三是青少年政治价值取向及理想信念建构的特点。

1. 青少年在公共生活及日常生活领域的思想道德状况

公共生活及日常生活领域的道德观念及行为选择，是反映一个人道德状况的最基础同时也是最真实的向度。我们对这一向度的把握是通过设置一系列道德情境，以及贴近青少年生活实际，反映青少年思想困惑的相关问题，让青少年进行选择，从而做出考量。

对于"在公共汽车上看见长者或孕妇、孩子，您一般怎样做?"，选择"主动让座"的占76.6%，选择"有些犹豫，但最后还是选择让座"的占18.6%，总体来说，面对这样的情景，选择积极的道德行为的占据95.2%；对"考试时，如果您发现您前面座位上的同学作弊，您将会:"一问，选择"当场向监控老师揭发"的占7.81%，选择"向监考老师暗示他在作弊"的占10.5%，选择"自己暗示他不要作弊"的占18.7%，选择"内心看不起他，但又不表现出来"的占26.1%，选择"反正不关自己的事，不想多管"的占37.4%；对"对于同学中存在的作弊现象，您如何看?"，选择"这是一种不诚实，是道德问题"的占69%，选择"作弊出于无奈，并不一定是道德问题"的占13.8%，选择"最好不要作弊，但偶尔有一两次也无妨"的占10.3%，选择"人人都可能作弊，并不是什么大错"的占6.77%。从调查数据来看，珠海市四所中学的青少年在公共生活领域对"文明礼让"、"诚信"等基本的道德准则具有较高的认同度。但是当面对同学当中存在的作弊现象时，选择沉默的一共占63.5%，包括"内心看不起他，但又不表现出来"（26.1%）和"反正不关自己的事，不想多管"（37.4%）。这也反映出青少年中存在着较为明显的道德知行脱节，以及"事不关己，多一事不如少一事"的道德犬儒主义现象，需要切实加强、提升青少年在面对丑陋现象时的道德批判能力和行动能力。

在回答"您如何看中学生谈恋爱"这一问题时,选择"不应该谈,中学生不是谈恋爱的年龄"的占24.3%,选择"不谈为好,中学生应以学业为主"的占38.4%,这说明珠海市四所中学的青少年多数能够比较恰当地摆正学业与恋爱的关系。同时,跟过去中学生恋爱是绝对被禁止的红线相比,新一代青少年在对待这一问题上也呈现出更加多元、开放的态势。选择"有合适的就谈,没合适的也无所谓"的占16.2%,选择"可以谈,学习恋爱两不误"的占19.2%,也就是说约35%的同学表示可以接受中学生恋爱。但是,在青少年恋爱观当中,依然存在着令人担忧的状况,如选择"不谈恋爱是件很没面子的事情"的占1.62%。广大青少年正处于青春期,两性意识朦胧发展,容易陷入情感的迷茫困惑。如何正确地引导青少年树立正确的恋爱观,处理好学业与恋爱的关系非常重要,也十分迫切。

2. 青少年基本人生价值取向的相关分析

人生价值取向,表现为个体对人生一系列基本问题的态度与看法,其中我们所重点关注的是个体对个体与社会关系的评判,对人与人之间关系的处理,"义与利"等各种价值观的评判与选择。我们在问卷的设置中,选择了贴近青少年生活实际,反映青少年思想困惑的几个问题进行考量,并以此为切入点对青少年人生价值取向的特点进行相关分析。

对"在我国社会主义市场经济条件下,您认为人与人之间的关系应该是(限选一项)"这一问题,珠海市四所中学青少年的选择为:选择"毫不利己,专门利人,无私忘我,爱人如己"的占6.2%,选择"互助互利,'我为人人,人人为我'"的占50.1%,选择"主观为自己,客观为别人"的占5.77%,选择"利益的妥协和双赢"的占14.1%,选择"利益的交换"的占3.14%,选择"优胜劣汰,适者生存"的占7.34%,选择"利己不损人"的占2.62%,选择"人不为己,天诛地灭"的占2.09%,选择"说不清"的占8.39%。

在对"您希望自己成为一个怎样的人"这一问题的选择中,选择"对国家有贡献,对社会有用的人"的占22%,选择"在个人事业上有所成就,自我实现的人"的占44.8%,选择"有权势和地位的人"的占7.84%,选择"有钱人"的占7.35%,选择"成为一个受人尊重的人"的占11.7%,选择"安分守己的普通人"的占6.1%。

这反映出新的历史条件下,在对义与利关系的把握上,对自我发展方向的期待中,"利益"成为青少年衡量人生选择的重要杠杆,过去那种"毫不利己"、"无私忘我"的义利观显然因为并不符合新一代青少年发展的需要,因而在青少年中认同程度较低。当代青少年对利益关系的把握总体上也呈现出客观、理性的特征,他们所追求的更多的是"义"与"利"、"自我"与"他人"以及"国家利益"、"社会利益"与"自我利益"的兼顾与平衡。同时,青少年在面对个人发展与为社会服务的价值选择时,近半数的人选择"在个人事业上有所成就,自我实现的人",表明青少年在人生价值选择方面更多的是从个体发展角度进行选择。

当然,也有部分青少年在功利化的时代背景下,"利益"的获取成为他们衡量人我关系、进行人生选择的首要甚至唯一的标准，这种人生价值取向必然会影响青少年建构和谐的关系，获得持久的发展动力。在中学思想道德教育过程中，需要对这种发生偏差的价值取向进行引导。

3. 青少年政治价值取向及理想信念建构的特点

政治价值取向是代表着一个人价值取向体系中较高层面的内容，它关注的主要是在国家、社会发展的领域中，个体对相关价值命题的观点与看法；理想信念则是一个人思想道德领域的核心内容，是个体精神世界的支撑。这两者的选择与建构都需要个体具备更高层面的理性思维能力。为了了解青少年政治价值取向及理想信念建构的特点，我们在问卷调查中设置了以下问题：

对"您对十八大后我国各项政治、经济、社会改革措施的认同程度如何？"，选择"非常认同"的占19.7%，选择"基本认同"的占60.9%，选择"有点认同"的占14.2%，选择"不太认同"的占3.02%，选择"不认同"的占1.92%。

对于"您是否愿意将来申请加入共产党？"这一问题，选择"是"的占55.8%，选择"否"的占10.2%，选择"不确定，没想过"的占33.9%。

对"如果您愿意申请加入，您的理由是？"，选择"信仰共产主义"的占13.4%，选择"为使自己活得充实而寻找一种精神寄托"的占30.6%，选择"为他人和社会多作贡献"的占30.3%，选择"周围要求入党的同学较多，自己随大流"的占3.98%，选择"能够得到好处，为将来找工作提供方便"的占21.4%。

对"如果您不愿意申请加入，主要原因是："，选择"党的宗旨不符合个人的信仰"的占8.69%，选择"个人条件不成熟"的占34.7%，选择"各方面受到约束，不自由"的占21.73%，选择"党的威信下降，党员形象不佳"的占7.6%，选择"愿加入民主党派"的占2.89%，选择"不想加入任何党派"的占24.2%。

这表明在青少年的政治价值取向当中，大多数青少年对国家的前途和发展充满信心，对新一届领导集体的各项改革措施认同度较高。但是，处于改革开放前沿阵地的珠海，开放、务实的城市氛围一方面为青少年的发展带来了积极效应，另一方面，也使得在青少年当中存在着政治参与度不高、对政治淡漠的现象，近一半的同学对未来的政治信仰依然充满不确定性。现实与短视、功利也渗透在青少年的政治价值取向及理想信念的建构之中，只有少数同学选择入党的原因是真正出于"对共产主义的信仰"，更多的是出于个人的发展考虑，如"能够得到好处，为将来找工作提供方便"等。因此，需要采取有针对性的教育引导提升青少年的政治参与热情，帮助其树立远大的理想、信念。

二、影响珠海市青少年思想道德发展的相关性因素分析

影响青少年思想道德发展的主要是家庭教育、学校教育、社区活动等三个层面的

因素。为了具体了解这三重因素对珠海市青少年思想道德形成发展的影响，我们设置了相关的问题。

1. 家庭教育状况对青少年思想道德形成发展的影响

家庭教育是个体思想道德形成发展的根本性影响因素，我们设置的问题主要考量父母对孩子成长的关注点和父母的教养方式。

对"您觉得父母最关心您哪个方面的情况？"，选择"学习"的占45.8%，选择"品德、心理状况"的占23.4%，选择"身体健康"的占26.1%，选择"交往状况"的占4.48%。

对"您觉得您父母（主要是母亲）对您的教养方式是："，选择"过于保护或照顾"的占8.86%，选择"过于纵容或溺爱"的占4%，选择"厌恶或抗拒"的占1.33%，选择"诸多限制或管束"的占16.2%，选择"疼爱但多限制"的占31.%，选择"疼爱并使自主"的占40.8%。

对于"您在家帮助父母做家务的情况是："，选择"经常做"的占21.3%，选择"比较多"的占26.6%，选择"偶尔做"的占40.6%，选择"很少做"的占10%，选择"从不做"的占1.31%。

这说明一方面，新一代的父母对孩子成长的关注更倾向于多样化、全面性，包括学习、品德、心理、身体健康状况等；家长的教养方式也更注重关爱、民主，营造和谐的家庭关系。另一方面，在应试教育，唯成绩、唯分数的影响下，父母家庭教育的方式及侧重点也出现了片面注重学习成绩、过于保护孩子等不同程度的偏差，不利于青少年形成良好的思想品德及行为习惯。

2. 学校教育状况对青少年思想道德形成发展的影响

学校思想道德教育是青少年思想道德形成发展的主渠道。学校开设的各类思想道德教育课程、开展的各项德育活动的效果如何，以及学生的认同程度如何将直接关系到青少年思想道德的形成与发展。

对"您对目前学校开设的各类思想道德教育课程的看法："，16.3%的同学选择"很喜欢"，31.3%的同学选择"比较喜欢"，45.5%的同学选择"兴趣一般"，3.8%的同学选择"不喜欢"，2.9%的同学选择"很不喜欢"。

对"您对学校或社区开展各项志愿服务的看法？"，23.8%的同学选择"活动丰富，很有意义"，33.3%的同学选择"活动较多，有一定的收获"，26.1%的同学选择"活动较少，且形式化，收获不大"，16.6%的同学选择"没参与过相关活动"。

由此可见，青少年对学校开设的各类思想道德教育课程以及开展的各项德育活动，参与度、认同度仍有待提高。而之所以存在这样的问题，就其原因，我们也在青少中做了相关调查：

对"您认为当前青少年思想道德建设存在的最大问题是："，15.4%的同学选择

"脱离学生实际",20.5%的同学选择"教育方法老套",23.3%的同学选择"教学方式单一",22.1%的同学选择"空洞说教",10.9%的的同学选择"形式主义严重",7.69%的同学选择"脱离社会现实,内容陈旧"。

3. 社区开展的相关活动对青少年思想道德形成发展的影响

随着政府各项服务功能的下放,社区的建设近年来在中国社会发展迅速,其功能也不断丰富与完善。其中一项重要的功能就是作为学校活动的重要补充,社区承担着开展各种活动、丰富青少年的课余生活的任务,承载着对青少年的相关的思想道德建设的功能。而珠海市的社区活动在这些方面成效如何?是否得到广大青少年的认同呢?为了对此有相应的了解和判断,我们设置了相关的问题。

对"您对学校或社区组织的志愿服务的态度:",选择"愿意并经常积极参加"的占27.9%,选择"愿意但怕影响学习而不会参加"的占32.2%,选择"无所谓"的占35.2%,选择"不愿意参加"的占4.5%。

对"您对珠海市目前青少年的文化生活满意吗?",选择"非常满意"的占8.4%,选择"满意"的占27.3%,选择"一般"的占52.8%,选择"不太满意"的占7.85%,选择"很不满意"的占3.52%。

对"如果您感到不满意,主要是因为什么?",选择"文化设施不足"的占15.4%,选择"文化产品、文化活动不丰富"的占32.5%,选择"文化活动不符合青少年身心发展需要"的占17%,选择"周围文化氛围不浓"的占34.9%。

总体来说,近年来珠海市社区建设发展态势良好,针对青少年的成长、发展,开展了很多有意义的活动。但是从数据来看,珠海市青少年对于社区文化生活的满意程度还是有待提升的。这一方面是因为在整体的应试教育的大背景下,青少年的课余生活也基本被各种补习班、培优班、兴趣班所占据,不以分数、升学为目的的各种活动自然没法引起家长、学生的兴趣;另一方面,活动设计的针对性、趣味性、丰富性不够也是其中重要的原因。

三、切实建构社会、学校、家庭三位一体的立体化育人体系

青少年思想道德的形成与发展并不是某一单一因素作用的结果,而是社会、学校、家庭三重因素合力作用的结果。因此,为了切实提升青少年思想道德建设的成效,必须强调建构社会、学校、家庭三位一体的立体化育人体系。社会大环境对青少年的思想道德发展起着潜移默化的影响作用,尤其是青少年处于思想价值观念形成的关键时期,社会经验不足、判断能力不强,非常容易受到诱惑与影响。珠海市毗邻港澳,是一座开放性、包容性很强的移民城市。这一方面为青少年开拓视野,接纳与理解多元文化的碰撞交融,形成包容性、开放性思维提供了有利的条件;另一方面,复杂的社会环境因素、良莠并存的多元文化因素,也给青少年的思想道德建设带来了巨

大的挑战。因此，净化社会环境，尤其是加强学校周围的环境建设，对附近的网吧、歌舞厅、酒吧等娱乐场所加强监管尤为重要。同时，需要加强与社区联系，在周末、节假日联合社区开展丰富多彩的活动，同时提供给青少年更多的服务社会的机会。

直面疑惑，不回避现实问题，探讨与争论，倾听与理解，形成独立的思考与判断，是思想道德教育的核心所在。学校是青少年思想道德建设的主渠道，需要客观正视青少年对当前学校思想政治课，以及其他形式的思想道德教育活动认同程度不高的现实，客观反思其中存在的问题与不足。尤其是要对脱离学生生活、简单僵化说教的教育方式进行反思，强调依据青少年的思想、心理特征，创新教育手段、模式，使学生不仅仅被动地接受知识，更培养学生有针对性地查阅资料，独立思考，形成对知识的自我建构，培养独立自主的学习能力。"知、信、意、行"脱节是当前思想道德教育的困境。因此，非常有必要将以志愿服务为特色的社会实践活动纳入课程体系，通过志愿服务等融入生活的体验活动，实现知识与情感、践行的融合，达到加强学生的道德情感体验，培养学生的责任意识，提升学生的实践能力的教育目的。

相对于学校教育的受重视程度而言，家庭教育在未成年人的思想道德建设中起到了更基础、更根本的作用，但是其受重视程度远远不够。青少年思想道德建设的重点在日常行为，应从青少年日常生活的具体表现做起，通过日常生活活动来培养和提高青少年思想道德素质。而要做到这一点，家长必须立足于孩子的整体生命成长，从根本上重视孩子的德性成长。因此，加强对未成年人的思想道德教育必须父母先行，让父母自身的成长伴随着孩子成长的始终。社区应当与学校合作开展更丰富而有针对性的家长课堂，针对青少年教育开展系列的讲座，加强对父母的相关教育与培训。

参考文献：

[1] 许文贤. 当代青年学生发展取向研究 [M]. 广州：中山大学出版社，2013.
[2] 高文. 建构主义教育研究 [M]. 北京：教育科学出版社，2014.
[3] 郑也夫. 吾国教育病理 [M]. 北京：中信出版社，2014.
[4] 卢梭. 爱弥尔 [M]. 北京：中信出版社，2003.